兼子 歩＋貴堂嘉之【編著】

「ヘイト」に抗するアメリカ史

マジョリティを問い直す

彩流社

目次

第四章　負けた戦争の記憶

——南北戦争後の南部における「失われた大義」と人種・ジェンダー・階級——兼子　歩　83

第五章　記憶の抑圧と歴史の書き換え

——タルサ人種虐殺を例に——坂下　史子　105

序　「ヘイト」の構造を歴史的に問い直すために

本書は、前作『「ヘイト」の時代のアメリカ史――人種・民族・国籍を考える』（二〇一七年、彩流社）に続いて、アメリカ合衆国の歴史を再解釈する試みである。どの章も近年の研究成果を反映した内容になっているが、同時に、アメリカの「いま」、そして日本の「いま」に対する新しい理解の仕方を考えるためのヒントとなることを強く意識している。各章末には前作と同様、大学の授業などで教科書としても活用することができるよう、理解を深めるための読書案内とディスカッションのためのトピックを掲載している。

「人種」「民族」「国籍」といった概念は、前作同様に本書においてもカギとなる概念であり視点である。前作の脱稿は二〇一六年一一月におこなわれた大統領選挙の直前であり、本書の企画は二〇二〇年一一月の大統領選挙の直前に始動した。そのため本書の執筆者はみな、ドナルド・トランプ政権の四年間に起こったことを強く意識して執筆している。だが本書は、アメリカ史に関する最新の研究成果を踏まえながら、トランプの時代を時事的な話題として消費するよりも、長い歴史的射程から解釈することに力点を置いている。

◉トランプの四年間

二〇一六年大統領選挙では、多くのメディアの予測を裏切り、トランプが勝利した。一五年六月の出馬表明記者会見において日本と中国が不公正な輸出攻勢で「アメリカ人を殺して」いると非難し、メキシコ人移民を「ドラッグと犯罪を持ち込むレイピスト」だと誹謗したことを嚆矢として、選挙キャンペーン中にたびたび暴露された性差別言動の数々、本選における彼の勝利、そして彼が大統領として推進した政策と彼の発言の数々は、アメリカと世界に衝撃を与え続け、国内外の支持者たちを沸き立たせた。

トランプは大統領としての四年の任期を通じ、政策とツイッターでの書き込みによって、多くの混乱をもたらし続けた。彼は就任早々の二〇一七年一月に「テロリストの入国」からアメリカを守るためと称して、シリア難民およびイスラム圏七カ国からの移民を禁止する行政命令（大統領令）を発した。また、オバマ政権下の一六年に八万五〇〇〇人であった年間の難民受け入れ上限数自体もトランプ政権が大幅に縮小し、二一年には一万五〇〇〇人まで減らされた。また、米墨国境で「壁」の建設を推進し、議会が彼の要求する「壁」建設に必要な予算を拒否すると、一九年二月には国家緊急事態を宣言して防衛建設費その他を「壁」建設予算へと転用した。書類不備移民に対して移民関税執行局（ＩＣＥ）が移民、それも主にラティンクス（ラテンアメリカに起源をもつ人びとの総称）に対する強圧的な摘発・収容・強制送還を大規模に実施した。その際に未成年の子どもたちが親から引き剥がされて別の劣悪な環境の収容施設に送られ、その施設では虐待が多数発生した。治安悪化が深刻な中米から脱出した人びとがアメリカに庇護を求めて集団でメキシコを北上し米墨国境に接近すると、トランプはかれらをアメリカの治安に脅威をもたらす「キャラバン」だと非難し、国境警備隊と州兵により入国を阻止した。

トランプはまた、先住民居留地の水質・環境汚染の恐れが大きいとしてオバマ政権が停止していたダコタアクセス・パイプラインの建設を許可し、これを「多数の雇用の創出」だと正当化した。「コロンブスの日」と呼ばれてきた祝日を「先住民の日」に改名する州や市が相次ぐと、トランプはこの潮流を「ラディカルな活動家」のしわざだと非難し、「われわれの歴史」を守るために「憎しみと分断を広げる輩」と戦うよう呼びかけた。

「アメリカ第一」を掲げるトランプ政権は、「アメリカ人労働者」を守るためと称して、気候変動に関するパリ協定や環太平洋パートナーシップ協定から離脱した。トランプはまた、中国が不当な貿易で「アメリカ人の仕事」を奪っていると主張して――実際は近年の製造業雇用の減少の多くはオートメーション化の結果であったが――中国との対決姿勢を強調し、追加関税措置などを通じて中国に圧力を加えた。二〇二〇年初頭に新型コロナウイルス感染症（COVID‐19）がアメリカでも拡大し始めると、当初トランプはこの問題を軽視し、パンデミックが深刻化するとCOVID‐19を「中国ウイルス」「カンフルー（Kung Flu, カンフーとインフルエンザを合わせた語）」と呼んで、パンデミック被害の全ての責任を中国に帰そうとした。

二〇二〇年五月に黒人男性のジョージ・フロイドが警察官に殺害された事件を契機に、ブラック・ライブズ・マター（BLM）の抗議活動が全米で大規模に広がると、トランプはBLMを「暴徒」「アナーキスト」とレッテル貼りして軍による鎮圧を試みたが、国防長官や軍首脳の反対により実現はしなかった。しかしオレゴン州ポートランド市でのBLMの抗議行動に対しては、市長の反対を無視して軍服で偽装した連邦保安官や国境警備隊を派遣し、軍隊に似た手法で強圧的なデモ参加者の取り締まりをおこなわせた。またトランプは、フロイドを殺害した警官は「三フィート〔一メートル弱〕のパットを外したゴルファー」のようなものであり、「白人はもっと殺されている」と述べてフロイド殺害事件が黒人差別ではないと主張し、さらに警察を擁護する発言を繰り返した。

彼の政策と言動には一貫性がある。それは、非白人の行為、とりわけ要求や抗議に対しては「テロリスト」「暴徒」「犯罪者」「アナーキスト」「極左」「侵略」「不正」などの、それ自体は人種的ニュアンスをもたない言葉によってこれを徹底的に誹謗し「アメリカの敵」として描いてきたが、（自分を批判しない）白人の言動、とくに非白人に対する攻撃に対しては、いかに暴力的・犯罪的であろうと可能な限り非難しない、という点である。トランプは常に、白人こそがアメリカ社会の「被害者」であるという構図に根ざした怒りと憎しみを、彼への支持者の原動力としてきたのである。

◉トランプ支持者たちの世界

このようなトランプの政策や言動を、彼の支持者は熱心に支持し続けた。そしてパンデミックがどれほど深刻化しても、ギャラップ社などの世論調査によれば支持率は三割を一度も切らなかった。トランプはリアリティ番組やプロレス興行への出演などの経験を通じて培ったパフォーマンスの才とカリスマ性によって支持を獲得したと言われることがある。選挙期間中のトランプ支持者集会で熱狂する参加者の姿は、彼のカリスマ性を証明しているかのように映った。

しかしトランプ支持者は、盲目的にトランプに扇動されているというより、トランプの発言や政策が自分たちの世界観や価値観を容認ないし擁護されたと感じたがゆえに、彼を熱狂的に支持した、と理解する方が適切であろう。

ではトランプ支持者とはどのような人びとで、どのような世界観や価値観から彼を擁護したのだろうか。

各種出口調査によれば、一貫してトランプに投票する率が最も高かった社会集団は白人男性（特に年長で学歴は大卒未満）、ついで白人女性であった。なぜかれらはトランプを支持したのだろうか。日本のメディアによく見られる説明によれば、トランプ支持者の中核は白人労働者階級であり、かれらは二大政党、特に民主党から「忘れられた」人びとであり、ポスト工業化による産業の空洞化がもたらした経済的停滞に苦しみながら、声を主要政党によって無視されてきた人びとである、という。

かれらは以下のような自己認識と世界観をもつ。自分たちは、政府の福祉などに依存せず、家族を扶養する男の責任や母として妻としての女の責任を果たすよう努力してきた。それなのに、得られるべき正当な地位や報酬や機会を得られていない、という怒りを抱く。そしてかれらは、トランプだけが自分たちの声に耳を傾け、自分たちを代弁してくれたと感じているという（金成隆一『ルポ　トランプ王国』岩波新書、二〇一七年など）。こうした人々を「新しいマイノリティ集団」と呼ぶ研究さえ登場している（ジャスティン・ゲスト著、吉田徹ほか訳『新たなマイノリティの誕生――声を奪われた白人労働者たち』弘文堂、二〇一九年など）。つまり、かれらは虐げられた「被害者」なのだ、という構図である。

確かに、白人の労働者階級には、過去と比べれば経済的・社会的に苦しくなっている、あるいはかつての地位を喪失（相対的剥奪）した人びとが多い。そしてこうした説明は、トランプ支持者たちの世界観や主観的認識を、明瞭に描き出している。

だがこうした説明は、そのような世界観や視点がなぜ、どのように培われてきたのか、それらが社会にどのような影響を及ぼしたのかを、歴史的文脈に位置づけて批判的に検討してはいないことが多い。特に、トランプを擁護するかれらにとっての「他者」、すなわちアメリカ社会において歴史的にマイノリティ化されてきた人びとの歴史的経験に関する膨大な研究蓄積を踏まえた文脈的理解がなされていないことが多い。

本書の目標のひとつは、まさにこの歴史的文脈化にあるということができる。

◉マジョリティを問い直す

前作同様、本書の執筆者の専門は歴史学や地理学や社会学などであり、またアメリカ研究者も日本現代史研究者もいるが、歴史的視座を重視し、日本という場でアメリカないし日米関係について研究し、その成果を発信している研究者だという共通項がある。そして執筆者は、以下の視点を共有している。

第一に、人種やジェンダーなどをめぐる問題で批判的に分析されるべきはマイノリティではなくマジョリティの側であり、問題の根本はマジョリティの構造的で、かつ明示的でない特権性にこそある、という視点である。

確かに、一九六〇年代の公民権改革などを経た現代のアメリカにおいては、かつて南部に存在した奴隷制や法的な人種隔離制度（ジム・クロウ）、白人男性限定の「普通」選挙、アジア人の移民や帰化の禁止、非白人や女性を堂々と名指して排除・周縁化する入試や雇用慣行といった、法的あるいは明示的な特権はほとんど存在していない。

しかし、マジョリティである白人は、教育・雇用・住宅など社会生活のあらゆる場面で構造的に有利な地位や機会やリソースなどを保持し享受できる地位にある。また、警察による嫌がらせや暴力のように、黒人など非白人であれば標的にされる経験を、白人はその属性によって免除されている。トランプの言うように、白人で警官に殺される者もいるが、そのほとんどは武器を顕示していた場合であり、黒人のように丸腰でも殺されることは稀である。こうしたマジョリティの特権的地位は、人種やジェンダーについて形式上は中立であるような法律や制度や慣行やメディア表象などによって、それが特権であること自体を不可視化されつつ、維持・再生産されている。

今日のレイシズムは、あからさまな侮蔑語や、人種を名指しした劣等視や法律・制度ではない。個人の偏見に基づく悪意でもない。マジョリティが特権的に権力やリソースを分配される構造を、可視化し問題として論じることを妨げるような、さまざまな言説や日常の実践から成り立っているのである（そうした言説や実践の具体例として、ロビン・ディアンジェロ著、上田勢子訳・貴堂嘉之監訳『ホワイト・フラジリティ』明石書店、二〇二一年や、イブラム・X・ケンディ著、児島修訳『アンチレイシストであるためには』辰巳出版、二〇二一年などを参照）。

端的に言えば、自分たちにはアメリカ社会の権力や機会やリソースを獲得する当然の資格（エンタイトルメント）があり、これが妨げられるときは、かれらにとって「他者」とみなされた資格なき者――黒人などの非白人、移民や難民申請者、フェミニスト、LGBTQ、貿易戦争を仕掛けてきているとされるアジア諸国――による横奪がその原因だと理解し、自分たちが得るべきだと信じる機会を代わりに得ようとする存在は不当な侵害者である、という世界観である（A・E・ホックシールド著、布施由紀子訳『壁の向こうの住人たち』岩波書店、二〇一八年などを参照）。自分たちはレイシストやセクシストではない、なぜなら自分たちはあくまで正当な機会の横取りに怒っているのであり、自分たちこそが「脅威」にさらされている「被害者」なのだ、という認識である。

このマジョリティ側が抱くエンタイトルメントの感覚は、歴史的に培われてきたものである。その感覚の正当性を歴史的に、そして批判的に検証していくことは、本書の目的のひとつである。

◉トランプの時代を超えて考える

それゆえに、本書の執筆者が共有する第二点は、トランプの四年間をトランプという特異な個性がもたらした特殊な四年間ではなく、むしろアメリカ史の長期的な本質的特徴の表れとして見る視点である。もちろん、トランプの特殊性により極端な表れ方をしたことは確かだが、しかしこの四年間は人種やジェンダーをめぐるアメリカ史の展開の、ある意味では必然的な帰結であった。

したがって、トランプが二〇二〇年選挙で敗北し民主党のジョー・バイデン政権になっても、トランプが推進したような政治や運動や日常的実践がアメリカから消え去るわけではなく、新たな装いをまといながら、トランプが政権の座を去った後のアメリカ社会に横溢している。

アジア人を本質的にアメリカ社会の「外部」「他所者」と認識する反アジア人レイシズムは、歴史的に根深い。COVID-19をめぐるトランプの言動はアジア系に対するヘイトクライムを激化させたが、二〇二一年三月にもアトランタで白人男性がアジア系のスパを襲撃して多数のアジア系女性従業員を殺害するなど、深刻な問題であり続けている。

共和党が政権を握るテキサス州やジョージア州では、投票資格を不必要に厳しく規制することでアフリカ系アメリカ人などの投票を妨害する法律が制定された。アメリカの構造的人種主義を理解する「批判的人種理論」や、奴隷制を軸にアメリカ史を再解釈する「一六一九プロジェクト」を、学校で教えることを禁止する法案が、南部を中心に多くの共和党政権の州で提出・可決されている。

また、バイデン政権は二〇二一年、トランプ政権下で年間一万五〇〇〇人まで減らされた難民受け入れ上限数を維持しようとして批判を浴び、上限数を拡大した。だが、六月にグァテマラを訪問したカマラ・ハリス副大統領は中米の人びとに向けて「米国に来ないよう」訴え、庇護を求めて入国を試みた際には「我が国の法を適用し、我が国の国境を守るだろう」と警告した。また、ハイチから庇護を求めてやってきた人びとを強制送還する（国境警備隊員が鞭を振るって追い返す様子が撮影され、インターネット上で拡散し一般メディアにも取り上げられた）など、二一年一一月時点では国境警備隊やＩＣＥの活動に前政権からの大きな政策転換はみられない。そもそも移民や難民の強制送還は、オバマ政権期に増加の一途を辿り、数的に史上最高水準になったのであり、トランプ政権がゼロから始めたわけでもない。

外交政策をめぐっては、バイデン政権は前政権の「アメリカ第一」主義を修正する姿勢を見せてきたが、対中政策については対決姿勢を継承している。中国政府による香港の市民的自由の制限強化や新疆ウイグル自治区におけるウイグル族弾圧などの政策に対して、バイデン政権は中国の人権侵害を厳しく非難している。しかし、中国を人権抑圧国家として非難することが、「人権」を掲げるアメリカの国内における不平等や暴力や搾取や政治参加への制限、そしてアメリカによる対外的な暴力の行使や世界の抑圧的体制への加担といった問題を不可視化することを促すのであれば、アメリカの矛盾は解消されず持続するおそれがある。

また、バイデン大統領は国内のアジア系に対するヘイトクライムを公に非難したが、もし対中強行姿勢への支持が中国（人）の人種的他者化を前提として取り付けられるのであれば、米中関係とアメリカ国内の反アジア系レイシズムの問題は密接不可分な問題として今後も持続する懸念がある。アメリカの国内社会問題と連関する争点として、「人権外交」に代表されるアメリカ外交の歴史と現在も、批判的に再検討される必要がある。

◉日本への問い

前作は、最新のアメリカ史研究の知見を、日本社会のあり方を批判的に再考するためのヒントとして提示することを目的としていた。本作でも執筆者はこの立場を共有している。

ピュー研究所などの世論調査によれば、日本は非白人が圧倒的多数の社会でありながら他の先進国に比べてトランプに対する支持・好感度が相対的に高い国の一つである。マスメディアやSNSでアメリカの政治や外交を語る識者たちの多くも、トランプの政治手法を問題視したとしても、レイシズムやセクシズムをその重要な要素とはみなさない論調が珍しくない。その背景として、日本社会のマジョリティに内在するレイシズムや植民地主義やセクシズムを無視することはできない。

移民や難民の受け入れに対する日本の拒絶的な姿勢は、トランプ政権下で沸き立ったアメリカの「白人ナショナリスト」たちに高く評価されている（渡辺靖『白人ナショナリズム』中公新書、二〇二〇年）。トランプ政権下の二〇二〇年に実際に受け入れられた難民数は約一万一〇〇〇人で、一九八〇年難民法の制定以来最低の数字だったが、同年の日本の難民認定数と在留許可数の合計は、その米国の一〇〇分の一以下の九一人だった。多数の難民申請者が、明確な根拠もなく、裁判であれば被告人に保障されるような適正手続も経ずに、出入国在留管理庁の施設に収容されている。かれらは人権侵害的環境下で心身の健康を損ない、死亡事故や自殺も頻繁に起こっており、スリランカ国籍女性ウィシュマ・サンダマリの死亡事件（二一年三月）は氷山の一角でしかない。だが、日本の主流メディアも世論も、この問題への関心は乏しい。同様に、人権侵害として国際的にも非難される外国人実習生制度に対しても、ベトナム人などの「脱走者」や「犯罪者」による脅威として以外には、メディアや世論の強い関心は向かず、制度改革を求める声も小さい。

面積にして在日米軍基地の七割が集中する沖縄が直面する困難に対しても、本土メディアおよび世論は冷淡であり続けてきた。二〇一九年に制定されたアイヌ民族支援法においてもアイヌの先住権を承認せず、しかし観光産業などによるアイヌ文化の商業的利用は進行している。朝鮮学校を高校無償化政策の適用外とし、韓国の元慰安婦や元徴用工の訴えを否認するなどの言説や政策も、同様の背景と関連している。また、雇用等に際して被差別部落出身者を排除することを目的として一九七五年に発行された『部落地名総鑑』の電子「復刻版」が二〇一六年にインターネット上で掲載されたことに見られるように、日本特有の差別も消え去ってはいない。近代以降、非差別部落民が「日本人」の人種的他者であるとする言説が多数流通してきたのであり（黒川みどり『被差別部落認識の歴史――異化と同化の間』岩波書店、二〇二一年などを参照）、この問題もまた日本のレイシズムの問題でもある。

さらには、メディア等における中国や北朝鮮の「脅威」や「人権侵害」の語り方のなかに、中国ひいてはアジアを日本の人種的「他者」として表象しようとする、そして日本社会内の問題を不可視化しようとする、慰安婦問題や難民行政や実習生制度とも共通する問題は、ないといえるだろうか。

国境も超えて展開されるアメリカの構造的なレイシズムと不平等の問題を考えることは、日本のあり方を見直すことにもつながることを確認したい。アメリカ史を学ぶことは、アメリカについて知るだけでなく、アメリカを通じて日本を新たな視点で考える手がかりにもなるはずである。本書がその一助になることを願ってやまない。

（執筆者を代表して　兼子　歩）

第一章

差別と「逆差別」は同じ差別なのか？

――誰が誰をどのような力で抑圧しているのかを見極める――

大森　一輝

“I have a dream” 演説をするキング牧師。誰もが「肌の色ではなく人としての内面によって判断される」社会に、私たちは到達したのだろうか？ そこでは、誰かを助けることが「逆差別」になるのだろうか？

◉はじめに

アメリカでも日本でも、「差別はいけない」という「正義」の「暴走」への反発が強まっている（日本語のネット空間において、「お気持ち」の押しつけという奇妙な言葉遣いでフェミニストが揶揄どころか人格攻撃されているように）。同時に、「男性差別」や「白人差別」など、従来とは逆方向の「差別」を訴える声も大きくなっているが、それに対しては強い反発は起こらず、むしろ理解が示されることも多い。

ここに見られるのは、「正しさ」を掲げる（かつての）「弱者／マイノリティ」への強烈な反感であり、「強者／マジョリティ」であったはずの自分たちこそ、今や奪われるばかりで何も与えられない被害者だ、という感覚である（以下、マジョリティ／マイノリティという言葉を、文脈に応じて、多数派・主流集団／少数派・被差別集団という意味でも、そのメンバーという意味でも用いる。また、本稿は、マジョリティとマイノリティの関係をめぐる混乱を正すことを主目的としているため、重要な問題ではあるが、マイノリティ内部の格差や対立には論及しない）。

マイノリティ認識の歪みは、歴史学者にも及んでいる。日本近代史が専門の（そのように紹介されている）與那覇潤は、二〇二一年七月一八日に「朝日新聞デジタル」に掲載されたインタビューで、「本来の歴史」が「いまは機能して」おらず、「米国のブラック・ライブズ・マターにも見られる、『いまの基準で測れば、過去のやつらはみんな差別者』といった全否定だけが吹き荒れています」と語った。ブラック・ライブズ・マターのいったいどこにそのような主張が見られるのか、何の根拠も示さずに。ブラック・ライブズ・マター「にも」見られる（と彼が言う）側面が、この運動の本質的な要素であるのか否かを検討しようともせずに。ブラック・ライブズ・マターへの言及は、論旨の展開に不可欠だったわけではなく、一例にすぎないのだが、それが適切かどうかを検証せずにあえて例として用いたのは、黒人はそういうことを言っているに違いない、という思い込みがあったからだろう。だとすれば、この語り口は、ブラック・ライブズ・マター（の少なくとも一部）を「独善的な正義を振りかざし自分たち以外はすべて差別者だと断定し過去にまで遡って全否定する」と一方的に決めつけ「全否定」する、まさに與那覇自身が忌み嫌っている論法と同じものである。歴史的には、「自分たちは絶対的に正しい」と主張し、それを行動で表してきたのは、ヨーロッパ系（白人）のほうなのに。彼らは、話し合いを求め声を上げ（ようとす）る黒人を、「秩序」を乱す存在だとして容赦なく抹殺してきたのに。ブラック・ライブズ・マターは、「黒人の命・生活〈だけが〉大切だ」「黒人の命・生活〈こそが〉大切だ」という主張ではなく、他の人たちと同じように大切なはずの自分たちの命がこれほどまでに軽んじられているのはなぜなのかを問う、つまり、極端な人種主義を俎上に載せるものである。それなのに、極端から極端に走るのではなくその間を見なければならないと説く與那覇が、それを見ない（見ようともしない）まま、ブラック・ライブズ・マターは過激思想であるという「極端」な世論にいとも簡単に与してしまう。與那覇だけではない。マイノリティのことをよく知らない（知ろうともしない）まま、彼ら彼女らのことを極論を基に誰彼構わず糾弾する「被害者づら」した強者だとみなし、その糾弾が転じた「差別」の矛先がマイノリティからマジョリティに向けられていることに危機感を抱く、それ自体まさに極端で倒錯した見方は、ネットを越えて私たちの日常に溢れ出し、私たちは、無自覚のままその片棒を担いでいるか、自覚していてもその蔓延を食い止められずにいる。

この章では、以下の各章でマイノリティ・マジョリティ・国際関係という視点からアメリカと日本を捉え直すための導入として、「マイノリティが不当に大きな力を持ち」「マジョリティが迫害される」という、語義に反し（「マジョリティ」「マイノリティ」は、数だけではなく権力の問題でもある）非現実的な事態が、実際に起こっているかのように見えてしまうのはなぜなのかを考える。まずは、差別とは何かについて、あらためて整理しよう。

◉差別の土台と方向

差別（特定の人々を不当に不利に扱う、または見下し劣位化する行為）は、関係性の中で発現する。そして、その関係は公平中立ではない。歴史的・文化的・社会的に負の価値を付与されてきた属性や特徴を持つ（とされる）集団とそのメンバー（と目される人々）は、個々の差別的な言動の発生に先立って、最初から下位に置かれている。

多くの人が乗っている一本の道のような巨大なシーソーをイメージしてみよう。両側が交互に上下に動くのなら、どちらにいようと、それによって優劣は決まらないはずである。しかし、このシーソーは、一方が常に上で、もう片方は地面についたままになっている。真ん中あたりから上にかけて身軽なマジョリティが（上に行くほど数は少なくなる）、ずっと下のほうにさまざまな重荷を付けられたマイノリティがいるからだ。このようなシーソーが、人種・民族・宗教・ジェンダー・国籍など序列化の指標ごとに並列（部分的に交差）している。古くからあるものもあれば、新たに作られるものもあるが、どれも傾きはかなりきつく、しかも相互に複雑に絡み合っているため、シーソーを動かして平衡に近づけるには外からの大きな力が必要となる。

これが差別の「構造」である。「土台」と言ってもいい（このシーソーは、下になっているほうが長く幅広いため、そもそものままではバランスが取れないし、下に行くほど傾斜は急になる）。それが揺らがないように支える政策・制度や社会的実践の総体を「構造的（あるいは制度的）差別」と呼ぶ（シーソーの比喩を続ければ、下のほうでは、上にはある手摺を付けず、滑りやすいところや大きな穴を放置し、不必要なものを置いて進路を塞ぎ、上から岩や石を落としたり危険なゴミを捨てる、などのやり方で、下にいる人が上に行くのを著しく困難にする仕組み、ということになる）。ここで重要なのは、次の三点である。

（1）下のほうにいる人たちは、この構造（的差別）によって大きなハンディキャップを負っている。シーソーは頑として動かず、斜面のどの位置から人生をスタートさせられるかは自分では決められない。そして、スタート位置の違いによる有利不利の差は極めて大きい。にもかかわらず、上に行けないのは「自己責任」だと言われる。

（2）個別の（個人／集団による、個人／集団に対する）差別行為も、大きく傾いたこのシーソーの上で展開される。差別は、上から下に向かう（逆方向の言動は、批判であり抗議である）。人を見「下す」言葉や、蹴「落とす」行動は、上にいる者にしかできない。より正確に言えば、上から投げつけるが故に、差別は差別としての強い力を持つ。

（3）他人に直接的な不利益を与えなくても、このシーソーをそのままにしておくことを正当化したり、それに手を貸す発言も、明らかな差別である。傾いたシーソーを前提に、誰かを貶《おとし》めることで上下関係を固定化しようとする／そのような効果を持つ表現は、守られるべき言論に値しない。

マジョリティは、往々にして、「今の自分たちにはそんな力はない」と言うが、その場合の「そんな力」とは、個別具体的な場面で（昔のように）自分たちの意向だけを押し通す力のことなのだろう。確かに、公の場であからさまにマイノリティの口を封じることはできなくなった。マイノリティに向かって好き放題を言うことも憚られるようになった。その程度には下から上に向かって追い風が吹いている。それでも、主観的には自分たちに力はないと思っているマジョリティは、客観的には高い位置にいる。シーソー上でできること／やっていいことには制約が課されるように（マジョリティにとっては「窮屈」に）なったが、シーソーの状態はほとんど変わっていない。

もしマジョリティが、シーソーは完全に修理されている、障害物も取り除かれたし妨害もない、もう傾いていないから、どこからスタートしても平等で、どこに向かうのも自由だ、つまり、生まれによる格差など存在しない、と本気で思っているのなら、なぜ彼らは、バランスが取れ差別がなくなったはずの社会で（傾いていない土台の上での対等な者同士の競い合いは、差別とは言わない）、今度は自分たちマジョリティが差別されている、と主張するのだろうか？

◉逆転する被差別意識

端的に言って、「逆差別」など、原理的にも実際的にも、存在しない。特定の関係の中で個別的／単発的にマイノリティのほうが上に立つ、あるいは、マイノリティがマジョリティに激しく迫ることがあっても、制度的／恒常的に大きな力を持っている（＝シーソーの上のほうにいる）のはマジョリティだからである。仮に、マイノリティがマジョリティに対して偏見や敵愾心を抱いていたとしても、それは、相手に実際的な不利益を広範囲で継続的に与えられない（個人的な敵対にすぎない）という意味で、社会的な差別になる条件を欠いている。本当に逆差別だと言える事態があるとすれば、この不条理なシーソーをマイノリティが大挙して駆け登って多くのマジョリティを抜き去りその上に立ち、あるいは、何らかの力でシーソーをひっくり返してマイノリティの側が上になり、個人的にではなく組織的に「仕返し」をすることだろうが、もちろん、そんな状況にはなっていない。最近はマイノリティのほうが強くなっている、と主張する人は、権力者や富裕層に占めるマイノリティの割合を数えてみればいい。アメリカでも日本でも、その圧倒的多数は、主流人種／民族（白人／日本人）の男性なのである。

それにもかかわらず、多くのマジョリティが「逆差別はある」と言い立てるのは、マイノリティが少しでも上に動くことが自分たちの地位の相対的低下につながっているという危機意識と、「奴らの得は我らの損」というゼロサム（＝損得は常に合計ゼロ）感覚からだろう。実際にマイノリティが求めているのは、マジョリティを脅かすことではなくシーソーを平らにすることであり、奪い合いではなく分かち合いなのに。

「逆差別」論のいま一つの源泉は、シーソーの下のほうから発せられたものであってもマジョリティを厳しく非難する言動は差別であるという、形式的公正主義とでも呼ぶべき思考法である。それによれば、マイノリティに対して「お前らはそこにいろ、そこがお似合いだ」と吐き捨てられる暴言と「自分たちも同じ人間だ、そのように扱わないあなたたちこそ間違っている」というマジョリティに向けた批判が、同じ「差別発言」になる。上から大量の岩や石をぶつける暴力と、それに耐えかね拾った石を（無駄かもしれないと思いつつそれでも諦めずに）下から投げ返す抗議も、同じ「差別行為」になる。

自分たちこそ脅かされ奪われ非難され攻撃されているとマジョリティが主張するのは、被害妄想と言う外ないのだが、彼らは、マイノリティがもっと酷い状態のままなのは個々人の自己責任で、自分たちがそういう状態に追いやられている（と感じる）のは集団的被害だと信じている。

実は、こうした意識は最近になって現れたのではない。アメリカでは、自分たちにとって少しでも不都合・不愉快・不安なことがあると、そのたびにマジョリティがマイノリティを元凶に仕立て上げ、「陰謀だ反逆だ、アメリカが侵略される、破壊される」と騒ぎ立ててきた。たとえば、「外国人とこの国にいる彼らの子孫は、人種的、国別に組織されている。彼らは彼ら自身の学校を持ち、彼らの外国語を話し、彼らの言葉で印刷された出版物を持ち、英語以外の言葉が使われている彼らの教会を持っている」と移民の脅威を語った、第二次クー・クラックス・クラン（ＫＫＫ）の指導者ハイラム・エヴァンズのように。ちょうど一〇〇年前（一九二〇年代前半）に「一〇〇％アメリカ人」の「伝統」を守ろうとしていたこの秘密結社は、外国人や黒人やカトリック教徒やユダヤ人は組織され強大な力を振るっているのに、自分たち「この国生まれの白人非ユダヤ人プロテスタントは」取り残され、その「所有物を狙う組織された人びとによる搾取の対象になってきた。自分の国に住んでいながら、さまざまな形でよそ者の犠牲になってきた」、だからこそ立ち上がらなければならないのだ、とマジョリティを焚きつけた。

自分たちこそが中心であるべきなのにマイノリティが大きな顔をしている、という不満は、政治的立場の左右を問わず、二〇世紀末になっても噴出することになる。リベラルな歴史家として名高かったアーサー・シュレシンジャー・ジュニアは、その名も『アメリカの分裂』という著書（一九九二年）の中で、「『多文化』という言葉それ自体が、すべての文化を対象とすべきであるのに、実のところ、非西欧的、非白人的なものだけに言及するようになってしまった」ことを嘆き、次のように居直る。「ヨーロッパの白人男性たちがわれわれの文化形成に大きな役割を果したということは、あいにくであったのかもしれない。しかし、それはありのままの事実なのだ。われわれは歴史を消し去ることはできないのである」。そのうえで、驚くべき発言をする。「アメリカの学校教育でヨーロッパ中心の偏りがみられるのは、こうした月並みな歴史的事実が厳存しているからであり、何らか卑劣な帝国主義的陰謀によるものではない。……学校は二割の部分だけを教えて八割の部分は無視すべきであるなどと、真面目に主張するような人が一体いるのであろうか」。つまり、アメリカの八割は白人男性が作ったのだから、白人男性の取り分が八割なのは当たり前だ、と言うのである。何をどう数えると「八割」になるのか説明もせず（シュレシンジャーにとっては自明なのだろう）、人種・民族的マイノリティどころか、人口の半分を占める女性も、歴史の舞台からほぼ完全に除外する（自分は誰から生まれてきたと思っているのだろう、と茶々を入れたくもなるが、彼にとっては、産み育てるなど女性が担ってきた営みは、歴史とは無関係なのだろう）。このような無自覚の特権意識とそれに追従する（マイノリティの中にもある）権威志向こそ、「ほとんど何の貢献もしていないくせに、分け合えなどと言うのは強盗だ」という「逆差別」論をはびこらせる温床となっている。

◉差別を是正するのも差別？

「逆差別」論は、概略、次のように構成される。全体的にマイノリティが有利になっているわけではないにしても、傾いているシーソーを固定化する力がマジョリティ優位の構造的差別を生んでいるのなら、それを力ずくで逆転させようとしたり、マイノリティだけを助けシーソー上での位置関係を強引に変えようとすることも、差別的な効果をもたらす（実際にもたらしている）のではないか。たとえ差別をなくすためであったとしても、マイノリティを「優遇」するアファーマティブ・アクション（積極的差別是正措置、以下ＡＡ）のような政策は、特定集団への所属を「特権」とする「逆差別」に外ならない。差別に差別で対抗するのは間違っている。

この理屈は、はたして正しいのだろうか？　まずは事実関係を確認しよう。ＡＡ等の差別是正策は、力関係の逆転ではなく平衡を目指すものである。しかも、批判や非難に晒され限定的にしか適用できず十分な効果が得られないため、シーソーの傾きを緩やかにすることすらできていない。いや、シーソーはもはや傾いていない／今や逆方向に傾いていると言う人は、量的にも質的にも圧倒的に非対称的な現実、具体的には次のような疑問にどう答えるのだろう。なぜ黒人は「優先的に」警官に殺され続けるのか？　なぜ彼らは真っ先に犯罪を疑われるのか？　なぜ女性は暴力を受け続けるのか？　なぜ彼女らの声は聞き届けられないのか？　黒人を犯罪者だと決めつける警察を批判するブラック・ライブズ・マターや、痴漢という名の性暴力を避けるための女性専用車両のようなシェルターが、なぜ「差別」だと言われなければならないのか？　なぜマジョリティとマイノリティの間には集団としての明らかな経済的格差が依然としてあるのか？　それはほんの一握りの成功したマイノリティの存在で相殺され差別はないことになるのか？　だとしたら残りは全員怠け者なのか？　男女の賃金格差は日本の「レディースデイ」の数百円の値引き（これを「男性差別」とみなす学生は驚くほど多い）のような女性「優遇」で帳消しになるのか？

マイノリティだけを助けることは「差別」なのだろうか？　そもそも特定集団への所属を特権とし、マイノリティを差別してきたのは、マジョリティのほうである。そのような差別に対抗し、能力や意欲を活かすチャンスを広げるには、シーソーが傾いている限り、マイノリティに特別な手立てを講じるしかない。それは「差別」ではなく、支援である。シーソーの高い位置にいる人と低い位置にいる人が、そのままでどこまで高く手が届くかを競うのは、公平ではない。下の場所から動けないのなら台か梯子を使って（足場は不安定だが）せめて高さを同じにするか、動けるのなら上にいる人と同じところまで連れて行かなければ、競争にはならないのだから。

◉糾弾される「逆差別」と糾弾されない差別

それでもマイノリティの立場を補正することを「差別に差別で対抗すること」だと非難するのは、このようなやり方では、それを支援と呼んだとしても、「下駄を履かせてもらった」マイノリティの煽りを食って結果的に不利益を被るマジョリティが出てしまうからだろう。しかし、頑張っているマジョリティに不利益を与えているのは、ほとんどの場合、マイノリティではない。

興味深いことに、「下駄を履かせてもらう」のが富裕層である場合、それは不当な優遇であり努力してきた人／能力の高い人への差別だ、という声はほとんど聞こえてこない。たとえば、アメリカの多くの大学が大口寄付者である卒業生や有力者の子弟を成績が悪くても別枠で入学させている（大金持ち用のAAが存在する）ことは周知の事実であるが、それは寄付金を集めるための手段として容認される。また、日米問わず私企業が経営者の子弟・親類を優先的に採用し昇進させることも多いが、それもごく普通のことと捉えられている。マジョリティ側のずっと上のほうにいる人が自分ではなく親の力でさらに高下駄を履き、マジョリティではあるが相対的に下のほうからスタートして自分の力で登ってきた人を出し抜いても（場合によっては踏みつけ蹴落としても）、それは仕方のないことだとされるのである。しかし、上の不正には目をつぶり、豊かな社会を維持するには必要なことなのだろうと諦めるマジョリティの中下層は、下にいる人を少しでも引き上げようとすると、それが公正な社会を作るために必要なやり方であったとしても、ズルだと叫ぶ。自分が直接の被害者であっても、そうでなくとも。

典型的な例として、一九九六年にアメリカ合衆国第五巡回区連邦控訴裁判所が判決を下した「ホップウッド対テキサス州事件」を見てみよう。一九九二年にテキサス大学法科大学院に出願したシェリル・ホップウッドを含む白人志願者四名は、自分たちより成績の低いマイノリティが合格しているのに自分たちの入学が認められないのは不当だとして、大学を訴えた。裁判は原告側の勝利に終わり、テキサス州内のすべての公立大学において人種を考慮するAAが一時的に（二〇〇三年まで）禁止されたが、今問題にしたいのは、そのことではない。ホップウッドは、本当は誰に弾き出されたのか、である。

確かに彼女より個人得点の合計が低い黒人・メキシコ系アメリカ人が六三人入学を許可されていた。しかし、彼女より得点の低い白人志願者も一四〇人合格していた（この事実には、当事者もこの事件を論評する者も注目しない）。彼女がこの一四〇人より入学優先順位が下とされたのは、公立のコミュニティ・カレッジを経て州立大学を卒業したからであった。テキサス大学法科大学院では、他の多くのロー・スクールと同様に、上位私立大学卒という学歴をプラスの要素としてカウントすることになっていた（学部の成績のGPAと本人の法科大学院共通入学試験LSATのスコアを換算・合計したものに、GPAを調整するという名目で、出身大学の全LSAT受験者のスコアの中央値を加える）ため、大学時代の成績もLSATのスコアも良くなかったが自分以外の同窓生のLSATスコアが高い一流私大卒だったこの一四〇人は、彼女を飛び越して合格できたのである。成績の大学間格差を考慮に入れているのだと大学当局は言うが、実際に行った学力試験で当該個人が出した結果を軽視するこのような制度は、その時点での「能力」よりも、有名私立大学の高額の授業料を負担できた「財力」のほうを重視するものと言わざるを得ない。

経済的に成功する才覚のあった本人ではなく偶然その人の子どもとして生まれてきただけの人たちによってここまであからさまに差別されているのに、幼いころに父親を亡くし苦学して高校・大学を卒業、障碍のある子どもを育てながら法律家を志したこの女性（ホップウッド）は、自分を生涯にわたって苦しめてきたはずの上流階級ではなく、自分と同じように苦しみ、だからこそ自分と同じように法律家を志していたマイノリティのほうを攻撃したのである。

なぜ、不遇をかこつマジョリティにとって、社会の助けを借りて上昇しようとするマイノリティこそが「敵」に見えてしまうのだろう？

◉正直者が馬鹿を見るのは誰のせいなのか？

社会学者のアーリー・ホックシールドは、二〇一〇年代の聞き取り調査を基に、彼らの心情を、アメリカンドリームを目指す長い列のちょうど真ん中あたりに並んでいることにたとえた。列はほとんど動かず、自分たちは疲れ、まだ何の見返りも受け取っていないのに、前方ではマイノリティが連邦政府の役人に導かれて列に割り込んでいる。しかも何人も何人も。そのために、辛抱強く待っている自分たちが後ろに押し戻されている。許せない。それなのにあいつらに同情しろと言われる。理屈に合わない。ここは自分たちの国なのに。自国にいながら異邦人のような気分にさせられる。

しかし、彼らは、見える範囲の前方しか見ていない。そこで起こっている（ように見える）「不正」にだけ注目して憤慨するが、もっと前のほうで何が行われているのかは確認しようとしない。振り向けばあまりにもたくさんの貧しく不運な有色人種が見えるから振り向きもしない。そもそも、自分たちがなぜ「ちょうど真ん中あたり」にいるのかは、あえて考えないようにしている。見えないほど前にいる人たちはどうやってあそこまで行ったのか、彼らはどこからスタートしたのか、彼らの子どもたちはどこからスタートするのか、自分たちはどこからスタートしたのか、自分が並んだときにはマイノリティも並べたのか、真ん中の自分たちでさえアメリカンドリームに辿り着けるとは到底思えないのに、なぜ自分たちの後ろにまだこんなに長く列が続いているのか、そんなことを考えると嫌な気分になるし怖くなるから。

自分たちが今の位置にいるのも、歴史的に／もっと後ろから見れば、集団的な割り込みの結果かもしれない、それどころか、自分たちが白人に生まれたのも特定の時代に特定の地域で特定の家族のもとに生まれたのも偶然だ、とは思いもせず、この場所は自分で勝ち取ったのだ（もっと前にいてもいいくらいだ）と信じて疑わず、その自分たちの前にマイノリティがいるのは、どんな事情があったとしても、絶対に不正だ、と決めつけるのは、強固な特権意識である。権利（right）とは区別される特権／既得権（entitlement）という言葉は、政府には自分たちを支援する義務があると考える（と思われている）マイノリティの「勘違い」を批判する文脈で使われることが多いが（真ん中あたりのマジョリティの多くは、金持ちの強欲と独り占めではなく、貧しいマイノリティの「傲慢で過大な要求」と政府がそれに応えて気前よく「与え過ぎる」ことを非難する）、むしろ、ここ（から先）は自分たちの領域であり、その恩恵は自分たちだけが享受する、マイノリティはここに入ってこ（られ）ないのが＝後ろにいるのが当然だ、というマジョリティの意識を表現するのにこそふさわしい。

なぜ彼らは、いや、われわれは、異人種・異民族・異教徒や女性や移民・難民ではなく自分たちこそが報われるべき国民だと考え、そう考えることは差別的ではないと思うのだろう？

◉見えない（構造的な）特権

自分たちが前あるいは上にいるのは当然であるという感覚は、自集団の優越を前提としているが、それが差別に感じられないのは、自分たちは「標準」（＝無色透明）であり、異質な（＝色の付いた）他者を見分けその害悪を「審判」できると思い込んでいるからである。国際社会での「アメリカ」、アメリカ国内での「白人（男性）」は、自分たちを超越的な存在にしてしまったが故に、自分たちの立ち位置を相対化できず、自分たちも一つの特殊な国・集団であることを認識できずにいる。視点を少しずらせば、彼らだって、異人種・異民族・異教徒であり、数多くの性自認・性的指向のうちの一つを持つ者にすぎず、幸運にも国外に移動しなくて済んだだけなのに。

自分は「普通」だと思っている「日本人」も同じである。その「普通」が特権であることを自覚しなければ、次のような醜い差別はなくならないし、自分たちが差別されることに対処することもできない。この男性と女性は、どちらも「私たち」である。

二〇二一年六月、多様性を寿ぐ東京オリンピック・パラリンピックを間近に控えた都内の公園で、息子を遊ばせていた日本人男性が、娘を遊ばせていた南アジア出身のムスリム女性に、自分の息子がその女性の娘に蹴られたと抗議、女性が娘は蹴っていないと反論したところ、男性が警察に通報、警察官六人が駆けつける「事件」があった。

言い分が食い違って口論になること自体は、よくあることだろう。「醜い」のは、日本語が不自由な子ども連れの外国人女性に対する、この男性と警官の発言・態度および警察の「捜査」方法である。たまたまその場にいて仲裁に入り英語で通訳を買って出た人の証言によれば、息子が「暴行」を受けたと警察を呼んだ男性は、ヒジャブを着用していたこの女性に「外人は生きている価値がない」と言い放ち、タバコの煙を顔に吹きかけた。六人の警官は誰もそれを咎めず、それどころか、そのうちの一人は、三歳の娘に対して「どうせお前が蹴ったんだろ」と決めつけ、女性に対しては「本当に日本語しゃべれねえのか」と問い質したという。女性は帰宅したいという意思を伝えたにもかかわらず、警察署への「任意」同行を事実上「強制」され、子どもが子どもを蹴った（かもしれない）という「事件」で、さらに取り調べを受けた。署では、母語の通訳は用意されず電話での英語通訳のみ、トイレにも行かせてもらえず、娘のおむつを替えることも許されず、自分は娘から目を離しておらず娘は蹴っていないと言っても信用されず、女性を退出させ一人残した三歳の娘に対して複数の警察官が「任意」の事情聴取を行った。さらに、警察は、息子が蹴られたことに対して民事訴訟を起こすと言い出した男性に、女性の氏名・住所・電話番号を伝えた。警察側は女性の同意を得たと弁明しているが、女性は、同意していないし、それでも伝えると警察が言っているのは電話番号だけだと思っていた、と語っている。しかも、警察は、娘に対する監督が不十分だとして、この女性のことを児童相談所に通告したのである。

実際に何が起こったのか、正確にはわからない。ただ、差別発言についての第三者の証言はかなり信憑性が高いし、三歳の娘を母親から引き離して個別に事情聴取したことは警察も認めている。警察が男性に女性の個人情報を教えたこと、その同意について警察と女性の認識にずれがあること、警察が女性と十分にコミュニケーションが取れないまま児童相談所に通告したことは、事実である。

◉おわりに

「郷に入っては郷に従え」とよく言われる。それは、ほとんどの場合、既存の「秩序」を乱すな、文句を言わずおとなしくシーソーの最下位に立て／列の最後尾に並べ、騒ぎ立て自己主張をするなどもっての外だ、ということを意味する。この「秩序」は、ほぼ不可避的に、新参者が、あんなおかしな奴らが、自分よりも上にいる／前に来ることなど許さん、そんなことがあればそれは不正だ、そうだ、自分が進めないのは大規模な不正が横行しているからだ、という妄想を掻き立てる。

この郷の「しきたり」自体を見直して、同じ場所で生活する人は、人種や民族や宗教や性自認・性的指向や出身地や国籍、さらには能力や功績が違っていても、みんな同じように幸せになる権利を持っている仲間だと考えない限り、マジョリティだけが得をする社会は変わらないし、マイノリティだけでなくマジョリティをも苦しめる格差もなくならない。

足元を見てみよう。傾いているはずだ。でも、そのシーソーは動かせる。集団の枠を越えて、実際に近くにいる人たちと手を取り合おう。平らにすれば、誰かが損をするのではなく、みんなのためになるのだから。前を向いてみよう。先は細く遥か遠くまで続く成功への一本道しか見えないかもしれない。でも、それも、たくさんの道が行き交う広場にすることもできる。これこそ妄想だろうか。それを現実にするか妄想のままで終わらせるかは、私たちの選択次第である。

◎読書案内

① ロバート・D・パットナム（柴内康文訳）『われらの子ども——米国における機会格差の拡大』創元社、二〇一七年。
② アリス・ゴッフマン（二文字屋脩・岸下卓訳）『逃亡者の社会学——アメリカの都市に生きる黒人たち』亜紀書房、二〇二一年。
③ 清原悠編『レイシズムを考える』共和国、二〇二一年。
④『思想』二〇二一年九月号「レイシズム特集」。

⑤ A・R・ホックシールド（布施由紀子訳）『壁の向こうの住人たち――アメリカの右派を覆う怒りと嘆き』岩波書店、二〇一八年。

⑥ 南川文里『未完の多文化主義――アメリカにおける人種、国家、多様性』東京大学出版会、二〇二一年。

①は、現代アメリカでは、自分ではコントロールできない初期条件の悪さが、いかに機会を極端に狭め、格差を固定化するようになっているかを描いたもの。かつては「アメリカン・ドリーム」が機能していた（そう思われていた）という見方や人種が及ぼすマイナスの影響を過小評価している（かのように読める）部分は批判的に検証すべきだが、人種・民族・ジェンダーなどで分けられる集団を横断する、それぞれの内部の階級差を考える手がかりになる。②は、貧しい黒人の生活・人生がどのような力によって翻弄され、彼らの生きる世界が白人の社会といかに懸け離れているかに迫ったもの。研究の手法、信頼性、倫理上の／法的な問題について批判はあるが、それらをふまえたうえで、当事者以外が「理解」することの困難と必要性を噛みしめたい。③と④は、レイシズムについての最新の多様な研究成果をまとめたもの。本稿では、両方に掲載されている堀田義太郎の論考を特に参照した。⑤は、本文でも取り上げたが、マジョリティの中下層の悲哀を描いたもの。⑥は、アメリカにおける多文化主義の軌跡を辿ることで、その展望を示したもの。それぞれ、話し合いの可能性を探るために、そして諦めないために、読みたい。

❖より深い理解のために――ディスカッションのポイント

(1)「逆差別」だと言われることのある事例を整理し、その中に本当に「逆差別」と言えるものがあるのか検討してみよう。その際には、マイノリティへの支援がマジョリティに対する不当な差別になっているかを、よく考えよう。

(2) 日本社会におけるマジョリティ／マイノリティについて考えてみよう。まずは、マイノリティについて。どのような人たちがどのように不利な条件の下で生きることを余儀なくされているのかを、あらためて意識しよう。

(3) 次に、マジョリティについて。日本では「日本人」が優位に立つのが当然なのだろうか？ アメリカの白人優越主義者（本人が好む呼び名は「白人擁護者」「人種現実主義者」）のジャレド・テイラーは、日本人に次のように問いかけています。「あなたなら何と答えますか？「もし日本に外国人が数百万単位で入ってきたら、日本人は違和感を覚えませんか？ それに異議を唱えたとき、『日本人至上主義者』や『人種差別主義者』というレッテルを貼られたらどう思いますか？」

第二章

ともに生き延びるということ

——不可視化の暴力と先住民族の抵抗——

石山　徳子

ミネソタ州ミネアポリスで1973年に設立された、先住民族を対象とした公共住宅、リトル・アース・オブ・ユナイテッド・トライブズ（リトル・アース住宅）のゲート。（撮影　鎌田遵，2009年）

るという知識はゼロだった」

◉無自覚の差別

「アイヌ民族とはエスニックでかっこいい人たちと認識していたぐらいで、差別されてきた人々であるという知識はゼロだった」

これは、二〇二一年三月一二日に放送されたテレビ番組での、アイヌ民族への差別表現について、放送倫理検証委員会が調査をおこなった際に、当該コーナーの責任者をつとめるプロデューサーが示した問題認識である。同委員会による「日本テレビ『スッキリ』アイヌ民族差別発言に関する意見」と題された同年七月二一日付の本報告書は、オンライン上でも公表されている。

番組に関わったスタッフの多くが、調査に対して「差別する意図はなかった」とこたえている。このように、アイヌ民族にたいして否定的な差別感情を抱いているわけではなく、むしろ「かっこいい」という肯定的な認識をもつ人が、とくに比較的若い世代には多いのかもしれない。ただこうした思考もまた、痛みを抱えて生きてきた先住民族への無自覚の差別をうみだし、共生への道のりを阻む可能性がある。なぜならば、侵略と収奪、構造的差別の歴史、そしていまも連綿とつづくヘイトの言説が不可視化されること、それは先住民族のアイデンティティと、人としての尊厳の否定でもあるからだ。

番組では、ひとりのアイヌ民族の女性が抱えてきた葛藤、フロリダ州のセミノール族との交流、未来に向けて前向きに生きる姿を描いた短編ドキュメンタリー『Future is MINE――アイヌ、私の声――』（監督 富田大智・製作 塚本啓太・製作総指揮 チャック・ベッシャー、二〇二〇年）を紹介していた。このコーナーでは、最後に着ぐるみのお笑いタレントが、謎かけをするのが恒例だった。紹介された作品については、彼が「『あ、犬！』（アイヌ）。ワンワンワン！」と謎かけをおこない、アニメの犬が画面上にあらわれるという演出がなされた。お笑いタレントは最後に、作品を鑑賞し「アイヌの美しさを堪能しよう」

と呼びかけた。

放送直後から日本テレビには、北海道アイヌ協会や内閣官房を含む各方面から批判が殺到した。そもそも特定の民族を動物に例えること自体が問題であるが、とくにアイヌ民族については、「あ、犬がきた」といった表現が実際に使われ、差別に苦しんできた人たちがたしかに存在する。報告書によれば、謝罪のために札幌に出向いたテレビ局の幹部に、アイヌ民族の古老が「自分が犬だといって差別を受けてきたことを思い出して悔しかった」と涙ながらに話したという。

放送から約五ヶ月後の八月二六日、『スッキリ』は、差別表現がなぜ放送されるにいたったのか、検証チームによる調査結果を番組内で報告した。番組司会者はこのとき、「差別の意識がなかったとしても差別に当たる」と、この件について改めて謝罪した。

差別を受けた人びとの苦しみは、過去のことではなく、世代を超えていまにつづいている。ドキュメンタリーの主人公である萱野りえさんは、子どものとき、安室奈美恵に憧れていた三二歳の女性だ。小学生のときに「アイヌ、アイヌ」と呼ばれて、「アイヌである自分が嫌いになった」と語る。

彼女はセミノール族の居留地を訪ね、強い信念を語る部族長や裁判官、部族が営む学校でクリーク語を話し、笑いあう子どもたち、彼らを見守る教員、「私のすることは全て先人の夢」と語る若い女性と出会う。宿泊先は、カジノ経営で成功し、ハードロック・インターナショナルを買収した、同部族が所有するリゾート・ホテルだ。

故郷の町、大学に通った札幌、セミノール族居留地などでの経験を経て、アイヌとして唄い、幼子を育てる萱野さんは、けっして過去の人ではない。作品を締めくくるのは、一九世紀以降の日本政府による熾烈な同化政策のもと、かつては使用を禁じられたアイヌ語で、彼女が唄うヤイサマ（即興歌）の調べだ。

「あ、犬!」という謎かけのネタは、この作品を紹介するには、あまりにもお粗末、かつ不適切なものだった。この事象が示すのは、日本社会に根をはり、いまにつづく差別の歴史、先住民族の営み、さらには生命そのものがみえなくされてきたという問題である。

ドキュメンタリーの舞台のひとつであるアメリカには、現在、五七四の部族が存在している。そしてそれぞれが、侵略、土地や資源の収奪、身体的、および文化的なジェノサイドの歴史を経て、現在に至っている。生身の人間がくぐり抜けてきた差別経験がみえにくく、いまを生きる先住民族の葛藤が一般社会に共有されていないのは、アメリカの状況にも通じるところがある。

たとえば羽飾りをつけた勇敢な、あるいは「獰猛な」戦士、さらには白人男性を愛し、献身的に尽くすプリンセス、といったステレオタイプが、スポーツ・チームのマスコットや、ハロウィンの仮装に使われるとき、自分たちには差別する意図などない、むしろ親愛の情を抱いている、という声があがる。しかし、これにふれて傷つく人たちがいる。一九六〇年代以降、先住民族のあいだに拡大した社会運動において、マスコット問題は差別の事象として捉えられてきた。近年ようやく、プロや大学のチームが、マスコットやチーム名を変更、または廃止する動きが増えているが、これに抵抗感を示す人も多い。そのような人たちは、マスコットや仮装の表象とは、先住民が入植者と、その子孫と対等の関係にある「人」として認知されないが故につくりだされたものである、という歴史的な文脈から目を逸らしている。

本章では、存在そのもの、歴史を通じて増殖してきた苦しみ、さまざまな場面での生きにくさを否定され、みえなくされてきた先住民族の生命が、現代社会でいかに脅かされているのかを考えてみたい。ここで紹介するアメリカの事例は、ある特定の集団とその体験が、長いあいだ不可視化されてきた社会に蔓延る無自覚の差別が、生命にも関わる凄まじい暴力性を秘めていることを示している。

◉セトラー・コロニアリズムと先住民族の不可視化

世界各地で、先住民族はなぜ、みえにくい存在に追い込まれてきたのだろうか。ひとつのキーワードに、「セトラー・コロニアリズム」という概念がある。これは入植者植民地主義、または定住型植民地主義とも訳される。長いあいだ先住民族が生活していた場所に、入植者が侵略してその地に留まり、新しい国家を新設した「セトラー・コロニアリズムの国」の例として、アメリカ、カナダ、オーストラリア、イスラエルなどがある。

第二次世界大戦以降、アジアやアフリカの植民地で、資源と労働力を搾取していた西欧列強や、日本の支配から解放された国々が次々に独立した。植民地支配の暴力の傷痕は、旧植民地の空間と、人びとの心にいまも刻まれている。だが、侵略者は旧植民地を去り、宗主国に戻った。いっぽうで、セトラー・コロニアリズムの国々では、定住した侵略者はどこへもいかず、その後は他の地域からの移民も到来するなかで、先住していた人びとへの支配と抑圧が、現在進行形でつづいている。したがって、国家の発展の大前提には、先住民族の存在と歴史、土地にたいする権利をなかったことにする、「消去の論理」が働いてきた。

とくにアメリカについては、自由、平等、民主主義を求めて創設された「移民の国」、というイメージが根強い。しかしその原点には、先住民族が先祖伝来受け継ぎ、相互関係を築いてきた大切な土地を収奪し、従わぬ者を武力で制圧し、西欧文化への同化を強いる身体的・文化的ジェノサイドの歴史がある。同時並行していたのが、アフリカから商品として「輸入」した人びとを、奴隷として酷使するシステムだった。あまり知られていないが、先住民族を対象にした奴隷制度も、実は方々で確立していた。

支配と抑圧の構造とは、白人対有色人種といった単純な二項対立の図式のみでは説明することができない。他の部族の先住民を入植者に売り払い、利益を得ていた、あるいは黒人を奴隷化する部族も存在した。そのいっぽうで、奴隷制度から解放された黒人が、先住民族の同意を必ずしも得ることなく、彼らの土地に住みつく、または、血縁関係を築くなどしてコミュニティに加わり、生き延びたケースもある。ジェノサイドと奴隷制度は、白人優越主義の思想、これをもとにつくられた社会構造のなかで複雑な形で絡み合いながら、民主主義国家の成立と発展を支えつづけたのである。

入植者国家の基盤である土地には、もともと先住民族が日々生活し、先祖伝来の文化、その場に存在する生きとし生けるものやあらゆる事物との関係性が、空間に刻まれていることが、まるでなかったかのようにされてきた。資源の強奪やジェノサイドにまつわる物語とは、入植者国家の理念とは相反するものであり、その発展には不都合極まりないからである。

◉大統領就任式とアメリカ先住民族

アメリカ社会において、先住民族の存在と営みはどれほどみえなくされているのか。二〇二一年一月二〇日に行なわれた、ジョー・バイデン大統領就任式を振り返ってみたい。バイデンは、白人優越主義を煽るような言動を繰り返したドナルド・トランプ前大統領とは異なり、恐怖や分断から脱却したアメリカ人の団結を呼びかけた。

ただし、多文化が共生する本来のアメリカに立ち返ろうではないか、という決意に満ちた就任式が導こうしていたのは、あくまでも「移民の国」のアイデンティティだった。これを象徴していたのが、プエルトリコ系アメリカ人の人気女優、歌手でもある、ジェニファー・ロペスのパフォーマンスである。

彼女は、オクラホマ州出身のフォーク歌手ウディ・ガスリーが一九四〇年に作詞した「我が祖国」を歌った。この作品は元来、階級格差の是正を求める抵抗の歌であり、リベラルな思想をもつアーティストによって歌い継がれてきた。ロペスはこの名曲に、愛国唱歌である「アメリカ・ザ・ビューティフル」の一部を取り入れ、「忠誠の誓い」にある「皆に自由と正義を」などの部分をスペイン語で挿入した。多様性を誇るアメリカへの、愛情に満ちたパフォーマンスだった。

「我が祖国」の原題はThis Land is Your Landで、「この国はあなたの国」を意味する。サビは、「この国は、あなたとわたしのためにつくられた」というものだ。多様な文化を包摂する、平等な社会を目指そうという意味が込められている。しかし先住民族のあいだには、これに複雑な感情を抱く人も多い。

この曲においてはしばしば「国」と訳される、Landの本来の意味は「土地」である。先住民族にとっては、「アメリカの土地は、みんなのもの」だ、という言説そのものが、自分たちの生活基盤であり、精神的な要でもある土地の強奪を出発点とする、セトラー・コロニアリズムの国の偽善を象徴し、これを再生産する装置でもあるのだ。

案の定、ロペスの歌唱の直後から、SNSには異議を唱える先住民たちの投稿があふれた。ニュー・メキシコ州出身のディネ先住民であるニヤ・デグロートが、オンライン・ニュースサイト「インディアン・カントリー・トゥデイ」に寄稿した二月一日付の記事も、抗議の声のひとつだ。デグロートは、バイデン政権の誕生を歓迎する自分自身が、就任式でこの曲が流れたとき、「先住民族の抹消が当たり前のこととされている現実」に引き戻された、と述べている。記事には、「ちょっと待って、アメリカよ！『この土地は盗まれた土地だ』」という見出しがつけられている。

盗まれた土地につくられた超大国が内包する矛盾を、先住民族はさまざまな形で経験してきた。ヨーロッパ系の入植者は開拓前線で、先住民族を故郷から「辺境」に囲い込み、抵抗する民を抹殺した。一九世紀後半から約一〇〇年にわたり、同化政策の無残な現場となった寄宿学校では、家族から引き離された何万人もの子どもたちが、自分たちのルーツ、言語、文化を否定され、性的虐待をふくむ、苛烈な暴力を受けつづけた。

二〇二一年五月に、隣国カナダ、ブリティッシュ・コロンビア州の寄宿学校跡から二一五人の子どもの遺体が発見されたことが大々的に報道されたが、その後も各地で遺骨や墓があいついでみつかっている。寄宿学校のモットーは、「インディアンを殺し、人間を救う」だった。子どもたちに同化を強要した寄宿学校は、まさに殺人の現場でもあった。人として生きていくために必要不可欠なアイデンティティを否定され、虐待のトラウマを背負わされた先住民族の生命は、むかしもいまも脅かされている。

◉ジョージ・フロイド殺害事件と地元の先住民族

二〇二〇年五月二五日、ミネソタ州ミネアポリス近郊で黒人男性ジョージ・フロイドさんは、白人警官に頸部を膝でおさえられ、「息ができない」と訴えながら、ついに絶命した。これを契機に、二〇一三年以降に拡大をつづけていたブラック・ライブズ・マター運動は、さらなる発展を遂げた。世界中に響きわたった、黒人の生命、生活、人生は大切なのだ、というメッセージに、この地域に暮らす先住民も、みずからの問題として共鳴し、ネイティブ・ライブズ・マター運動の輪を広げていくことになる。

フロイドさんを死に追いやったデレク・ショーヴィンは、地元先住民には聞き覚えのある名前だった。彼は、この事件の一四年前、人を刺した容疑をかけられた先住民男性を銃殺した警官のひとりだった。九年前には、先住民族を対象とした公共住宅、リトル・アース・オブ・ユナイテッド・トライブズ（以下リトル・アース住宅）で、二三歳の先住民男性ルロイ・マルチネスさんの胴体に発砲した五人の警官のひとりでもあった。マルチネスさんは銃をもっていたのだが、警官の呼びかけにこたえてこれを地面に投げ捨てた後に撃たれた。ショーヴィンはこのときに、三日間の出勤禁止処分の対象になったが、ミネアポリス市警はその後、警官たちが「適切、かつ勇敢に」対応した、という結論に達した。

二〇二〇年七月三一日付『ニューヨーク・レビュー』でクリシカ・ヴァラガーは、ニュースにショーヴィンの名前が出たとき、「リトルアース住宅の住人で、驚く者はほとんどいなかった」と指摘している。またヴァラガーの取材にたいして、地元先住民支援団体のジョー・ホボット会長は、「先住民は、炭鉱のカナリアのようなものだ」とこたえた。弱い立場にある人の生命が守られぬ社会に生きる、すべての人びとへの警告である。

フロイド事件の直後から、地元では警察への抗議の動きが拡大し、一部が暴徒化するなど、混乱が生じた。リトルアース住宅の先住民は迅速に対応し、夜間警備とパトロール活動をおこなった。これについては、怒れる黒人による抗議行動に端を発した混乱から、先住民族のコミュニティを守る試みだった、という解釈もできる。しかし、ことはそう単純ではない。

YouTubeにもアップされている、五月三〇日付CBS系の地元ニュース番組の五分弱のクリップからは、黒人たちの痛みと経験を、長きに渡って共有してきた先住民の、複雑な想いが伝わってくる。番組では、マイク・マックスという名の、一見したかぎりでは白人の記者が、リトル・アース住宅の警備にあたる先住民たちの様子を伝えている。住宅地の前に立ち並ぶ彼らは、付近を通る車に、迂回するように促している。マックル・ロバーツと名乗る男性はインタビューにこたえ、自分たちは安全確保のために夜を徹して警備にあたっており、警察からは謝意を伝えられた、と語る。

これをきいた記者は、コミュニティを守るために結束し、自衛する先住民を称えたうえで、抗議行動をとっている人たちから脅威を感じたのではないか、とたずねる。するとロバーツさんは、ひとこと「ノー」とこたえる。そして、自分たちは子どもや住まい、商業施設を守ろうとしているだけだ、と説明する。さらに彼は、「誤解しないでほしい。先住民族のコミュニティは、ジョージ・フロイドさんを支持している」と訴える。マイクを握る記者は、抗議行動を支持することと、自衛することは、別個の問題ではないかと問い返すのだが、彼はこれに同意しない。かわりに彼は、次のように語るのだ。「わたしたちのコミュニティでも、警察とのトラブル、コミュニティのメンバーへの警察による虐待があった。だからこそわたしたちは、抗議行動について理解している。公正な裁きがなされるべきだ」

以上のやりとりが浮き彫りにするのは、黒人の「暴徒」から身を守ろうとする先住民族、という対立の構図ではない。警察権力によって生命を奪われてきた黒人の痛みは、ミネアポリスに暮らす先住民には他人事ではない、という歴史経験であり、ともに生き延びていくための連帯の意思だ。

報道から二日後の六月一日、事件現場では、鈴の音とともに癒しをもたらすというジングル・ドレスをまとった先住民女性たちが踊り、セレモニーがおこなわれた。一九五〇年代以降、連邦政府が同化政策の一環として、そのむかし居留地に追いやった先住民族に都市への転住を促した結果、ミネアポリスの街にも、いわゆる「都市先住民」が生活拠点をつくってきた。ただし忘れてはいけないのは、居留地とはしばしば対比的に捉えられる都市空間もまた、もともとは先住民族の土地だったということだ。

フロイドさんが殺された現場でおこなわれた弔いのセレモニーとは、セトラー・コロニアリズムの土地に刻まれる、生命を奪う差別の暴力に抗い、生きる力を周囲と、未来に紡いでいこうとする営みである。ブラック・ライブズ・マター運動への支持と、先住民族の共同体を平和的に守っていくこと、このふたつの動きは、虐待を受けつづけながらも生き残ってきた、という共通の体験を通じてつながっている。

◉先住民族にたいする警察の虐待

一般的にはあまり知られていないが、アメリカで警察の虐待による被害をもっとも高い割合で受けてきた人種グループは、先住民族である。二〇一七年一一月一三日、CNNは「警察による銃撃における、忘れられたマイノリティ」と題された記事において、アメリカ疾病予防管理センター（CDC）のデータに言及しながら、その実態を紹介している。一九九九年から二〇一五年にかけて、法執行機関による「法的介入」により、一〇〇万人に二・九人の先住民が死亡した。「法的介入」の大半を占めるのは、警察による銃撃である。報道では、黒人・アフリカ系アメリカ人二・六人、ヒスパニック・ラティーノ一・七人、白人〇・九人、アジア系・太平洋諸島系〇・六人という数字も提示されている。先住民族の死亡者数の割合は、黒人・アフリカ系アメリカ人よりも一二パーセント、白人と比較すると三倍も高い。

なかには警察による正当防衛もふくまれるが、過剰な取り締まりがおこなわれたケースもある。そのひとつが、二〇一五年七月一二日にコロラド州デンバーで起きた事件だ。二三歳のポール・キャスタウェイさんの母親は、「息子がわたしにナイフを向けた。彼は精神疾患を抱えていて、酩酊している」と、警察に通報した。現場に到着した警官に、彼は「殺してくれ」と要求し、自分の喉にナイフを突き立てた。監視カメラの映像には、ナイフを自分に向けた青年が、警官に近づく様子がうつっている。警官が発砲した三発のうちの二発を胴体に受けて倒れこみ、瀕死の彼には手錠がかけられる。その後彼は、搬送先の病院で死亡した。通報した母親をはじめ、家族は悲劇のトラウマに苦しんでいる。CNN報道は他の事例もいくつか紹介しているのだが、そのほとんどに精神疾患と飲酒の問題が絡んでいる。

先住民族の支援団体も、警察による虐待行為の多発には、コミュニティに内在するトラウマが関係していることを把握している。なぜならば、貧困と差別の歴史は精神疾患、アルコールや薬物への依存をうみ出し、これが取り締まりの対象となる犯罪にもつながるからだ。ただ警察は往々にして、諸問題の根本を探るのではなく、実際に犯罪に手をそめたり、そのような恐れがあると判断される先住民を厳しく取り締まる、という方針を貫いてきた。

ノースダコタ州ビスマルクに拠点を置く、ラコタ民族法律プロジェクト（LPLP）が二〇一五年二月に刊行した報告書『ネイティブ・ライブズ・マター』は、先住民族を対象とした警察の取り締まりと、大量投獄にまつわる諸問題を検証している。同報告書は、警察当局による扱いは公正ではなく、これは差別的な司法制度と関連していると指摘する。先住民族は、警察によって殺される確率がもっとも高い人種グループであり、収監率に関しては、先住民男性は白人男性の四倍、先住民女性は白人女性の六倍であることが示されている。刑務所内での対応にも問題があり、たとえば部族のことばで話した若者が処罰されたり、一三歳の子どもが大人を収容する施設に入れられたケースもあるという。

黒人の大量投獄に、麻薬犯罪の取り締まりが絡むことが多いことは、これまでさまざまな媒体によってあきらかにされてきた。LPLPの報告書によれば、先住民族の大量投獄に関しては、これに加えて、飲酒を伴う軽犯罪で逮捕された若者が、長期間にわたって収監される事例が目立つ。また、たくさんの先住民女性が、性的虐待をふくむ深刻な暴力犯罪に巻き込まれてきた。加害者の八八％が非先住民である、というデータも、報告書ではあわせて提示されている。本章では紙幅の関係で詳述することはできないが、行方不明になっていたり、殺される先住民女性が北米各地に多数存在する。これは、先住民族の尊厳を無視した差別思想が、女性にたいする暴力的な支配と絡み合いながら、現在にいたるまで存続している証でもある。

ＬＰＬＰの報告書は、貧困と人種差別が行政のシステムに連鎖し、結果的に先住民族を追いつめてきた、という重要な問題提起をおこなった。たとえばサウスダコタ州では、先住民族の子どもを州の児童福祉制度下に置いた場合、連邦政府から一年につき、ひとり七万九〇〇〇ドルを超える予算がつけられる。彼らを数多く収監すれば、州政府は連邦予算を多く受け取ることができる仕組みだ。親元から引き離される先住民族の子どもが増え、入植者の子孫による支配構造が強化されるという現象は、寄宿学校制度の再来であり、セトラー・コロニアリズムの実践でもある。

貧しい先住民家庭には、弁護士を雇う余裕がない。高等教育を受ける先住民族の若者が少ないため、文化的な共通項をもたない代理人とともに裁判を闘うことを強いられる。ＬＰＬＰは、暴力犯罪で有罪判決を受ける先住民の七〇％が、当時酒を飲んでいたことを考え合わせるならば、依存症の克服、つまりは世代間で引き継がれてきたトラウマの解消に向けた取り組みが必要だ、と訴えている。

先住民族の窮状があまり知られていないのは、メディアによる報道の不足によるところも大きい。二〇一五年一〇月一三日付ニューヨーク・タイムズ紙は、リディア・ミレットによる「ネイティブ・ライブズ・マター・トゥー（先住民族の生命も大切だ）」という記事を掲載し、報道のあり方についても批判した。

また、政治学者ジーン・リース・シュローデルとロジャー・Ｊ・チンが、二〇二〇年に発表した論文も、警察による先住民族を死にいたらしめる武力行使について、メディアが充分に伝えてこなかった、と断じる。主要日刊紙一〇本を分析した著者たちは、黒人に関する同様の事象についての報道件数との落差は衝撃的だ、と論じた。人口比で換算すると、警察の武力行使による死亡事件について、先住民族については黒人に比べて、約八分の一の割合でしか報道されない。事件の一割に関しては、報道が全くなされない、つまりニュースとしての価値が認められない、という。それは、アメリカ社会において先住民族の存在、その生命が軽視されていることを意味している。

この論文の著者たちもまた、精神疾患や依存症の問題を抱えている人たちと、警察との接触のあり方についても、注意を喚起している。警察による暴力、さらにはそれがみえなくされているという欺瞞は、トラウマを抱える先住民族の生命と日常を脅かしつづけている。

◉生命を守り、ともに生き延びていくために

警察権力による抑圧的な取り締まりにたいして、先住民族がなにもせずに、手をこまねいてきたわけではない。ジョージ・フロイド事件の後にリトルアース住宅でみられた、治安維持の動きは場当たり的なものではなく、一九六〇年代からこの地域に根づいていた草の根の社会運動に端を発している。そもそも、公民権運動、学生運動、ベトナム反戦運動などから影響を受けて、一九六八年にミネアポリスで誕生し、その後全米各地に広がったアメリカ・インディアン運動（ＡＩＭ）は、警察の虐待への抵抗からはじまった。

ＡＩＭの創設者のひとりでもある著名な運動家、オジブエ族のデニス・バンクスは、二〇〇四年に出版した自伝で、ミネソタ市警が「インディアン狩」をおこない、収監した先住民をコンベンション・センターやスタジアムの清掃などの「奴隷労働」に駆り出すシステムについて説明している。バンクスによれば、「インディアン狩」の現場のほとんどが、先住民が集まるバーだった。当時、酩酊して、公共

秩序を乱すという容疑で逮捕される先住民の大半は、保釈金を払えず、弁護士を雇えなかった。悪循環に歯止めをかけるために、先住民と警察のあいだの接触機会を減らそうと、みずからパトロール活動をはじめたＡＩＭの運動家たちは、やがてその射程を広げ、住宅問題などにも取り組むようになったという。ブラック・パンサー党による抵抗戦略を参考にした、というバンクスの証言に、現代におけるブラック・ライブズ・マター運動との連帯のルーツをみることもできよう。

現代都市を基点とするネイティブ・ライブズ・マターの動きは、セトラー・コロニアリズムの歴史を生き抜いてきた先住民族による、存在の消去に抗い、生命、生活、そして人としての尊厳を守ろうとする必死の闘いの延長上にある。いまも不可視化の暴力に抗いつづける先住民族の営みは、奴隷制度の歴史を背負う黒人たちによる生き残りをかけた闘いともつながっている。土地、そしてコミュニティに根差した差別への抵抗運動は、生命を慈しみ、ともに生き残る、という不屈の伝統なのだ。

◉トラウマの痛みと、未来に向けた希望

本章でみてきたように、アメリカ先住民族は、「移民の国」の周縁に追われてきた人種・民族グループである。そして、一般社会における無自覚の差別が、トラウマを抱える先住民族の生命を切り捨てながら発展してきた超大国で、抑圧のプロセスを支えている。ここでは、おもに警察による虐待の問題に焦点を当てたが、ほかの場面でも先住民族は生命の危機に瀕している。新型コロナウィルス感染症の重症化率や死亡率に関して、もっとも深刻な状況にある人種・民族グループは先住民族だ。冒頭で紹介したセミノール族のように、カジノ経営などで成功し、経済的に恵まれている部族も、都市近郊を中心に複数存在しているとはいえ、貧困状態に陥ったままのコミュニティも多い。また、石油パイプライン建

設や核開発などによる、環境破壊の最前線と、歴史的に辺境に追われてきた先住民族の生活圏は重なっている。寄宿学校などで展開した人格否定が、世代を超えて先住民族を苦しめていることは、人種別でもっとも高い自殺率にもあらわれている。

そのような状況下にある先住民族のこれから、そして周縁化される彼らが「炭鉱のカナリア」であるとするならば、アメリカの未来に希望を見出すことはできるのだろうか。ジェノサイドの歴史空間を、盗まれた土地とのつながりの回復を模索しながら、先住民族はいまも生きている。だからこそ、行政機関はもちろん、一般の人びとも、その存在を無視しつづけることはもはや不可能だ。

先住民族の存在がみえない、という批判を招いた大統領就任式には、先住民として初の閣僚となるラグーナ・プエブロ族のデブ・ハーランドが、色鮮やかな伝統の装いをまとって臨んでいた。彼女は二〇一八年、先住民女性として初の下院議員に選出されたふたりのうちのひとりだ。アルコール依存症を克服した経験をもつシングルマザーは、幼い娘と自分の生命を守るために、政府が支給するフードスタンプを受けたこともある。苦労を重ねながら大学に進学し、法科大学院で先住民族関連の法律を学んだ弁護士でもある先住民女性が、かつては抑圧的な管理機関として機能した連邦インディアン局を内務長官として統括する、その意義は大きい。

ハーランドは、カナダの寄宿学校跡での遺体発見をうけて、二〇二一年六月一一日付のワシントン・ポスト紙に、「わたしの祖父母は子どものとき、家族から盗まれた。わたしたちはこの歴史から学ばねばならない」という記事を寄稿した。彼女は大学時代に、寄宿学校のつらい思い出を語る祖母と、ともに涙を流し、癒しを求め、そして苦難から立ち直るためのレジリエンスについて学んだという。紆余曲折を経て内務長官のポストに就いた彼女は、カナダの事象は対岸の火事ではない、世代を超えて引き継がれてきたトラウマ、暴力、虐待のサイクル、行方がわからなくなったり、若くして亡くなる先住民が多く存在するという現実をかえていかねばならない、と決意表明した。

トップをかえるだけでは根本的な解決にはならない、という見方もある。たしかに、セトラー・コロニアリズムの国で、かつて盗まれた土地の全てが先住民族に返還されることは、現実的に不可能だ。しかし、身をもって差別の痛みを知る人物がリーダーとなり、未来への道筋を語るとき、そのことばは力にみなぎり、希望の光を放っている。

◎読書案内

①阿部珠理編著『アメリカ先住民を知るための62章』明石書店、二〇一六年。
②Patrick Wolfe, *Traces of History: Elementary Structures of Race*, New York: Verso, 2016.
③Heather Dorries, Robert Henry, David Hugill, Tyler McCreary and Julie Tomiak, eds., *Settler City Limits: Indigenous Resurgence and Colonial Violence in the Urban Prairie West*, East Lansing: Michigan State University Press, 2019.
④Paul Chaat Smith and Robert Allen Warrior, *Like a Hurricane: The Indian Movement from Alcatraz to Wounded Knee*, New York: The New Press, 1996.
⑤石山徳子『「犠牲区域」のアメリカ　核開発と先住民族』岩波書店、二〇二〇年。

⑥鎌田遵『癒されぬアメリカ』集英社新書、二〇一九年。
⑦野口久美子『インディアンとカジノ　アメリカの光と影』ちくま新書、二〇一九年。
⑧Jean Reith Schroedel and Roger J. Chin, "Whose Lives Matter: The Media's Failure to Cover Police Use of Lethal Force Against Native Americans," *Race and Justice*, vol.10, no.2, 2020, pp.150-175.
⑨Lakota People's Law Project, *Native Lives Matter*, February 2015, available at https://s3.us-west-2.amazonaws.com/romeroac-stage/uploads/Native-Lives-Matter-PDF.pdf
⑩André B. Rosay, "Violence against American Indian and Alaska Native Women and Men," *NIJ Journal* 277, 2016, pp.38-45, available at https://www.ojp.gov/pdffiles1/nij/249822.pdf

①はアメリカ先住民族の歴史、文化、現代における諸問題について、その全体像を紹介する入門書。②は、セトラー・コロニアリズム研究の先駆者が、人種と植民地主義の構造を検証した歴史学研究。③は、セトラー・コロニアリズムと都市空間の形成に関する論集。専門的ではあるが、具体的な事例を扱う論考が多く、比較的読みやすい。④は、アメリカ先住民族による一九六〇年代以降の社会運動の系譜を、丁寧にたどる。⑤は、セトラー・コロニアリズムの概念を紹介したうえで、核開発の現場にみられる環境破壊と、先住民族の抵抗の営みを分析した地理学研究。⑥では、各地の現場を訪ね歩き、先住民たちとの交流を深めてきた研究者が、貧困、依存症、言語の喪失に関わる問題について、具体例を交えながら解説する。⑦は多くの先住民部族が所有、経営するカジノと、それをとりまく社会事象から、アメリカの光と影をみつめる書。⑧は政治学者が、警察の取り締まりに関するメディア報道を人種別に分析し、先住民族の経験がいかに不可視化されているのかをあきらかにした論

文。⑨はノースダコタ州に拠点を置く先住民支援団体が、先住民族に対する警察の虐待の実態についておこなった調査報告書。⑩は、国立司法省研究所から研究費を得た、犯罪学と刑事司法の専門家がまとめた、先住民族の女性と男性にたいする暴力に関する調査報告書。先住民族の女性に関するデータは、とくに衝撃的だ。

❖より深い理解のために――ディスカッションのポイント

(1)『Future is MINE――アイヌ、私の声――』を鑑賞しましょう。主人公の女性は、どのような葛藤を抱えてきたのでしょうか。そしてそれは、なぜでしょうか。日本社会に内在する、先住民族にたいする差別問題の実態について、考えてみましょう。

(2) アメリカ先住民族のマスコット化は、なぜ問題なのでしょうか。また、変更や廃止の動きに反発するファンの主張について、あなたはどのように感じますか。話し合ってみましょう。

(3) 本章では、酩酊した先住民男性が、警官に銃殺された事件をふくむ、警察による虐待行為と人種問題との関連について、紹介しました。このような悲劇を減らしていくには、どのような取り組みが必要なのでしょうか。あなたが、地域レベルでプロジェクトを立案する立場にあるならば、どのようなものを提起しますか?

(4) 無自覚の差別はなぜ生命に関わる問題なのか、身近な事象にも目を向けながら考えてみましょう。

第三章

黒人奴隷制の歴史を問い直す

——奴隷制と人種資本主義の世界史——

貴堂　嘉之

北軍のシャーマン将軍が1865年1月に出した「特別野戦命令15号」にもとづく「40エーカーの土地と1匹のロバ」をめぐる対立。解放された元奴隷に対する大規模な没収地の再分配計画であったが、実行されずに終わった。(Harper's Weekly　1868年7月25日)

◉はじめに——奴隷／奴隷制とはなにか

二〇二〇年に燃え上がったＢＬＭ運動では、黒人に対する制度的レイシズムが問われ、そのルーツとして黒人奴隷制の長い歴史に注目が集まった。

そもそも奴隷制とはいかなるものであり、奴隷とは誰のことなのだろうか。日本社会の私たちにとっては「奴隷制」や「奴隷」はどこか余所事の言葉であり、たいていは深く考えることもない事柄だろう。だが場所を変えて、奴隷制が長い歴史を刻んだ土地となれば、そこではいまもその負の遺産の影響は大きく、過去の清算はままならないのが現実である。アメリカ合衆国では南北戦争中に奴隷解放宣言がだされ、一八六五年には憲法において奴隷制の廃止が明文化された。それから、一五〇年以上を経た二一世紀においてなお、アメリカ黒人の多くは構造的な差別に絡め取られ、貧困や暴力に苦しんでいる。

アメリカ史を学び、アフリカ黒人を奴隷化していった、大西洋奴隷貿易以降の奴隷制を中心にみてきた者は、そもそも「奴隷＝アフリカ黒人」といった見方をしているかもしれないが、それは誤りである。高校の世界史教育ではたしかに扱いは限定的で、教科書に登場する「奴隷」は、ギリシア・ローマの奴隷制に始まり、イスラーム世界の奴隷王朝（一三世紀）、一六世紀〜一九世紀の大西洋奴隷貿易と南北アメリカ大陸、カリブ海地域の奴隷制といったところである。だが、奴隷貿易はメソポタミアでは紀元前三〇〇〇年以前から開始されたといわれるし、教科書で言及されている時期や場所だけでなく、地球上に人類の歴史とともに存在しつづけた隷属のシステム、それが奴隷制である。

この人類史上、世界中に遍在した奴隷制は、しかしながら、一八世紀末から二〇世紀初頭にかけて、奴隷貿易の廃止とともに、次々と廃止されていった。言い方を変えれば、それ以後、奴隷の存在しないはずの世界として「近代」が生まれ、「奴隷解放」というイベントを世界が共通体験することにより近代の市民的自由と文明化された世界はもたらされたとされる。この「奴隷がいないはずの社会」という時代感覚を私たちはいまも持ち続けているように思う。

だとすれば、さらに頭が混乱してしまうのは、国際労働機関（ＩＬＯ）の報告書（二〇一七年）によれば、終わったはずの奴隷制が現在も存続しているとされ、現代奴隷制の被害者の総計は約四〇〇〇万人（内訳は約二五〇〇万人が強制労働、一五〇〇万人が強制結婚）、とりわけアフリカやアジア太平洋地域は深刻な状況とされる。この点で日本も例外ではなく、日本で働く技能実習生は四〇万人を越え、外国人労働者の主軸となっているが、この労働実態を世界は「奴隷労働」とみている。

要するに、「奴隷」を一義的に定義することはきわめて難しく、その実態は多様で理解がとても難しいのだ。ＢＬＭ運動の歴史的背景の理解に、ヨーロッパの古典古代やイスラーム世界の奴隷制、現代奴隷制など別物なのだから、知る必要はないと言う者もいるかもしれない。だが、奴隷の作り方、しつけ方、解放の仕方は、古典古代から現代にまで連綿と継承されてきた面があり、それぞれの奴隷制を絶対視せず、相対化して議論し、奴隷制の世界史全体を理解できるようにすることは、これから大切になるだろう。さもなければ、ＢＬＭ運動から提起された、「奴隷制は解体され奴隷は解放されたはずなのに黒人はどうしていまも不平等な扱いを強いられ続けているのか？」、「本当に奴隷制は終わったと言えるの？」といった問いに向きあうことはできない。それゆえ本章は、この難解な「奴隷」や「奴隷制」を理解するための頭の体操、ウォーミングアップとして、（一）アメリカ合衆国の一六一九プロジェクト、（二）奴隷制と啓蒙思想家たち、（三）奴隷制の世界史、（四）人種資本主義という視座、（五）現代奴隷制への架橋、という題材を扱い、このテーマの多面的な理解を深めてもらえればと思っている。

◉アメリカ合衆国史を奴隷制の歴史から問い直す「一六一九プロジェクト」

ＢＬＭの反人種差別の運動が投げかけた世界史的問いとは、奴隷貿易や奴隷制、植民地主義との関わりから国民史を問い直すことであり、そこで脚光を浴びたのが一六一九プロジェクトであった。一六一九年とは、ホワイト・ライオン号にて北米英領植民地（ヴァージニア、ジェームズタウン）に最初のアフリカ黒人が連れてこられた年であり、奴隷制の長い歴史を考える起点となった。その四百年後に『ニューヨーク・タイムズ』は一二本の特集記事を載せたＮＹＴマガジン特別号を出して、米国の歴史を独立宣言がだされた一七七六年ではなく、一六一九年を起点に遡って検証する必要があると主張した。

誌面では、「奴隷制の結果とブラック・アメリカンの貢献を、私たちの国民の物語の中心に位置づけて、歴史の枠組みを作り直すことが目的」とされ、「一六一九年八月、一隻の船が地平線に現れた。ポイント・コンフォートの近く、イギリス植民地だったヴァージニア沿岸の港でのことだった。この船は、二〇名余の奴隷を運び、彼らは入植者たちに売られた。アメリカは、まだアメリカではなかった。しかし、これがアメリカが始まった瞬間だった。ここで形作られることになる国のいかなる側面にも、その後の長年の奴隷制は無縁のものとされてきた。この運命的な瞬間から数えて四〇〇周年という今、ようやく私たちの物語を正直に語る時がきたのです」と描かれた。

これまで合衆国史は、建国の礎となった自由・平等の理念と奴隷制との関係をパラドクスとして描き、合衆国の歴史の「異物」として奴隷制を扱う傾向にあった。一六一九プロジェクトの発起人、ニコール・ハンナ＝ジョーンズはこの通説を批判し、国民史の描き方に大きな修正を迫った。だが、植民地の人々が英国から独立を宣言した主な理由の一つは「奴隷制を守るためだった」と主張した点は、のちに歴史家ジョーン・ウィレンツらにより事実誤認だと否定された。一七七六年時点では、英国でも奴隷制廃止の声はまだごく少数であり、英国は依然として奴隷貿易に深くコミットしていたからである。そうした勇み足もあり、一六一九プロジェクトは内輪もめを含め、賛否両論の論争の的となった。

すると、トランプ大統領は、この混乱に乗じて、一六一九プロジェクトに対抗するために、二〇二〇年九月、国立公文書館で演説を行い、「ニセモノの歴史ではなく、本当の歴史を教える」ための公立学校での愛国教育推進を目的に、「一七七六委員会」の創設を発表した。同委員会は、トランプ政権の任期満了の二日前に、「一七七六レポート」を発表したが、歴史家を含まぬ委員会が作成した同報告書は、歴史の歪曲、事実誤認、証拠の誤読を多く含む稚拙な内容となった。同委員会の見解は、アメリカ歴史学会の歴史家たちにより酷評された。一六一九プロジェクトに批判的なウィレンツですら、「同報告書は基本的に（歴史ではなく）政治的な文書」であり「歴史を（建国の父祖の）英雄崇拝に帰している」と批判した。最終的に、バイデン大統領は就任初日に、同委員会を解散させる大統領令に署名した。

◉近代世界における「奴隷」――アメリカ合衆国の建国と啓蒙思想

米国において政争の具となった議論はさておき、ＢＬＭ運動が投げかけた世界史的問いを受けて、合衆国史における奴隷制の意義や近代世界における「奴隷」の位置づけを問い直すことは重要である。

高校の世界史教科書にもあるように、イギリス本国政府から北米植民地が独立するにあたっては、その独立正当化の理由、人民主権、三権分立などの政治体制づくりには啓蒙主義の思想が大きく取り入れられた。トマス・ジェファソンが起草した独立宣言（一七七六年）には、自然法をもとに人間の平等、「生命・自由・幸福の追求」を内容とした基本権がうたわれた。「すべての人間は平等」であり、それを侵害する政府に対しては、民衆が抵抗する権利、革命権があるとされたが、これらはイギリスの哲学者ジョン・ロックが『統治二論』（一六九〇年）で論じたことだった。司法・立法・行政の三権分立は同じくフランスの啓蒙思想家、モンテスキューの『法の精神』（一七四八年）が論じたことであるし、『社会契約論』（一七六二年）を著したルソーの平等や人民主権の考えにも影響を受けた。

アメリカ合衆国の独立は、近代史上、最初の本格的な共和制国家の樹立であり、そこに導入された大統領制、人民主権、三権分立などは優れた制度設計であったと、学校教育では学ぶことになる。たとえ、「すべての人間」の中に女性や黒人奴隷、先住民が入っていなかったと制度的限界が指摘されたとしても、それによって自由・平等といった理念を核とするナショナリズム（シビック・ナショナリズム）が揺らぐことはない。合衆国憲法では「奴隷」や「奴隷制」の用語はひた隠しにされ、「自由人以外のすべての人々」など婉曲的な表現に置き換えられた。奴隷制廃止が明文化された憲法修正一三条（一八六五年）にて憲法史上初めて「奴隷制」の語が登場するのだから、一七七六年を起点とする自由・平等の国の国民史の影で奴隷制の歴史が「異物」「パラドクス」との見方になってしまったのは仕方あるまい。

だが、こうした見解をひっくり返す近年の研究潮流を二つ、紹介したい。一つ目は、植民地時代の奴隷制（第一次）と区別して、建国後の奴隷制を論じる第二次奴隷制論（second slavery）である。アメリカの奴隷制については、これまで、奴隷制を争点になぜ南北戦争――米国史上、最多の戦死者を出した戦争――は起きてしまったのか、これを避けることはできなかったのかという視座からの研究史が積み上げられてきた。この観点から、北部の産業資本主義と、奴隷制に依存した「遅れた前資本主義的生産様式」の南部との対立は必然であったとみなされ、戦争不可避論の立場から長らく論じられてきた。日本の高校世界史の大半は、この南北の異なるシステムの衝突という図式でいまも南北戦争を説明している。

しかし、第二次奴隷制論では逆に、奴隷制をめぐって南北別々のシステムが形成されていたわけではないことが強調される。研究史上、建国期の「異物」「矛盾」としかみなされてこなかった奴隷制の意味づけを反転させて、アメリカの奴隷制は独立後に憲法に（婉曲的な表現であれ）組みこまれたことで、初めて国家的制度となり、国家による親奴隷制の政治が発展することになったとされる。州の人口換算式において、「自由人以外のすべての人びと」（＝黒人奴隷）の人口を三／五倍して加算する悪名高い条項はその典型である。

より具体的には、この親奴隷制の連邦政治は、南部奴隷主の政治家たちによって担われた。建国後の大統領は半世紀の間、第二代ジョン・アダムズと第六代ジョン・Q・アダムズの親子を除くと、全員が奴隷所有者であった点にあらためて注目してみよう。初代大統領ワシントンは、バージニア州のマウントバーノンにあったプランテーションに三〇〇名以上の奴隷（半分弱の一二三名がワシントン本人の財産）を所有し、第三代ジェファソンは、同州モンティチェロのプランテーションに四〇〇人、その他の所有地をあわせると約六〇〇人の奴隷を所有していた。その他、第四代マディソンが一〇〇名、第五代モンローが七五名、第七代ジャクソンが二〇〇名、第一〇代タイラーが七〇名、第一二代テイラーが一五〇名といったぐあいである。

一九世紀南部社会は、一八五〇年時点だと、白人人口六一八万人のうち、奴隷所有者の戸主はわずかに三五万人（南部白人の五・六％）で、そのうち一〇〇名以上の奴隷を抱える戸主は南部全体でわずか一七〇〇人ほど（奴隷所有者全体の〇・四％）にすぎなかった。資本を土地と奴隷に投資する南部社会にあっては、奴隷の所有数が階級指標であり、この一握りの特権的な奴隷所有者が南部の政治経済を完全に支配し、連邦政治の権力の中枢に居続けたのである。こうした観点から、アンテベラム期の合衆国を「奴隷国家」「奴隷主国家」と呼ぶ研究が登場している。

二つ目に紹介したいのは、そもそも啓蒙主義の近代の思想家たちが、いかに奴隷制の存在を自明視して、それに依拠して議論していたかを明らかにした研究群である。身分制社会を解体し、近代市民社会を支える思想は、「啓蒙の世紀」と呼ばれる一八世紀に生まれたが、この時代は黒人奴隷貿易・奴隷制プランテーションの最盛期でもあった。実際、近代の啓蒙思想そのものが、大西洋奴隷貿易が行われていた同時代の奴隷制との癒着の中で生まれていたとなれば、見方は変わってくるだろう。

植村邦彦の『隠された奴隷制』から例をとるならば、先述のロックは、王の勅許を得て建設されたカロライナ植民地の憲法草案の作成に関わる中で、社会契約論が想定するような「自由人」の同意にもとづく統治組織とは似ても似つかぬ、「絶対的な権力」を行使する植民者たちが農奴や黒人奴隷を使役するためのルールを制定していた。またロック自身が、カロライナ植民地の土地所有者として農奴を使用し、間接的に奴隷を所有しており、イングランドとアフリカ大陸西部、カリブ海とを結ぶ三角貿易を独占する王立アフリカ会社に出資し、その利益を享受していたことが明かされる。

モンテスキューについては、政治哲学者スーザン・バック＝モースが彼を植民地の奴隷制を擁護する偽善的思想家の代表例として糾弾している。冒頭を一部引用する。

奴隷制は、一八世紀までには、西洋の政治哲学において権力関係にまつわる悪のすべてを含意する根本的なメタファーとなっていた。その対立概念である自由こそが、啓蒙主義の思想家からは最高の普遍的な政治的価値とみなされた。しかし、この政治的メタファーが根づきはじめた時代は、まさに奴隷制の経済的実践――植民地における労働力としての非ヨーロッパ人の組織的できわめて洗練された資本主義的な奴隷化――が量的に増し、その結果として、一八世紀中葉には奴隷制が西洋の全経済システムを保証するまでにいたった時代であった。……何百万という植民地の奴隷労働者の搾取は、自由こそが人間の自然状態であり、奪うことのできない権利であると宣言した当の思想家から、世界の所与の一部として受け入れられていた。自由という理論的主張が政治的ステージで革命的行動へと変容されるときですら、奴隷を酷使する植民地経済はステージの背後の闇に閉ざされたまま機能することができた。（スーザン・バック＝モース『ヘーゲルとハイチ』法政大学出版局、二〇一七年、二三―二四頁）

このように啓蒙思想家たちにとって、植民地の奴隷制は「世界の所与の一部」でありその不正を強調する語りは避けられた。植村の整理によれば、さらにルソーは「奴隷制」という言葉を、政治的自由の欠如態としての「政治的奴隷制＝政治的隷属」の意味で使い、その結果として、その影に隠れて同時代の黒人奴隷制の問題は見過ごされて不可視化されてしまったのだという。

もちろん、近代国民国家が建設される過程で、各国で一九世紀以降に隆盛した奴隷制廃止に向けた動きは、啓蒙思想により突き動かされた運動の側面があるし、合衆国であれば南北戦争後、奴隷廃止を推し進めた共和党急進派の政治家たちが自然権の思想に基づいて、ラディカルな政治改革を再建期に実行したケースなど、啓蒙思想の奴隷制廃止へのインパクトは小さくなかった。ただ、啓蒙思想家たちが奴隷制と結託しその存在を自明視していたとなれば、どうだろうか。一九世紀のグローバルな奴隷制廃止の一連の動きを「歴史を通した人道主義の最高の到達である」と総括する研究書もあるのだが、進行していた歴史的経緯はそんなに単純なものではないはずだ。合衆国の奴隷解放宣言もまた、リンカンによる戦局打開のための妥協策なのであって、人道主義的な立場を貫徹するための奴隷解放の試みでは決してなかった。

◉「奴隷制の世界史」の系譜

啓蒙主義的な「自由」と奴隷が通説のような対義語の関係では捉えきれないとなると、奴隷制をめぐる思索は振り出しに戻ることになる。ここであらためて世界史上の奴隷制全体に射程を広げて理解しようとしてきた研究に着目してみよう。BLMで議論されている大西洋奴隷貿易・奴隷制とは、それまでの世界史上の奴隷制とどのような共通点を持ち、また相違点を持っていたのか。

「奴隷」とは誰であり、日本語の「奴隷」、中国語の「奴隷《ヌーリー》」、英語の「slave」、アラビア語の「ʻabd」はそれぞれどのような人びとに適用されるのか。人類史に遍在した「奴隷」とは一義的に定義できるものなのか。それは近代以降の歴史学で長く問われ、いまも決着がつかない奴隷論の本質的な問いである。合衆国の憲法修正一三条の一節からは、「奴隷制」とは「本人の意に反する隷属（servitude）」という定義が抽出可能であるし、奴隷制の世界史をまとめたオーランド・パターソンの『奴隷制と社会的死――比較研究』（一九八二年、邦訳『世界の奴隷制の歴史』）では、奴隷は「社会的死」の状態と簡潔に定義され、「個人としての権利・自由を認められず、他人の所有物・財産として処遇される者。所有者の全的支配に服し、労働を強制され、譲渡・売買の対象とされた者」としている。パターソンはさらに、奴隷化には以下の①戦争捕虜、②誘拐、③献上／納税、④債務、⑤犯罪／懲罰、⑥子ども放棄／売却、⑦自己奴隷、⑧生来奴隷、の主に八つの形態があるとし、世界の奴隷制を類型化して整理している。

パターソンの類型化は一定程度、有益ではあるものの、「社会的死」とは相反する奴隷像が世界中に確認されており、この学説を支持する者はいまでは少数である。奴隷制研究では、その定義をめぐる議論がこれまでさまざまにあったが、近年の研究では「奴隷」とは何かを正確に定義するのではなく、社会における機能を説明することに重点が置かれている。

そのような研究潮流になっている理由は、誰が「奴隷」であるかは、時代・地域・社会によって、また語り手によって異なるからであり、厳密な分析概念の形成は不可能であるとの見方が支配的だからだ。そこの論争で、かつて大きな影響力を持っていたのは発展段階説をとるマルクス主義史学であった。そこでは、奴隷制とは古典古代の支配的な労働形態であり、近代における奴隷制はその遺制にすぎず、資本主義と奴隷制は基本的に相容れないものとみなされてきた。しかし、今日では、大西洋奴隷貿易を起点に資本主義そのものがレイシズムと一体となり人種資本主義（racial capitalism）として展開したとの学説が登場しており、私たちはひとまず「奴隷」をある特定の時代のものとはせず、また一義的に定義することを放棄することから始めるのが建設的だと思われる。現代奴隷制を射程に入れることにするならば、奴隷と解放奴隷、契約労働者、そして自由労働者までを連続体《スペクトラム》をなすものとみなしつつ、議論をするのがよいだろう。その上で、奴隷の機能としては、大別して労働奴隷／家内奴隷（宦官を含む）／性的奴隷／遊興奴隷／軍事奴隷などがあり、単純労働力であるだけでなく、威信財、あるいは、性的存在としての機能を持った点、そこまでを共通了解として議論を始めるべきだろう。

奴隷制の世界史から、「黒人奴隷制の長い歴史を問い直す」というBLMの投げかけた問いを考える際には、その大西洋奴隷貿易／奴隷制が一五世紀にまったく新たに立ちあがった奴隷制というわけではなく、それが古典古代からの奴隷制、奴隷所有を正当化する知の系譜の延長線上にあった、歴史的存在であることを理解する必要がある。繰り返しになるが、奴隷制は人類誕生後、あらゆる原始的な社会に定着し、初期の文明の中心地にこそ奴隷制は栄えた。

奴隷制の世界史を簡単に振り返ると、古代ギリシアやローマにおいて、まず地中海世界における奴隷所有を正当化する知の系譜は確立していった。そこでの奴隷は借金が返済できずに裁判所により奴隷となることを命じられた者、戦争の捕虜などで、白人が大半だった。古代ギリシア・ローマは、しばしば社会経済構造の基盤に奴隷が組みこまれた本格的な奴隷社会と称されるが、それはアリストテレスの『政治学』に記されたように、奴隷および奴隷労働を基礎とする家共同体が国制の基礎とされたからである。アリストテレスは、「奴隷の本性は何であるか、そしてその働きは何であるかということは明らかである。すなわち、人間でありながら、その自然によって自分自身に属するのではなく、他人によって属する者、これが自然によって奴隷である」と唱えた。これは生まれながらに奴隷身分の者がいるとする先天的奴隷人説と呼ばれる有名な奴隷論であるが、これが一九世紀合衆国南部の奴隷擁護論に頻繁に登場することはあまり知られていないかもしれない。古典古代と近代アメリカ南部の奴隷制がつながっている証左の一つである。

その後、奴隷制は、イスラーム支配下のスペインや、イスラーム文化の強い影響下にあった南欧と地中海の島々をのぞき、ヨーロッパ世界では経済的な停滞状況もあって奴隷制を施行するだけの社会的活力が失われ消滅していった(中世には奴隷の役割を農奴が担うかたちへ)。これに対し、七世紀から一五世紀の間、ローマ帝国の南方継承国家としてのイスラーム社会こそが、地中海型奴隷制を継承・発展させる中心的な社会となった。

七世紀前半、イスラームの誕生後、イスラーム社会は、ビザンツ帝国からシリアやエジプトを奪って北アフリカまで、またササン朝を滅ぼして大帝国を築き、八世紀初めにはイベリア半島にまで領域を拡大した。ジハードの名の下に行われたこの征服活動の中、同じ「ムスリムの奴隷化禁止」を大原則として、異教徒とのジハードによる戦利品として奴隷交易を盛んに行った。ヨーロッパの中世後期にあたる時期に、コーカサスやロシアのスラブ人（slave）が奴隷交易のために多く売買されたことから、それが語源となり「奴隷（slave/esclave）」という言葉が生まれた。また、サハラ以南のアフリカ、西アフリカが奴隷供給地となり西アフリカに奴隷交易国が形成されるのもこの時期である。

この旧イスラーム圏の奴隷制の仕組みが、イベリア半島で接点のあったポルトガルやスペインに受けつがれ、それが南北アメリカ大陸やカリブ海域の奴隷制へと連綿とつながっていくのである。つまり、古代地中海、メソポタミア社会で誕生した奴隷制が、ローマからイスラーム社会、イスラーム社会からスペイン・ポルトガル、ヨーロッパから南北アメリカ大陸へと拡大と変容を繰り返し、奴隷制は歴史を刻んできたのである。

◉大西洋奴隷貿易／奴隷制のもうひとつの顔──人種資本主義の駆動源　一六〇九

人類史と同じぐらい長い歴史を持つ、古めかしいこの奴隷制が一九世紀近代に世界中で一斉に解体された。奴隷解放は各国の国内史では近代化／国民国家形成史の一大モメント、大偉業として顕彰され、国民史に記憶されている。あれほど奴隷制の存否に優柔不断な態度をとっていたリンカンですら、「奴隷解放の父」と讃えられるのだ。他方、奴隷だった黒人の側は、奴隷制の苦難の歴史に終止符が打たれ、「自由」獲得の物語として語られる。だが、本当に奴隷解放とはそのように歴史的に評価されるべきことなのか。この問いがＢＬＭで投げかけられた問いから辿る、もうひとつの大西洋奴隷貿易／奴隷制の顔を暴く手掛かりとなる。

ここでは、大西洋奴隷貿易／奴隷制が、古典古代以来の奴隷制とは全く異なる二つの特徴を有していた点に注目すべきだろう。それは、一五世紀末からの大航海時代と呼ばれるヨーロッパの膨脹、世界の一体化の始まりの時期に始まり、資本主義の生成・発展と軌を一にしていた点と、そのヨーロッパの世界分割、世界経済の支配のために徹底的に労働市場として開拓されたのがアフリカ大陸であり、アフリカ大陸の黒人《ニグロ》と奴隷制とが分かちがたく結合し、黒人奴隷制となって展開した点である。

別の言い方をすれば、ヨーロッパとアフリカ・アジアの結びつきが急速に深まり、イマニュエル・ウォーラーステインのいう「近代世界システム」と呼ばれる相互依存的な世界的分業体制が成立する時期に大西洋奴隷貿易はその駆動源となった。世界が一体化し、砂糖や綿花、タバコ、コーヒーなどの世界商品の需要が飛躍的に増大し、「周辺」となった地域の強制労働／奴隷制が「中核」地域の社会経済を支える世界システムが成立していったのである。

これまで論じてきたように、古典古代から一五世紀まで、奴隷の調達方法は多様であり、異教徒の奴隷化などによりさまざまな人種・民族が奴隷とされてきた。しかし、大西洋奴隷貿易開始後は、もっぱらアフリカ大陸の黒人《ニグロ》のみが奴隷化された。ギニア湾に浮かぶサントメ島にて一五世紀転換期に、ポルトガルによりアフリカ黒人を使ったプランテーション栽培が成功したのをきっかけに世界大に広まっていったのだ。

南北アメリカの新大陸では、先住民の奴隷化に失敗した後、スペインはアフリカに黒人奴隷供給の拠点をもたなかったため、アシエントという奴隷供給契約を外国商人と結んだ。この高い利益率の契約をめぐって、ポルトガルやオランダ、イギリス、フランスなどが獲得競争に乗り出し、それが西アフリカからの大量の黒人奴隷流出（約一二五〇万人）を引きおこす結果となった。

エリック・ウィリアムズの古典的研究『資本主義と奴隷制』（一九四四年）では、イギリスの産業革命にとって西インド諸島の奴隷制・奴隷貿易の利潤は必要不可欠であったとの指摘がされていたにも関わらず、世界史教科書ではいまもヨーロッパの近代産業経済の発展を奴隷貿易・奴隷制の利潤から説明することは一般的ではない。

だが、近年の研究潮流では、大西洋奴隷貿易／奴隷制がヨーロッパ近代を支える資本主義発展の支柱であったと位置づけられ、とりわけ「人種資本主義」の視座からの問い直しに注目が集まっている。これまでの歴史学はマルクス主義史学の発展段階論の影を引きずり、資本主義と奴隷制を結びつけて考えることを避けてきた。しかし、「人種資本主義」を概念化した政治哲学者のセドリック・ロビンソンは、大西洋奴隷貿易と南北アメリカ大陸の植民地化が始まったときから、物質的な収益性とイデオロギー的な一貫性において、すべての資本主義は人種資本主義によってできていたと主張し、人種的に中立と思われていた資本主義の原型が、実は徹底的に人種化されているという認識にたって議論を始めようと訴えている。

◉おわりに――大西洋奴隷貿易／奴隷制と現代奴隷制を架橋するもの

では、人種資本主義の視座から、大西洋奴隷貿易／奴隷制を検証することでどのような展望が拓けるのか、二点、最後にあげてみたい。

まず第一に、この視座が有益なのは、四〇〇年にわたる大西洋奴隷貿易のみならず、アジア・アフリカの植民地支配や低開発、人種マイノリティの収監や排除など、人種の差異を用いて実施された近代以降の資本蓄積の暴力的な収奪の観点から、近現代の世界史を眼差す新しいレンズが提供される点にある。

人種資本主義の歴史からみれば、黒人奴隷解放は決して奴隷制の終焉を意味しない。国際的な人の移動史では、奴隷に代替する労働力として奴隷制が崩壊した世界各地には、苦力と呼ばれる中国系やインド系の労働者が導入された。このアジアから流出した労働者は、雇用主と契約を結ぶ形を取ることで、自由意思にもとづく「移民」として扱われたが、奴隷解放期にプランテーションに導入された彼らの労働形態は、決して奴隷制と対極的なものではなく、「再版奴隷制」とでもいうべき、奴隷制の新たな形態であった。米国で南北戦争後、南部で導入された黒人の囚人貸出制しかり、「奴隷」とは区別される様態をとりながら、人種資本主義的な搾取の新たな形態が奴隷解放後も生み出され、存続したのである。

もちろん現代奴隷制も、「契約」を隠れ蓑に生まれた奴隷制の亜種である。暴力的に契約が結ばれることもあるが、貧困ゆえに自らの意志で隷属的な労働に従事するケースも多い。グローバル・サウスの貧困地帯には奴隷の予備群が大量におり、彼らが使い捨て労働力として奴隷とされているのだ。「自由」労働者だと名乗っている現代人も、「奴隷」と作られた「自由」の境界の曖昧さを改めて自覚すべきだろう。

第二に、人種資本主義の視座は、現在の黒人、人種的マイノリティがなぜ貧困に喘いでいるのかを解明し、奴隷制の賠償問題、社会構造に埋め込まれたレイシズムを問うことを可能にする。奴隷貿易が残した「負の遺産」を検証し、アフリカ諸国が賠償を求め問題提起したのは、南アフリカで開催された「反人種差別・差別撤廃世界会議」（ダーバン会議、二〇〇一年）にまで遡れる。米国でも世論調査ではB

ＬＭ運動の影響もあり、奴隷制の被害者たる黒人に賠償金を払うべきと考える国民が急増している。

賠償額の算定方法については、例えば南北戦争後に一度は提案されながら、実施されずに終わった補償案――元奴隷に「四〇エーカーの土地と一匹のラバ」を与えるプラン――を算出根拠に、そのために必要な耕地の価格総額として一六〇〇億ドル（一七兆円）を請求する案もあれば、奴隷と奴隷でない労働者の賃金格差から、四兆ドル（四二八兆円）が元奴隷が受け取るべき賃金だとする案まである。元奴隷の賠償運動に関する歴史研究は少ないが、一九一五年には南北戦争中の労働対価として財務省に六八〇〇ドルの請求訴訟が起こされている。ダリティらの最新の研究では、奴隷制時代に搾取された額を六兆～一〇〇兆ドルと試算している。

奴隷解放は、人道主義的な思想実践では決してない。米国を除けば、ほぼすべてのケースで奴隷解放後、元奴隷には金銭的補償は施されず、元奴隷所有者にのみ手厚い金銭的賠償がなされた。その損失補塡はカリブ海植民地を例にとれば、オランダ領では約一二〇〇万ギルダー、英領では二〇〇〇万ポンド、仏領では一・二六億フラン、デンマーク領では二〇〇万ドルといった具合である。格差社会論を専門とする経済学者トマ・ピケティは、最新刊『資本とイデオロギー』で、ハイチ独立後にハイチを搾取しつづけたフランスは四兆円弱を支払うべきだと主張している。奴隷制の過去の償いはいかにあるべきか。そのために、まずは奴隷制の世界史を語り直し、欧米の資本主義の発展と奴隷制の関係史を問い直すことが歴史家の果たすべき務めだろう。

◎読書案内

①エリック・ウィリアムズ（中山毅訳）『資本主義と奴隷制』ちくま学芸文庫、二〇二〇年。
②オレリア・ミシェル（児玉しおり訳）『黒人と白人の世界史――「人種」はいかにつくられてきたか』明石書店、二〇二一年。
③清水和裕『イスラーム史のなかの奴隷』山川出版社、二〇一五年。
④オルランド・パターソン（奥田暁子訳）『世界の奴隷制の歴史』明石書店、二〇〇一年。
⑤植村邦彦『隠された奴隷制』集英社新書、二〇一九年。
⑥鈴木英明『解放しない人びと、解放されない人びと――奴隷廃止の世界史』東京大学出版会、二〇二〇年。
⑦布留川正博『奴隷船の世界史』岩波新書、二〇一九年。
⑧William A. Darity Jr. and A. Kirsten Mullen, *From Here to Equality: Reparations for Black Americans in the Twenty-first Century*, Chapel Hill: University of North Carolina Press, 2020.
⑨貴堂嘉之『南北戦争の時代　一九世紀』岩波書店、二〇一九年。
⑩上杉忍『アメリカ黒人の歴史』中公新書、二〇一三年。

①はイギリスの産業革命が奴隷貿易／奴隷制からの利潤により初めて可能となったと指摘し、資本主義と奴隷制の関係を問うた古典的研究。②③④は、奴隷の世界史を学ぶ際の必読書。いずれも人類の世界史に遍在した「奴隷」とは何かを解明しようとした。②は最新の奴隷制通史で、「奴隷」を親

族性の反転、「反親族」と定義し、奴隷制が作り出した「ニグロと白人の世界」を描く。③は定義を放棄して、イスラーム世界の奴隷制を描き、④は社会学者による奴隷論の古典、「社会的死」として定義する。⑤は近代の啓蒙思想家が奴隷制を自明視していたことを論証し、現在も私たちは「隠された奴隷制」の下に生きているのではと問う、奴隷制の社会思想史。⑥は奴隷解放のグローバル・ヒストリー、⑦は「移動する監獄」とも言われる奴隷船に着目して、大西洋奴隷貿易を考察。⑧は奴隷制の賠償をめぐる最新の研究。⑨⑩は、アメリカ合衆国の奴隷制や奴隷解放、黒人史を学ぶ上での基礎テキスト。

❖より深い理解のために――ディスカッションのポイント

(1) 英語の slave, slavery, race, negro といった言葉の由来、語源を大きな英語辞典で調べてみよう。

(2) アメリカやイギリス、カナダなどに連行された、奴隷化されたアフリカ人については多くの奴隷体験記（Slave narrative）が残され、一八世紀から一九世紀に刊行された。これらを読んで、当時の奴隷の生活の様子が、現代の日本社会で働く人びとの生活とどのような点で異なり、どのような点が共通しているのか、話し合ってみよう（例：オラウダ・イクイアーノ、フレデリック・ダグラス、ハリエット・ジェイコブスなど）。

(3) テレビドラマの『ルーツ』（アレックス・ヘイリー原作、一九七七年）や奴隷貿易や奴隷制を扱った映画をみて、当時の社会の描かれ方に、どんな問題が指摘できるか、話し合ってみよう（例：『マンディンゴ』（一九七五年）／『グローリー』（一九八九年）／『アミスタッド』（一九九七年）／『アメイジング・グレイス』（二〇一一年）／『リンカーン』（二〇一二年）／『それでも夜は明ける』（二〇一三年）／『ハリエット』（二〇一九年）など）。

(4) あなたの日常生活の衣食住を支える農産物の生産や商品の製造、サービス業などに従事する労働者の働き方は、どのくらい「自由」と言えるのか、自分たちの日常生活がどれくらい現代奴隷制に関わっているのか、考えてみよう。たとえば、Slavery Footprint（http://slaveryfootprint.org）に回答して、自分の生活に何人の奴隷が必要とされているのかを確認してみよう。

第四章

負けた戦争の記憶

――南北戦争後の南部における「失われた大義」と人種・ジェンダー・階級――

兼子　歩

1890年にヴァージニア州リッチモンドのモニュメント・アヴェニューに建立された、南部連合北ヴァージニア軍司令官ロバート・E・リー将軍の記念碑。高さ18メートル。リーの像として最も有名だが、2020年には多数のグラフィティに覆われ、2021年9月に銅像部分が撤去された。（Wikimedia Commonsより）

◉はじめに――戦争の記憶をめぐる争い

二〇一六年の大統領選挙中、ドナルド・トランプの支持者集会に詰めかけた白人のなかに、会場で南北戦争（一八六一～六五年）時代の「アメリカ連合国（南部連合）」軍旗を掲げた者が多数存在した。一七年八月、ヴァージニア州シャーロッツヴィルの市有地に設置されていた南部連合軍（南軍）司令官ロバート・E・リーの記念像を撤去する市議会決議をめぐって、撤去に反対する白人優越主義者のデモとこれに対抗するデモが衝突し、対抗デモの白人女性一名が殺害された。トランプ大統領は双方に非があるとしたうえで、「我らが偉大な国の歴史と文化が、我らが美しい像や記念碑の撤去によって切り刻まれるのは悲しい」とツイートし（八月一七日）、南軍記念碑を撤去する動きを非難した。二一年一月六日にはトランプ支持者たちがジョー・バイデンの大統領選勝利の確定手続きを阻止すべく暴徒化し連邦議事堂に侵入したが、暴徒のなかに大きな南軍旗を掲げる者がおり、その写真は世界の注目を集めた。

ここ数年で撤去の動きが進んでいるが、二〇二〇年末時点でも南部全体で七〇〇以上の南軍記念碑が存在し、南軍旗もさまざまな場所で掲揚されている。南軍指導者の名を冠した道路や学校はさらに多数存在し、しばしば地元の論争の的となっている。一六〇年前の内戦のシンボルは、今もなお戦われているのである。

南部の白人には南軍のシンボルとトランプを支持し、

ミシシッピ州レイモンドの南軍墓地、2016年撮影。1863年の同地での戦闘による南軍の戦死者を埋葬している。墓石の横に建てられた旗が南軍旗。赤地に、星が並ぶ青い斜め十字というデザインである。アメリカ議会図書館（Library of Congress）より。

そして「失われた大義（the Lost Cause）」と通称される、南北戦争に関する特有の集合的記憶を抱いている者が多い。この語は、終戦直後の一八六六年にヴァージニア州の元奴隷主兼新聞社主エドワード・ポラードが南部連合建国の企てを正当化するために出版した書籍の書名を起源とし、やがて多くの南部白人に信奉される歴史観を指す言葉になった。

その歴史観とはいかなるものであったのか。どのように形成され、どんな人びとがなぜ信じたのか。これらの問いは、負けた戦争をめぐる記憶が現在進行形で争われている日本の読者にとっても、示唆するところがあるのではないか。

◉「失われた大義」の起源としての南北戦争

南北戦争は、一八六〇年大統領選で奴隷制に批判的な共和党の候補となったエイブラハム・リンカンが勝利したことに対する反発と危機意識から、奴隷制を有していた南部一一州が合衆国からの離脱と南部連合の建国を宣言したことで、北部を中心とした合衆国（連邦）政府との間に勃発した内戦である。南部連合建国の主たる動機は、奴隷制の永続化であった。選挙中、リンカンは既存の奴隷制への不介入を公約したが、南部の政治家は彼を信用しなかったのである。

南北戦争以前の南部では、少数のプランター（プランテーション経営者）たちが広大な土地と多数の奴隷を所有し、南部の富と政治権力をほぼ独占していた。プランター層が掌握する南部政治は奴隷制の存続と拡大を最優先課題とした。まだ所得税がない時代に大土地所有者を優遇して地租負担が極小に抑えられたため、州政府の財政規模は小さく、インフラ整備などは北部に比して遅れた。プランター層の子は私立学校で教育を受けられるため、公教育の整備を怠った結果、北部に比べて公教育の整備も著しく遅れた。

他方、白人人口の多数を占めていたヨーマン（小規模自営農民）世帯は、その多くが奴隷を持たず、痩せた狭い土地を自ら耕した。生活が苦しい者も多く、プランターによる富と政治権力の独占に対して潜在的には不満を抱いていた。だが歴史学者ステファニー・マッカリーによれば、両者をまとめあげたのは「家族」と「財産」を守る世帯主としての〈男らしさ〉の理想であった。

ヨーマンにとって男性の模範像は、他者に所有も雇用もされず独立していること、世帯主として妻や子どもを自分の権威に服従させていること、その前提として妻子を扶養・保護すること、そして妻子の扶養に必要な財産を自力で守ることだった。この〈男らしさ〉は、経済格差にもかかわらずプランターにもヨーマンにも共有されており、プランターたちはこの意識に積極的に訴求してヨーマンの支持を得ることに務めた。そして人種奴隷制社会において「白人である」ことは、奴隷化された「黒人」とは異なり自由を享受する支配人種に属するという誇りをもたらした。プランターはこの誇りを鼓吹するためにも、ヨーマンの奴隷パトロール隊への参加を積極的に促した。

合衆国脱退と内戦への突入を主導したプランター政治家たちは、ヨーマンに〈男らしさ〉の発揮、つまり「家族」と「財産」を北部と連邦政府から防衛するための戦いに参加するよう呼びかけ、ヨーマンの多くはこれに応じて南軍の兵士となった。当時の感覚では、守るべき「家族」とは、家父長的な保護・扶養と支配・服従関係に規定された世帯であった。「財産」はプランターにとっては主に奴隷だったが、奴隷を持たないヨーマンも土地は所有していた。しかもヨーマンの多くは奴隷を所有すること自体を否定はせず、可能ならば財産として獲得したいとも期待していた。

両軍合わせて六〇万人以上の戦死者をもたらした南北戦争は、一八六五年に連邦軍（北軍）が勝利して南部連合は滅亡し、南部は占領下に置かれた。南部の敗因は、北部の人口の多さや物資の豊かさ、南部連合の統治機構の非効率など多数挙げられるが、奴隷制社会の矛盾が内部から南軍の崩壊をもたらした側面も大きい。

南部人口の四割弱を占めた奴隷は兵力にはできず、しかも北軍が南部に侵攻すると、多数の奴隷が北軍駐屯地を目指して集団でプランテーションから逃亡し、南部の農業生産に壊滅的打撃を与えた。奴隷男女は労役や情報提供などさまざまな形で北軍に協力した。一八六三年の奴隷解放宣言以降は多数の黒人男性が北軍に入隊し、連邦の勝利に貢献した。

戦争はまた、南部白人間に潜在していた緊張を噴出させた。南部連合政府は奴隷統制のために奴隷を二〇人以上所有する男性の徴兵を免除したが、これは免除対象にならないヨーマン層の不満を高めた。銃後のヨーマン世帯の多くが兵役で男手を失って困窮した。プランター世帯の女性のように資産や有力者とのつながりには頼れないヨーマン世帯の女性たちは、犠牲を強いられた「兵士の妻・母」として、自分たちには世帯主男性の代わりに政府によって救済される資格があるという意識を抱いた。その結果、一八六三年には女性が各地で食糧暴動を起こした。家族の扶養を世帯主男性の権威と支配の源泉としていたヨーマン出身兵士たちの中から、〈男らしい〉責任を果たそうと脱走する者が次々に現れ、六四年以降は南軍組織が崩壊しはじめた。ミシシッピ州ジョーンズ郡では、南軍脱走兵が逃亡奴隷などとともに南部連合に対する反乱を起こした（二〇一六年の映画『ニュートン・ナイト――自由の旗をかかげた男』は、この反乱とその後を描いている）。

奴隷制社会は、戦争という危機の中で内在する矛盾に耐えきれず自壊したともいえる。そして南北戦争が終結した直後の南部は、奴隷が解放されて自由人となり、プランターとヨーマンのあいだの緊張関係が顕在化した社会であった。

◉南部の「再建」とその挫折

戦後の南部は北軍の占領下で「再建」と呼ばれる改革の過程に入った。連邦議会の与党共和党が主導して合衆国憲法が改正された。奴隷制を廃止し（修正一三条）、アメリカ国内出生者に米国籍を与え、法の下の平等保護を連邦政府の責任および権限とする（修正一四条）ことで黒人解放民をアメリカ市民とし、人種や元奴隷の地位を理由とした投票権制限を禁止（修正一五条）して黒人市民が公式に政治参加する権利を保障した。また連邦議会は一八六七年、南部の州政府を軍政下に置き改革を推進する再建法を制定した。憲法修正の批准は、占領下の州が連邦に復帰し自治を回復するための条件とされた。

新たに有権者となった南部黒人は奴隷制を廃止した共和党を支持し、熱心に政治活動を展開した。黒人有権者の票に加え、北部からの移住者、北部資本の導入に期待する実業家、プランター層に不満を抱いていたヨーマン層の一部などの白人の支持も得ることで、南部でも共和党政権が可能となった。共和党政権の州政府は公教育の普及などの改革を推進した。奴隷制時代に読み書きの習得を禁止されてきた解放民は教育を熱望した。戦前の南部では白人の多くも公教育が受けられず識字率が低かったので、再建期に進められた公教育の整備は、かれらにも貴重な教育機会をもたらした。

しかし一八七〇年以降、民主党が党勢を回復させ、南部各州で政権を奪還する。七六年大統領選の結果をめぐる紛糾の結果、民主党と共和党のあいだで政治的取引が成立した。翌七七年には南部に駐屯していた連邦軍が全て撤収し、再建は正式に終わりを迎えた。

民主党復権の背景はいくつか指摘できるが、まず、白人優越主義の徹底利用が挙げられる。民主党は共和党政権を「黒人による支配」だと非難し、「白人による支配」を復活させるために白人有権者に何よりも「白人」として団結するよう訴えた。州政府の財政難と増税が白人庶民の生活を直撃したことも共和党には打撃となった。民主党は税金を払わない黒人と無能な共和党政権が重税で白人を苦しめているという構図を盛んに広めた。クレディモビリエ事件などの連邦政府高官の政治腐敗事件も共和党支持を低下させた。

また、銃の扱いに習熟した南軍退役軍人たちが各地で武装秘密結社を組織し、政治的テロリズムを繰り返した。一八六六年結成のクー・クラックス・クラン（ＫＫＫ）をはじめ「ライフルクラブ」「赤シャツ隊」など多くの武装組織が、政治活動をおこなう黒人を襲撃し、ときに多数の黒人が殺害される惨事も起こした。投票箱の中身のすり替え《スタッフィング》など、選挙不正も横行した。

さらに、再建期の南部における民主党による白人優越主義の再確立を後押しする動きとして、選挙政治の外部で展開された集合的記憶の形成も重要な機能を果たした。この記憶が、やがて「失われた大義」へと結実することになる。

◉南軍の男たちを讃える女たちの運動

南北戦争後の南部で支配的な集合的記憶の立ち上げに最初に着手したのは、プランター世帯など白人エリート層の女性であった。彼女たちは戦時中の戦争協力活動の経験を生かして、戦後に「婦人追悼協会（ＬＭＡ）」と呼ばれる組織を各地で結成した。

戦没者の多くは戦場に埋葬されていた。連邦政府は北軍戦没者のために国立墓地を整備し遺体を再埋葬したが、叛乱軍とされた南軍の戦没者は南部白人の手で再埋葬する必要があった。そこでＬＭＡは寄付を募って戦没者墓地を整備し、地元出身の戦没者を故郷に再埋葬し、メモリアル・デー（戦没者記念日）の式典を組織した。

当時の支配的ジェンダー観において、女性は公的領域ではなく家庭・世帯に属すべき存在とされていた。そのためLMAは追悼行事を、自分たちのために戦い没した男たちの死を悼む感情に基づく、非政治的で私的な活動だと主張した。それは北軍占領下、とくに再建法による軍政下では、再び反乱を起こす可能性を北軍や連邦政府に疑われないためにも重要であった。

しかしLMAは純然たる非政治的活動ではなかった。実際は白人エリート女性の身内の男性には戦死者は少なく、LMAの追悼行事は必ずしも会員にとって個人的な思い出がある特定の戦死者親族の追悼ではなかった。行事は、戦没者個々人がいかなる思いを抱いていたのかを語らず、彼らを南軍に身を捧げて散った男たちであると集合的に定義し、南部の模範的男性像として称揚した。戦没者を感情的に肯定する追悼の論理は結果として、その戦死の理由としての南部連合を肯定し、その建国の論理を直接語ることなく容認する論理となった。戦後の「失われた大義」論は、まず白人エリート層の女性たちが普及に邁進したのである。

LMAの追悼事業は、白人男性たちにもおおむね歓迎された。彼女たちの運動は、敗者かつ叛逆者としてスティグマ化された彼らを〈男らしい〉存在として肯定し、しかも式典での追悼演説など表舞台の華々しい役割は旧南部連合関係者などの白人男性名士に譲ってくれたからである。

だが、LMAの活動そのものは女性たち自身が主導した。彼女らにとって、男たちの家父長的男性性を讃える組織活動は、政治的含意のある家庭外活動領域に進出し、南部白人女性の社会的役割の幅を広げる好機であった。親族男性の死を悼む家庭的で献身的な女性像と、公的空間で活躍する新しい女性像は、追悼活動の二つの顔であった。

エリート女性の組織であるLMAは、白人間の階級的緊張を不可視化する上でも重要だった。ヴァージニア州リッチモンドの組織がその声明文で「ひとつの家族としての南部」に対して呼びかけ、「南部はひとつの思いでその心をうずかせている」はずだと訴えたように、LMAの追悼式典は地元の全住民に開かれた。追悼の空間では、貧しいヨーマンも数百人の奴隷を有するプランターも、南軍の全戦没者が追悼の対象になり英雄として讃えられ、同等の〈男らしさ〉を認められた。ヨーマンの妻もプランターの妻も愛する夫を失った同じ遺族となった。

逆にプランター支配に反発し兵役に就かなかった、あるいは脱走した男たちは、不平等を糺《ただ》す抵抗者ではなく、南部の〈男らしさ〉から外れた存在として排除される。「失われた大義」とは、ヨーマン層の男たちに対して、階級的利害ではなく南部の〈男らしい〉白人男性というアイデンティティに基づいてプランターと連帯しプランター層が推進する政治を支持すること、つまり戦後においては再建政治を打倒することを促す呼びかけでもあった。

◉男たちが掲げる「大義」

一八七〇年代末に再建政治が終了すると、旧南部連合高官や南軍退役将校などの白人男性指導者たちが公の舞台に積極的に進出し、LMAの女性たちを利用しつつ、追悼活動全体の主導権を自分たちが握ろうとしはじめた。たとえばロバート・リーの部下だったジュバル・アーリーは一八七〇年に「リー記念像協会」を結成したが、この団体は「リー将軍がその身を捧げたのと同じ大義のために戦った者たち」、つまり女性でなく元軍人の男たちこそが記念碑建立事業を主導するべきだと主張した。そうした動きは

ＬＭＡの女性たちとのあいだに軋轢を生み、ＬＭＡの衰退の一因となった。

一八八〇年代以降、アーリーら南部エリート白人男性たちによって神格化されたリーやトマス・ジョナサン（「ストーンウォール」）・ジャクソンら南軍の将軍たちの像や、南部連合大統領ジェファソン・デイヴィスの像が、南部各地の公有地に建立される。これらの記念碑は、南部社会の公的領域が「家族」と「財産」を守るために戦った〈男らしい〉白人の男たちのものであるというメッセージを、公共空間の風景に刻印した。

南部で民主党が復権するにつれて、南軍の退役軍人組織が各地で次々と結成されていき、一八八九年には各地の退役軍人会を束ねる全南部的組織としての退役軍人連合会（ＵＣＶ）が結成された。ＵＣＶは戦友の親睦組織であったが、年次大会や機関誌は一九世紀末から二〇世紀初頭にかけて「失われた大義」を広める役割を担った。

再建末期以降、「失われた大義」の唱導者たちは、元軍人の回想録やＵＣＶ機関誌などの出版物、あるいは追悼集会での演説を通じて、明示的に南部連合と南軍を正当化する論理を積極的に展開するようになった。たとえばアーリーは、南軍の敗北を北部の「数の力、蒸気の力、鉄道と機械、その他の物理的資源」に帰し、指揮官や兵士の欠陥あるいは南部連合の理念の誤りが敗因ではないと力説した。

アーリーら一部の論客は奴隷制を擁護し続けたが、「失われた大義」の代弁者の多くは奴隷制の積極的擁護を控えた。かれらは、南部は戦争を望んでおらず、連邦政府と北部が違憲的「中央集権化」により南部の「自治」を侵害したことに戦争の原因があったと主張するか、奴隷制は南北戦争の主要因ではなかったと訴えるか、あるいは奴隷制について一切触れずに沈黙した。代わりにかれらは、南部の男たちが戦った理由はなによりも「家庭」を守るためだったと力説した。一八九一年にヴァージニア州フレデリクスバーグの南軍記念碑除幕式の演説で元将校が述べた言葉は、この論理の典型である。

南部による抵抗は、〔従来の〕政治制度を保存する試みであっただけでなく、何世代にも渡って受け継がれてきた社会的組織——結婚の神聖性、家族の不可侵性、真理と名誉と美徳への信念、家庭の保護——を永続化するためのものでもありました。

南軍の男たちが戦った動機として奴隷制ではなく家庭を強調する語りは、奴隷制の復活を望めなくなった戦後状況に順応し、また奴隷制擁護を叫ぶことで北部・連邦政府に警戒されることを避けるためであった。しかし奴隷制を戦争の主因としないことには、別の重要な利点も存在した。南部連合の大義が奴隷制擁護ではなく家庭の防衛であったと主張することは、奴隷を持たなかったヨーマン出身の南軍戦没者や退役軍人たちを、プランターに利用された犠牲者ではなくプランターとともに家庭を守るため命を賭した英雄として称揚し、南部連合の遺産のもとに「白人」として一体化させる論理だった。

南軍記念碑建立運動の一九世紀末における新しい展開は、この論理を具現化した。匿名の一兵卒をモチーフにした無個性な記念碑が、南部全域で多数建立されるようになったのである。兵卒像は、南軍の戦没者や退役軍人が、リーのような将軍から末端の一兵卒にいたるまで、みな南部社会の〈男らしい〉男であるというメッセージを発した。

こうしたメッセージは必然的に、南部の白人女性たちは英雄的男性による保護の対象であるという主張を含んでいた。それは、白人女性は自立した存在ではなく、そして保護対象にふさわしいふるまいをすべきであるという主張でもあった。南部社会の主体的な構成員はあくまでも白人男性であるという論理である。

また、再建が終了すると、南部白人たちは戦没者追悼式典や記念碑除幕式で多数の南軍旗を掲揚するようになった。南軍旗を常時掲揚する公有地も増えていき、ミシシッピやアラバマは州旗に南軍旗を組み込んだデザインを採用した。こうして南軍旗は「失われた大義」と南部の地域アイデンティティを同一視させる装置となり、二〇世紀には多様な場で使用されていった。

さらに一八八〇年代末ごろから、プランター世帯出身者による回想録や奴隷制社会の過去を美化する小説が多数出版されて人気となり、「失われた大義」を補完した。マーガレット・ミッチェルの小説『風と共に去りぬ』(一九三六年)とその映画化(一九三九年)は、このジャンルで最も有名な作品である。他方で、再建期やそれ以降の時代を、奴隷制から解放された黒人男性が野獣化して多数の白人女性をレイプするようになる暗黒時代として描く語りも、多数登場する。最も有名な作品はトマス・ディクソンの小説『豹の斑《ぶち》』(一九〇二年)『クランズマン』(一九〇五年)およびこの二作をもとにした映画『國民の創生』(一九一五年)である。

再建期から二〇世紀初頭にかけて、黒人男性による白人女性への性暴力が激増したという証拠は存在しない。しかし、黒人男性によるレイプの恐怖から白人女性を保護し、犯人を制裁する必要があるという言説は、南部だけでなく全国的にも流通した。この言説は、一九世紀末から二〇世紀初頭にかけて南部を中心に激増したリンチや反黒人暴動による多数の黒人の殺傷や財産破壊(第五章も参照)を擁護する論理として、そして同時期に南部が導入した公共空間の人種隔離を強制する制度(ジム・クロウ)や黒人投票権の実質的剥奪を正当化する論理としても機能したのである。

◉「失われた大義」による連帯の歴史的背景

　再建期末期から一九世紀末にかけて勃興した「失われた大義」は、漠然とした南部連合擁護論である以上に、白人男性の階級を超えた一体化を媒介し、彼らの価値と南部社会における支配的地位を肯定する歴史観であった。

　なぜ、このような歴史観が求められたのだろうか。

　南北戦争終結後、北部資本は農業社会であった南部に積極的に投資し、各地で紡績・繊維工場の建設や鉱山開発が進められた。南部経済の変容により、零細白人ヨーマンで土地を手放して小作農化する者や農業を諦めて都市や鉱山で労働者化する者が増加した。それは、質素でも他者に従属せず命令されない暮らしを〈男らしさ〉の柱としてきた白人男性にとって、自分の〈男らしさ〉を否定されるという不安をもたらす経験であった。

　さらに、新設された工場で働く白人の女性や子どもは、少額だが確実な現金収入を家計にもたらした。妻子の賃金は家計にとって重要となり、家族の扶養を世帯主男性の権威の源泉としていた白人男性は、その権威を揺るがされるおそれに直面した。

　しかも、解放された黒人の一部は自営農民や実業家や専門職として成功し、白人に比べれば少数だが中産階級層を形成しはじめた。かれらは、経済的に苦境にあった白人男性にとって、南部社会において「白人」であることの特権性を相対化しうる存在であった。

　このような状況において、「失われた大義」は、階級や経済力を問わずに白人男性の〈男らしさ〉を承認し、白人男性こそ南部社会の主人公であると肯定することで、彼らの〈男らしさ〉喪失の不安に応える論理として機能したのである。

他方、民主党を支持したプランターや新興企業家などの白人エリート層にとって、白人の零細農民や労働者が階級的利害の共通性に基づき黒人農民・労働者と同盟して対抗運動を展開することは、政治的悪夢であった。事実、南部経済の変容にしたがって労働運動や農民運動が次々と登場し、民主党から政権を奪い政治の力で状況を改善しようと試みた。その代表は農民運動から生まれた人民党であり、一九世紀末にはいくつかの地方選挙で黒人有権者が支持する共和党との連立政権の樹立に成功した事例もあった。

この文脈において「失われた大義」は、白人の零細農民・労働者男性に向かって、階級的利害による黒人「労働者」「農民」との連携ではなく、南部の支配者たる「白人」男性意識に基づく行動を呼びかけるものでもあった。ジム・クロウの導入は、この流れを制度的に確立する動きでもあった。事実、第一次大戦期までには、南部の第三政党運動はおおむね崩壊していったのである。

◉奴隷制時代を美化する女性運動

一八九四年に結成され現在も活動中の「南部連合の娘たち（UDC）」は、衰退したLMAに代わって「失われた大義」の普及に大きな役割を果たした。UDCは南部全域と一部の北部にも支部をもち、会員は家族や地元を超えた「南部女性」という集合的意識を獲得した。しかしUDCは南軍将兵を親族にもつ女性であることが入会資格であり、会員の「南部女性」意識は白人性と不可分であった。また、活動に参加するには一定以上の経済力と時間的余裕が不可欠であり、必然的に中心的メンバーは中産階級以上のエリート女性であった。

UDCは寄付を集め、南部連合の記念碑を各地に建立する運動を推進したが、この組織の新しさは歴史教育活動にあった。ＵＤＣは子ども向け下部組織を結成し、催しを通じて白人の子どもたちを「大義」に親しませた。また「大義」を反映した南部史の教科書を作成して各地の公立学校に採用させる運動を展開し成果をあげた。白人女性活動家たちはこれらの活動を、子どもの福祉に責任を負う母親という女性ステレオタイプに則り、女性こそが担うべき使命として正当化したのである。

白人エリート女性の「失われた大義」推進活動は、「白人」としての連帯に基づく南部の権力構造の維持再生産への加担であり、またＬＭＡと同様に、男たちの権威と名誉のために自己犠牲と献身を厭わない理想的〈女らしさ〉像の制約を受け入れながら利用して、自分たちの南部の公的・知的活動分野での活躍を正当化する戦略でもあった。

◉南北白人和解への道

南北戦争後の北部では、一八六六年に結成された北軍退役軍人会（ＧＡＲ）が中心となって、連邦再統一と奴隷解放を達成した北軍が正義であり、南軍は叛逆者であったとする歴史観を唱導した。だが一八八〇年代以降、北部白人社会で徐々に南北和解を受け入れる動きが生まれてくる。

戦後の北部の急速な工業化・都市化・移民急増による経済と社会の変化は、一方ではアメリカを世界大国へと押し上げた一方で、旧来の秩序や価値観の前提も揺らいだ。大企業による市場の独占・寡占が進行し、他方では労使対立も激化する中で、白人中産階級の男たちは、一九世紀以来彼らが信奉してきた勤勉と倹約と欲望の自制による経済的独立という〈男らしさ〉の達成に、困難を見出すようになった。

さらに、企業は補助労働力としてオフィスや工場に女性従業員を多数雇用するようになった。女性は賃金や待遇で露骨な性差別を受けていたが、それでも中産階級の男たちの目には、女性の存在そのもののが男性のみの空間とされてきた職場という領域への侵犯と映った。女性参政権運動などの第一波フェミニズム運動が興隆するのもこの時期であった。

北部の白人中産階級男性の多くがこの状況を、主観的には〈男らしさ〉の「危機」として認識した。この「危機」への対応のひとつは、身体的な強さや物質的快適さを拒否し危険を冒す勇敢さや攻撃的衝動自体に価値を見出す、新しい〈男らしさ〉の追求であった。フットボールやボクシングが流行し、また戦闘経験を語っても戦争の大義を語らない北軍退役軍人の回想録の雑誌連載や、南北戦争を舞台にリアルな戦闘と主人公の心理描写に徹したスティーヴン・クレインの小説『勇気の赤い勲章』（一八九五年）などが人気を博した。この文脈において、南軍の男たちが守るべき妻子のために命を賭けて戦ったとする「失われた大義」の論理は、急速に北部でも受容されていく。南部の奴隷制プランテーション社会を理想化する小説も人気になる。北軍退役軍人には叛乱者を許せない者も稀ではなかったが、やがて南北両軍の退役軍人会が合同で催しを挙行する事例も増加していく。

帝国主義は、南北和解をさらに後押しした。二〇世紀転換期のアメリカは米西戦争、キューバの保護国化、プエルトリコやフィリピンの植民地化、ハワイ併合など、カリブ海・太平洋へとその支配を拡大した。非白人世界の植民地化が白人優越主義的な愛国主義を強化し、白人優越主義が植民地支配を正当化するなかで、南北白人は人種に基づく融和を進めていく。

ボクシングやハンティングに親しみ、米西戦争で義勇軍を率いるなど、北部白人中産階級の新しい〈男らしさ〉を体現したセオドア・ローズヴェルトは、一九〇〇年九月に共和党の副大統領候補としての演説で、米西戦争を通じた南北白人の融和を強調した。

対スペイン戦争は……この国を二度と分断されないひとつの国家へと融合しました。南北戦争で連邦側だった男たちだけでなく、彼らと同等の勇敢さと、自分の責務とするものへの同等の献身をもって、南部のために武器をとった男たち――ジョー・ウィーラーやフィッツヒュー・リーなども、〔米西戦争では〕われらが将軍たちでした。

この「ひとつの国家」が、男性を中心とした「白人」の国家として想像されていたことは言うまでもない。それは同時に、北部白人の多くが南部のジム・クロウを容認することも意味していたのである。

◉おわりに

歴史認識は、政治的論争において「正しい」理解として擁護されたり、「誤った」認識として批判されたりすることが多い。歴史的事実を否定・歪曲する修正主義は批判されるべきだが、同時に、ある歴史観を特定の人びとがなぜ積極的に擁護または容認するのかを考察しなければ、歴史修正主義への支持の広がりを止めることは困難だろう。

多くの南部白人男女が信奉した歴史修正主義としての「失われた大義」は本質的に、白人男性には体制への順応と献身を求め、白人女性には男性の権威を尊重して従属的地位におさまることを要求し、黒人を南部社会の周縁へと追いやる論理であった。この論理は当時の南部社会において、男性の権威の低下に対する不安、エリートによる政治経済支配の正当化、あるいは女性が社会で活躍する余地の追求など、多様な動機に基づいて支持・容認された。南部白人たちは、潜在的には緊張や不平等をはらみながら「白人」としての一体化を成立させ、北部白人にも容認されていった。だがこの一体性は、不平等や矛盾への不満を飲み込み、政治や社会を変革する別の連帯の可能性を放棄することで実現する、本質的に不安定なものであった。

日本でも、植民地支配と戦争の記憶をめぐる論争が激しく展開されてきた。元慰安婦や元徴用工の訴えを否認するとき、あるいは南京大虐殺を否定するとき、旭日旗をスタジアムで掲げることを「政治的行為ではない」と正当化するとき、そうした論理は誰のいかなるアイデンティティや利害を肯定し、あるいは不可視化するのか。こうした論理が立ち上げる「日本人」概念は、現在の日本社会におけるジェンダーや人種・民族・国籍や階級をめぐる力学に対して、どのように介入しているのか。その「日本人」概念は、いかなる機会や可能性を犠牲にするのか。

歴史認識の「正しさ」を問うと同時に、こうした面に目を向けることも、歴史認識をめぐる建設的な討議にとって有益なのではないか。歴史の記憶は、常に現在を構成し、未来を想像する要素なのだから。

◎ 読書案内

① 貴堂嘉之『南北戦争の時代――一九世紀』岩波書店（岩波新書 シリーズ・アメリカ合衆国史2）、二〇一九年。

② ニナ・シルバー『南北戦争のなかの女と男――愛国心と記憶のジェンダー史』兼子歩訳、岩波書店、二〇一六年。

③兼子歩「アメリカ南北戦争の記憶の社会文化史的研究――南北戦争後の半世紀をめぐる議論を中心に」『明治大学教養論集』第五二七号、二〇一七年。

④兼子歩「一世紀前の『ヘイトの時代』から考える――アメリカ南部におけるリンチとその歴史的背景」清原悠編『レイシズムを考える』共和国、二〇二一年。

⑤ドルー・ギルピン・ファウスト『戦死とアメリカ――南北戦争六二万人の死の意味』黒沢眞里子訳、彩流社、二〇一〇年。

⑥Stephanie McCurry, *Confederate Reckoning: Power and Politics in the Civil War South*, Cambridge, MA: Harvard University Press, 2010.

⑦David W. Blight, *Race and Reunion: The Civil War in American Memory*, Cambridge, MA: Belknap Press of Harvard University Press, 2001.

⑧Karen L. Cox, Dixie's Daughters: *The United Daughters of the Confederacy and the Preservation of Confederate Culture*, Gainesville, FL: University Press of Florida, 2003.

⑨John M. Coski, *The Confederate Battle Flag: America's Most Embattled Emblem*, Cambridge, MA: Belknap Press of Harvard University Press, 2005.

⑩福間良明・山口誠編『「知覧」の誕生――特攻の記憶はいかに創られてきたのか』柏書房、二〇一五年。

①は本章が扱う時代の把握に最適の入門書。②は南北戦争期の愛国主義と戦後における戦争の記憶についてのジェンダー史研究の最新成果を概観。③は南北戦争後の半世紀における戦争の記憶の研究史

を分析。④は二〇世紀転換期南部で頻発したリンチの正当化言説を、ジェンダー・人種・階級の交錯として検討。⑤は南北戦争の戦死者とその追悼に焦点を絞った社会史研究の古典。⑥は人種・ジェンダー・階級の交錯を踏まえて南部連合の誕生から崩壊までを描いた傑作。⑦は南北戦争の集合的記憶史研究の古典中の古典。多様な史料を踏まえ、戦争目的の理念を強調する記憶が徐々に後退し二〇世紀転換期に南北和解が進んだと論じる。⑧はUDCによる「失われた大義」普及活動の研究。⑨は南部連合軍旗の誕生から広まりと変質、そして論争を追った包括的社会史研究。⑩は特攻隊に関する記憶がさまざまな文脈や利害から形成されていくプロセスを多角的に追った興味深い論集。

❖より深い理解のために――ディスカッションのポイント

(1) トランプは南軍記念碑の撤去について、「ロバート・リー、ストーンウォール・ジャクソンの次は誰だ、ワシントンにジェファソンか？　馬鹿馬鹿しい！」ともツイートしました（二〇一七年八月一七日）。あなたは、リーやジャクソンとジョージ・ワシントンやトマス・ジェファソンの記念碑は、同じように扱われるべきだと思いますか、それとも異なる扱いを受けるべきだと考えますか。また、それはなぜですか。

(2) 二〇一九年の「あいちトリエンナーレ」で戦時中の慰安婦を象徴する少女像が展示されると、多数の非難が殺到しました。元慰安婦や元徴用工の訴えを否定する論理の背景にある価値観は、もし日本社会における人種・民族・国籍・ジェンダー・階級などをめぐるさまざまな社会問題に適用されれば、どのような意味を持ちうるでしょうか。

(3) ある特定の記憶が「正しい」記憶として共有されてある場や組織などのなかで支配的な記憶になるとき、そこにどのような力学が働き、何が可視化・肯定され、あるいは不可視化・否定されるのかを、戦争や国家の記憶に限らず、さまざまな事例で考えてみましょう。

第五章

記憶の抑圧と歴史の書き換え

——タルサ人種虐殺を例に——

坂下　史子

白人暴徒の襲撃により焦土と化したグリーンウッド地区（1921 年 6 月）。その繁栄ぶりから、金融機関はないが「黒人のウォール街」と呼ばれていた。出典：American National Red Cross photograph collection (Library of Congress)

◉はじめに

二〇二一年六月一日、ジョー・バイデン大統領は、オクラホマ州タルサ市で行われたタルサ人種虐殺一〇〇周年追悼式典に現職大統領として初めて参列した。タルサ人種虐殺とは、一九二一年五月三一日から六月一日にかけて、黒人向け商業施設と住宅が集まるグリーンウッド地区が白人暴徒に襲撃され、焼失した事件である。アメリカ史上最も凄惨な人種暴力事件と言われるこの史実が広く認知されたのは、実は比較的最近のことである。

事件が特に注目されたのは二〇二〇年、ドナルド・トランプ大統領の遊説の日程が批判を浴びたときだった。トランプは六月上旬、一九日にタルサ市で支持者の集会を開くことを発表したのだが、この日は「ジューンティーンス」と呼ばれる奴隷解放記念日で、黒人にとって特別な日だった（翌二〇二一年には連邦の祝日となった）。当時は全米でブラック・ライブズ・マター（BLM）運動が再拡大していたこともあり、平和的な抗議デモの参加者を「暴徒」と呼び鎮圧した大統領が人種虐殺の歴史を持つタルサを遊説するというニュースは大きな反発を招いた。結局トランプは日程を二〇日にずらしたが、この出来事は一〇〇周年を前にタルサ人種虐殺への人々の関心を集めることになった。

タルサ訪問に先立ち、バイデン大統領は五月三一日をタルサ人種虐殺一〇〇周年追悼の日とする声明を出した。その冒頭には、「我が国における人種テロの根深さに思いを馳せ、全米の制度的人種主義を根絶する努力にあらためて取り組むことをアメリカ国民に訴える」と書かれている。追悼式典でバイデンは、「あまりにも長い間、ここで起きた歴史は沈黙させられ、闇に隠されてきました。しかし歴史が沈黙しているからと言って、それが起こらなかったわけではありません」と述べ、自身がタルサを追悼に訪れた最初の大統領であるという事実は称賛されることではないと強調した。「アメリカ国民のみなさん、これは暴動ではありませんでした。虐殺だったのです」というバイデンの言葉に、わずかに存命する事件の生存者を含む参列者からは拍手が起こった。

タルサ人種虐殺はなぜ「闇に隠されて」きたのか。事実、オクラホマ州議会が事件の調査を目的としたタルサ人種暴動調査委員会を設立したのは、事件から七五年以上が経過した一九九七年のことである。また、バイデンが人種テロを記憶することのみならず制度的人種主義の根絶を訴えたのはなぜだろうか。そして、彼が事件を「暴動」ではなく「虐殺」だったと強調したことにはどのような意味があるのだろうか。本章ではタルサ人種虐殺の歴史を紐解きながら、これらの問いを考えてみたい。

◉タルサ黒人地区の歴史

人種虐殺の舞台となったグリーンウッド地区は、ニューヨークのハーレム地区やシカゴのサウスサイド地区と並び、全米でも有数の繁栄した黒人地区だった。オクラホマ州タルサ市内の北部に位置し、「黒人のウォール街」や「リトル・アフリカ」とも呼ばれたグリーンウッドは、一マイル（約一・六km）の大通りを有する三五区画にわたる地区で、事件当時一万人以上の黒人が住んでいた。地区の店舗は一九〇を数え、医師一五人と歯科医二人、弁護士三人が開業していたほか、映画館二館、複数の飲食店や衣料品店、ナイトクラブ、ホテルなどが軒を連ねた。一三の教会と、図書館、病院、学校二校、新聞社も二社あった。しかしいわゆる裕福な黒人層はごく一部で、大半は白人家庭の使用人や配達人、ポーターなど、労働者階級の人々だった。使用人が休みの日には、同地区は特ににぎわいを見せたという。

タルサ市に豊かな黒人地区が誕生した背景には、当時すでに市全体が繁栄を極めていたことがある。まだ準州だった一八九七年から各地で油田が発見されて以降、オクラホマは二〇世紀に入ると急速に経済発展し、石油産業関連の新たな雇用が生まれた。州に昇格した一九〇七年までには原油産出最大の担い手となり、一九一三年の産出量は全米の四分の一に達した。機会を求めて多くの移住者が押し寄せた結果、オクラホマの人口は一九二〇年には二〇〇万人を超え、一八九〇年の七倍半となった。一九〇五年に近郊で大規模な油田が発見されたタルサでも、一九〇〇年に一〇〇〇人あまりだった人口は一九一〇年に二万人近くとなり、一九二〇年には一〇万人近くにまで急増した。

石油ブームの前からタルサにいた黒人は、かつて奴隷にされていた人々やその子孫だった。一八三〇年代、ミシシッピ川以東に居住していた先住民は連邦政府によってオクラホマの保留地に強制移住させられるという地理的分離政策の対象となったが、その際に彼らが所有していた奴隷身分の黒人も同行したのである。また奴隷制を逃れてオクラホマに来た人々もいた。他方、人種虐殺事件当時グリーンウッド地区に住んでいた黒人の大半は、石油ブームの時期にタルサに移住してきた人々である。経済的要因だけではなく、南部の厳しい人種差別や暴力を逃れるためでもあった。第一次世界大戦末期には南部農村部の多くの黒人が北部その他の工業都市へと移住し、「大移動《グレート・マイグレーション》」と呼ばれる現象が起きていた。一九一〇年から二〇年にかけて、タルサの黒人人口は市全体の一割強を占めた。

「魔法の都市」と呼ばれたタルサはたしかに機会あふれる場所ではあったが、オクラホマでは一九〇七年の州昇格を機にジム・クロウと呼ばれる人種隔離体制が取られ、黒人の自由は制限された。タルサ市は一九一六年、黒人または白人の人口が七五%を占める区画に異なる人種（白人家庭住み込みの黒人使用人を除く）が居住することを違法とする条例を定めたことから、グリーンウッド地区の南端に位置するセントルイス・サンフランシスコ鉄道の線路が白人地区と黒人地区の物理的な境界線となり、タルサ市は人種別の二つの街で構成された。つまり、黒人は黒人地区に住まざるをえず、そこでしか商売ができないという人種差別的な社会構造——制度的人種主義——の中で生きていたために、黒人向けの産業が発展し、皮肉にも豊かな黒人地区が生まれたのである。

◉タルサ人種虐殺とその背景

タルサ人種虐殺の発端は、一九二一年五月三〇日の朝、タルサ市中心部の商業ビルのエレベーター内で起きたとされる出来事だった。一九歳の靴磨きの黒人青年がオペレーターの一七歳の白人少女を性的に暴行したというものである。普段からビル内の黒人用トイレに行くためにエレベーターを利用していた青年は、この日もエレベーターに乗ったようだが、少女の悲鳴を聞きつけた白人店員の通報で、翌朝に逮捕、拘留された。容疑の真偽は不明だが、冤罪だった可能性が高い。二〇〇一年に公表された調査報告書は、青年がつまずいて少女の足を踏んだか腕をつかんだため彼女が驚いて声を上げたか、二人が恋人同士で口論となった可能性を指摘している。

しかし性的暴行が事実か否かは重要ではなかった。アメリカでは二〇世紀転換期以降、黒人を標的としたリンチと呼ばれる超法規的な暴力致死事件が南部を中心に多発していた。犠牲者は一八八〇年代から一九二〇年代までの間だけで約五〇〇〇人を数え、その七割以上を黒人男性が占めた。当時、黒人の政治的・経済的・社会的地位向上に脅威を感じた白人男性は、既存の白人優位主義的、家父長的な社会構造を固守するために暴力を行使したが、そこで喧伝された暴力正当化の論理が、黒人男性を白人女性への性的脅威とみなす言説だった。第四章の兼子論文も指摘するように、黒人男性によるレイプの恐怖から白人女性を保護し、犯人に制裁を加える必要があるという言説は当時全米に普及し、リンチの擁護論となっていたのである。

黒人青年がタルサ郡庁舎内の留置所に収監されると、白人新聞『タルサ・トリビューン』はこれを夕刊でセンセーショナルに報じた。一面に掲載された小さな記事には、「エレベーターで女性を暴行した黒人を逮捕」という見出しとともに、エレベーターに乗り込んだ青年が「彼女に襲いかかり、彼女の両手と顔をひっかいたり衣服を破いたりした」こと、少女は孤児で学費をまかなうためにオペレーターとして働いていたことなどが書かれていた。この煽動的な記事により、日没までに数百人の白人住民が郡庁舎の外に集まり、夜になるとその数は約二〇〇〇人にふくれあがった。

リンチの噂が広まり、青年の身を案じた数十人の黒人住民も郡庁舎に駆けつけたが、その多くは第一次世界大戦で従軍した退役軍人だった。一度は解散したものの、再集合した黒人と白人の間で小さな衝突が起こり、銃声を合図に事態は一気にエスカレートした。暴徒化した白人住民はグリーンウッド地区へ逃げ帰ろうとする黒人住民を銃撃しながら追いかけ、六月一日夜半過ぎには商業施設や家屋への放火が始まった。明け方には口笛を合図に数千人が同地区へと侵入し、略奪や放火、銃撃を続けた。自家用飛行機による焼夷弾投下などの破壊行為も起こった。

タルサ市警は事態沈静化のために約五〇〇人の白人男性を警官代理に任命したが、略奪や放火に加担した者も多かった。さらに、これらの代理警官や警察、地元部隊の州兵は、グリーンウッド地区の商業施設や家屋から黒人を次々と連れ出し、およそ六〇〇〇人を会議場や野球場などに収容した。名目は保護拘置だったが、現存する多数の写真や生存者の証言によると、黒人男性は銃を奪われ両手を上げた状態で収容所へと連行されたことから、彼ら自身が事件の容疑者として扱われていたことが分かる。無人となった建物はさらなる略奪の標的となり、略奪後に放火された。自宅を焼失したある黒人女性は、「デトロイト通りの東側で松明を手にした「白人の」男たちと買い物袋を持った女たちが黒人家屋の略奪と放火を続ける間、消防隊が出動して西側の白人住宅を保護したのです」と証言している。

オクラホマ州知事は六月一日午前二時過ぎに州兵派遣の許可を下したが、一〇〇余名の州兵が列車でタルサに到着した午前九時ごろには、すでにグリーンウッド地区の大半が焼け落ちていた。放火を免れた区域での略奪が続いていたが、市当局の手続きが遅れて州兵はしばらく配置されなかったため、その間に放火された建物もあった。こうして豊かな黒人地区は一晩で壊滅し、市内に戒厳令が敷かれた正午前にはすでに焦土と化していた。正確な死傷者数は今も不明だが、死者は最多で約三〇〇人とも言われ、一万人近くの黒人が家を失った。被害総額は現在の貨幣価値で二五〇〇万ドルとも、五〇〇〇万ドルから一億ドルとも見積もられている。

人的被害、物的被害の規模からしても、タルサ人種虐殺はアメリカ史上最悪の人種暴力事件だったが、決して単発の例外的な事件ではなかった。二〇世紀前半、「大移動」によって全米主要都市に多数の黒人人口が流入したことで、都市部では人種関係が悪化し、黒人に対する人種暴力事件が頻繁に起きていた。一九〇〇年代から一九一〇年代だけでも、オハイオ州スプリングフィールド（一九〇四年）、ジョージア州アトランタ（一九〇六年）、イリノイ州のシカゴ（一九〇五年）およびスプリングフィールド（一九〇七年）、ミズーリ州イーストセントルイス（一九一七年）、ペンシルヴェニア州フィラデルフィア（一九一八年）などで「暴動」が起こり、特にタルサ人種虐殺の二年前にあたる一九一九年には、五月から一〇月までの間にサウスカロライナ州チャールストン、テキサス州ロングビュー、ワシントンDC、シカゴ、テネシー州ノックスビル、アーカンソー州エレインなど各地で「暴動」が勃発したことから、「流血の夏」と呼ばれた。

◉事件の余波

タルサ市内の戒厳令は二日後に解除されたが、住民にはその後もさまざまな行動制限が課された。食料品店などを除き経済活動は午前八時から午後六時までとされ、路上での集会や葬儀のほか、医療従事者や警察を除く車両の夜間の通行も禁止された。黒人住民は特に厳しい監視統制下に置かれた。事件からしばらくの間は銃器の購入も所有も禁じられ、移動の自由も奪われた。収容所に送られた黒人のうち、白人雇用主またはその他の白人が身元を保証した者は解放されたが、身分証を携行しなければならなかった。身元を証明できなかった黒人には一日限定の通行許可証が支給され、日没までの移動時には常に携帯することが求められた（日没後は逮捕される可能性もあった）。被害状況の確認などで黒人地区に戻る際にも標識札の着用が求められた。これらの身分証発行にあたっては、市長が議長を務めるタルサ市委員会と商工会議所が資金提供した。わずか一カ月程度だったとはいえ、身分証の携帯義務は奴隷制時代の慣行が蘇ったようなものだった。かつて奴隷制下の黒人男女は、所用で外出する際には必ず白人奴隷主の署名入り通行証を身につけさせられたのである。

こうした黒人住民に対する犯罪者予備軍のような扱いは、のちに「人種プロファイリング」と呼ばれ問題となる犯罪捜査を想起させるが、事件後いかにタルサ市当局が「法と秩序」の回復を最優先させたかを物語っている。白人住民の間では市外の黒人が報復行動に出るのではないかという噂が絶えず、不安が広がっていた。このため、州都から派遣されていた州兵の撤退を機に複数の退役軍人が警官に就任したほか、市当局により実業家保護同盟と呼ばれる白人民兵団も結成され、市境の「治安維持」に当たった。民兵団は不審な黒人を呼び止め、立ち止まらなかった者には発砲することもあった。さらにタルサ市警による飛行機での近隣黒人街や黒人地区の偵察も行われた。

このような中で、被災した黒人住民に対する救護救援活動を主導したのは赤十字だった。白人教会や奉仕団体による支援は事件後数日で終了したが、赤十字の活動は半年に及んだ。当初は負傷者への医療活動や避難民への感染症予防接種、食料および仮設テント配布、失業した人々への仕事の斡旋などを行い、のちに仮設住宅建築のための資材提供なども行った。タルサの黒人指導者層が結成した救援団体は赤十字に感謝状を送っている。さらに、全国黒人向上協会（ＮＡＡＣＰ）やニューヨークのキリスト教青年会（ＹＭＣＡ）の黒人女性支部をはじめとするオクラホマ州内外の諸団体から、寄付金や支援物資も集まった。

他方、公的支援は限定的で、ときには救援や復興を妨害するような施策まであった。たとえば州知事は、六月一日夕方に現地を視察し、翌日には事件調査のため州大陪審の陪審員選出を指示したものの、州兵が保有するテント一〇〇基のタルサへの輸送を拒否し、世界黒人地位向上協会（ＵＮＩＡ）シカゴ支部からの黒人看護婦五〇人派遣の申し出を断っただけではなく、州としての財政支援も物的支援も行わなかった。タルサ市も同様だった。市長は六月一日に救援活動のための特別委員会を組織したが、翌日には赤十字に救援活動の全権を委任し、公的支援から実質的に手を引いた。四日の特別委員会では赤十字への寄付金以外の外部支援を辞退することに加え、黒人地区再建のための金銭的・物的支援も受け付けないことが決定された。さらに、早くも六月七日には、放火で建物が全半壊した黒人地区をタルサ市の公式防火区画に組み込む消防条例がタルサ市委員会で可決された。同区画内で新築する建物を二階建て以上とすることと、建築資材を耐火性のある（コストの高い）コンクリートか鉄筋またはレンガ製とすることを義務づける条例は、大半が木造建築だったグリーンウッド地区の再建を困難にした。

黒人地区の復興を阻むような消防条例が可決されたのは偶然ではなかった。特別委員会は事件翌日の六月二日、被害総額の見積りを請負った不動産業者団体から、グリーンウッド地区の住民と事業主を立ち退かせて跡地を工業用地とする提案を受けていた。この提案には商業的意図のみならず、より厳格な人種隔離を進める意図もあった。しかし、黒人指導者層との買収交渉が失敗に終わったため、白人不動産業者たちは消防条例という別の手段を市政に働きかけたのである。

消防条例に隠された真の意図は市長の言葉からも明らかだった。条例可決後の六月一四日、彼はタルサ市委員会あてに特別委員会を後継する再建委員会の設置と復興計画に触れた通達を出し、こう述べた。「この［黒人］地区の大部分は居住よりも産業目的に適している。……黒人をできるだけ遠く［市の］北部と東部に移住させよう」。さらに市長は、同地区が「鉄道各社にとっても利便性が高く理想的な場所である」として、複数の路線が乗り入れ可能な共同使用駅の建設についても提案した。結局この計画は実現しなかったが、市長の通達は、市政がいかに人種隔離という制度的人種主義強化の動きに組織的に関与していたかを示している。

こうした市政ぐるみの黒人地区解体の動きに立ち向かったのは、ほかでもない黒人たちだった。七月から八月にかけて、タルサ市委員会には複数の抗議や請願が出され、八月一日には市に対して消防条例の廃止と焼失した建物の再建許可を求める訴訟が起こされた。オクラホマ州最高裁は翌月、木造住宅の再建を阻む消防条例は財産権を侵害するものであるとして、原告の訴えを認める違憲判決を下した。事件後の出来事の中で数少ない成果のひとつとなったこの勝訴は、自らも被災しながら事件五日後には仮設テントの事務所を設立し、困窮する黒人住民を法的に支援し続けた黒人弁護士たちの尽力の賜物だった。しかし、公的支援も賠償もなかった黒人地区の再建は困難を極めた。

◉「暴動」か「虐殺」か――責任の所在

以上見てきたような黒人住民に対する強制収容や監視統制、公的支援の不在、黒人地区解体の動きといった一連の組織的不正義は、当局による事件の捉え方に発端したものでもあった。そのことが分かるのが事件の呼称である。タルサ人種虐殺は最近まで「タルサ人種暴動」と呼ばれていた。アメリカ史の教科書や研究書でもそのように表記されていたし、九〇周年にあたる二〇一一年の新聞記事でも「人種暴動」と書かれていた。これは当時の新聞報道が「人種暴動」や「人種戦争」「人種間の衝突」などと表記していたのを踏襲したものと思われるが、追悼式典でバイデン大統領も強調したように、近年では「人種虐殺」に修正されている。一九九七年に発足したタルサ人種暴動調査委員会も、二〇一八年にタルサ人種虐殺査委員会と改称した。

なぜこうした呼称に注意を払うことが重要なのか。当時この事件が「人種暴動」と見なされたことについては、それ自体を批判的に検討する必要がある。たしかに事件は郡庁舎前の白人住民と黒人住民の衝突が発端ではあったが、その後の白人暴徒による黒人地区の襲撃、略奪、放火、そして黒人住民殺害の事実に鑑みれば、「暴動」ではなく「虐殺」とするのが妥当である。しかしながら、事件は当初から被害者であるはずの黒人住民に責任転嫁された。先のタルサ市委員会への通達の中で、市長は事件を「黒人の蜂起」と呼び、こう訴えた。

> この黒人蜂起の責任は……この厄介事を開始し煽動した、武装した黒人たちと彼らに追随した人々に負わせなさい。責任の半分を白人に負わせようとする者たちは間違っており、はっきりとそう伝えられなければならない。我々は……武装した黒人暴徒が市の白人地区に二度やって来て、武

力でもって何らかの要求をしたと報告を受けている。……保安官に保護された収監者［の黒人青年］は安全で、誰も彼を捕らえることはできないと、彼らは何度も念押しされていた。彼を捕まえるような行動を起こした組織立った暴徒はいなかったし、そのような危険もなかった。……集まった白人の大部分は丸腰だった。……明らかに理由もなく、愚かな一人の黒人が発砲したことですべての事態が起こり、人種戦争と憎悪の古びた炎を烈火のごとく始動させたのである。

市長の言葉は、略奪と放火と暴力を繰り返した数千人の白人暴徒の責任を反故にしながら、青年の命を守ろうと郡庁舎前に集まった数十人の黒人住民を断罪するものだった。警察や地元部隊の州兵による黒人住民の強制収容や監視統制、公的支援の不在は、市長のこうした態度からも説明できるだろう。

「黒人が引き起こした暴動」という言説は、オクラホマ州大陪審が六月二五日に公表した最終調査報告書の中でも繰り返された。「最近の人種暴動は、郡庁舎に現れた一群の黒人男性側による反対運動の直接の結果である」と結論した報告書は、当時の状況を次のように説明している。「白人の間には暴徒の気質を持った人々はおらず、リンチの話題もなく、武器もなかった。……その集まりは静かだったが、武装した黒人たちが到着して初めて、事態が突然引き起こされたのだ。それが直接の原因だった」。大陪審では事件に関連した罪で八五人が起訴されたが、そのほとんどが黒人だった一方、襲撃や略奪、放火に関与した白人暴徒は一人も起訴されなかった。

さらに注目すべきは、事件が「人種暴動」とされたことで賠償の問題に大きな影響が及んだ点である。事件後、黒人地区の復興が議論される中、損害保険会社は保険契約における「暴動除外」の免責条項を理由に、不動産を失った黒人住民や（白人を含む）事業主への保険金の支払いを拒否したのである。このため彼ら・彼女らはタルサ市に対して損害賠償を請求し、その数は二カ月間で一四〇〇件、総請求額は約五〇〇〇万ドルに上った。しかし大半が棄却されたため、今度は保険会社や市を相手に、一九二三年六月までに一〇〇件以上の損害賠償訴訟が起こされたが、裁判にかけられたのは二件だけで、いずれも敗訴した。このように、「暴動」という意図的な呼称は、虐殺を生き延びた黒人住民への監視統制を正当化しただけではなく、被害者に当然支払われるべき賠償金を回避することにも利用されたのである。

◉歴史の忘却から記憶の回復へ

地元では当局による意図的な呼称に加えて、タルサ人種虐殺の記憶をめぐる隠蔽も起こり、長期にわたる沈黙が続いた。事件直後には地元のみならず国内外のメディアも事件を報じていた。たとえば一九二一年六月二日付の『ニューヨーク・タイムズ』紙の見出しには、「タルサ暴動で武装した男性三〇〇〇人が路上で争い白人九人、黒人八五人死亡、三〇区画が焼失、市は軍隊が統治」とある。また『朝日新聞』の前身である『東京朝日新聞』も、六月三日付の記事で「叉《また》も人種争闘」と報道している。しかし、やがて州外のメディアが批判的な論調の記事を掲載しはじめると、地元での事件への言及は次第に影を潜めていった。州と市の白人指導者層にとって、経済成長著しい地場産業や移住者誘致に弊害が出ることが一番の懸念だったのである。

タルサ人種虐殺は報道や教育の現場でも語られなくなっていく。事件の発端となる煽動的な記事を掲載した『タルサ・トリビューン』紙は、その後の「一五年前の今日」「二五年前の今日」といった節目の特集記事でも虐殺について一切触れなかった。同紙のマイクロフィルム版ではこの発端記事の部分が破り取られていることを、多数の歴史家が指摘している（事件に関する警察や州兵の文書も行方不明だという）。一九二〇年代から三〇年代に刊行された郷土史の教科書にも記載はなく、一九四〇年に講義で事件を扱おうとしたタルサ大学の女性教員は学部長に警告されたという。事件の歴史が正式にタルサ市とオクラホマ州の教育内容に加えられるのは二〇一〇年代以降である。

黒人住民の間では事件は語り継がれてきたものの、人種暴力再発への恐れから口外されることは少なかった。一九一五年に再興した白人優越主義団体クー・クラックス・クラン（ＫＫＫ）がオクラホマでも活動しており、一九二〇年代には州内に一〇万人以上、タルサにも約六〇〇〇人の構成員がいたとされる。しかし、事件を記録しようとする取り組みが皆無だったわけではなく、早くも一九二三年には、生存者の黒人女性教師が自身の体験と生存者約二〇人への聞き取り内容を収めた手記を出版した。刊行部数も少なく当時はほとんど注目されなかったが、この手記が虐殺を生き延びた黒人住民の寄付によって事件から二年足らずのうちに出版されたことには、事件が闇に葬られることへの黒人たちの抵抗の一端が垣間見える。

タルサ人種虐殺の記憶の回復には半世紀を要した。五〇周年にあたる一九七一年になって初めて二〇〇人以上の黒人住民による追悼集会が行われ、新興の黒人雑誌に生存者への聞き取り調査に基づいた事件の記事が掲載された（ただしこの記事は白人主要紙への掲載を却下され、脅迫も受けたという）。タルサ歴史協会ではタルサの黒人の歴史展示が行われたほか、事件の写真も収集された。しかしこの時期の取り組みは大半が黒人住民を中心としたもので、歴史家スコット・エルスウォースが「記憶の人種隔離」と呼ぶ状態が続いた。

事件を公的に記憶する動きが進むのは一九九〇年代後半だった。一九九七年、先述したタルサ人種暴動調査委員会がオクラホマ州議会によって設立されると、委員会は一一八人の生存者を見つけ出して聞き取り調査を行うとともに、その他の膨大な関連史料を収集した。証言に基づいてタルサ市内の集団墓地の探索も進められた。事件直後に葬儀が禁止されたこともあり、当時多数の犠牲者の遺体が集団墓地に埋葬され行方不明となっていたのである（川に遺棄された遺体もあった）。二〇〇一年に公表された調査報告書は、事件の詳細や背景の分析のみならず、生存者と遺族への賠償や記念碑建立の提言も行っている。

こうした動きには、記憶や賠償をめぐるアメリカ国内外の運動が影響を与えたと思われる。たとえば国内では、一九八八年に第二次世界大戦中の日系人強制収容に対する謝罪と賠償が決定したことを受けて、連邦下院議会で翌年から毎年、奴隷制とその後の制度的人種主義の犠牲となった黒人への賠償を検討するための委員会設立を提案する法案が提出されていた。また一九九四年にフロリダ州で可決・成立した下院第五九一法案は、タルサ人種虐殺と同時期の一九二三年に黒人地区ローズウッドで起きた虐殺事件の犠牲者と遺族に対する賠償を実現した初の州法として注目された。

二〇〇〇年代にはタルサ人種虐殺をめぐる賠償運動も本格化した。二〇〇一年の報告書を受けて、州議会は同年六月にタルサ人種暴動和解法を可決し、虐殺の事実を公式に認めた。記念公園の設立は決定したが賠償は実現しなかったため、二〇〇三年、生存者と遺族二〇〇人以上からなる原告団がタルサ市とタルサ市警、オクラホマ州を提訴した。しかし本件は公民権訴訟の出訴期限を二年以内とする州法を根拠に棄却され、連邦最高裁への上告も棄却された。二〇〇七年から数度にわたり提出された出訴期限の延長を求める連邦下院法案がいずれも否決される中、二〇二〇年九月にはオクラホマ州とタルサ市に対して新たな訴訟が起こされた。翌年五月には出訴期限の撤廃を求める連邦下院法案が提出され、原告の生存者が下院司法委員会で証言した。一〇七歳のヴァイオラ・フレッチャーは、「私は毎日虐殺［の記憶」を生きてきました。国はこの歴史を忘れるかもしれませんが、私は忘れられないし、忘れるつもりもありません」と語った。彼女の言葉は、タルサ人種虐殺をめぐる記憶の抑圧に長年抵抗してきた黒人たちの声を代表している。

◉おわりに

タルサ人種虐殺の事例は、歴史の忘却と記憶、歴史事象の呼称、制度的人種主義の歴史など、さまざまな問題を考える視座を提供してくれる。ある歴史が「闇に隠されて」きたとすれば、それが誰によって沈黙させられてきたのかを考えなければならない。歴史事象の呼称についても、誰がどのような意図でそう名指しているのかを批判的に検討する必要がある。タルサの事件では、当局が虐殺を「暴動」とすることで白人暴徒を免罪し、黒人住民を犯罪者化し、被害者の賠償の機会を奪っただけではなく、土地収奪までもが企られた。まさにこうした記憶の抑圧と歴史の書き換えが現実の施策や制度を作り出し、虐殺を生き延びた黒人住民や犠牲者遺族、その子孫を搾取し続けたのである。被害者たちの声は当時の記憶だけではなく主流の歴史叙述からも長らく排除されてきたため、私たちは慣習的な呼称であれ特定の歴史観を反映していることや、そうした呼称を不用意に使用する危険性に留意しなければならない。

タルサにおける制度的人種主義の歴史も深刻である。事件後、黒人たちは年内に被災地区のインフラを再建して数年のうちに復興を成し遂げ、グリーンウッド地区は一九三〇年代から四〇年代にかけて再び繁栄した。しかし公的支援や賠償不在の再建は黒人住民に大きな経済的負担を強いた。一九三〇年代に全米都市で見られたレッドライニングと呼ばれる慣行により、同地区の大部分が住宅ローンの対象から除外されたことも一因だった。さらに一九五〇年代から七〇年代に全米で進められた連邦都市再開発計画や高速道路建設計画によって、他の黒人地区同様グリーンウッド地区もしだいに衰退していった。黒人住民や事業主を退去させて建設された高速道路は今もコミュニティを文字通り分断している。事件直後のタルサ市当局による黒人排除の再開発計画を想起させるこの事例は、制度的人種主義の根深さを表している。

二〇二〇年のBLM運動により、奴隷制を起源とする制度的人種主義が現在もあらゆる側面で人種間の不平等を存続させている問題にあらためて光が当てられ、賠償の議論が活性化している。先述した最近の訴訟では、現在のタルサ市の失業率と世帯収入における人種間格差という事件の遺産も指摘された。また、一〇〇周年を前にした二〇一八年にはタルサ市長が集団墓地の調査再開を発表し、翌年から数度にわたり遺体の探索が行われたが、コロナ禍で中断し、発見には至っていない。賠償や墓地探索など一世紀を経てなお未解決の課題を抱えるタルサ人種虐殺の歴史は、バイデン大統領の訴える制度的人種主義の根絶がいかに困難なものであるかを示している。しかしそれは同時に、過去の不正義に対してどのような具体的責任を果たすべきかという解決への道筋を照らしているとも言える。

◎読書案内

①Mary E. Jones Parrish, *The Nation Must Awake: My Witness to the Tulsa Race Massacre of 1921* (San Antonio, TX: Trinity University Press, 2021).

② Karlos K. Hill, *The 1921 Tulsa Race Massacre: A Photographic History* (Norman, OK: University of Oklahoma Press, 2021).
③Richard Rothstein, *The Color of Law: A Forgotten History of How Our Government Segregated America* (New York: Liveright Publishing Corporation, 2017).
④藤永康政「黒人都市ゲトーを見つめるまなざし――シカゴの事例から」兼子歩・貴堂嘉之編『「ヘイト」の時代のアメリカ史――人種・民族・国籍を考える』彩流社、二〇一七年。
⑤坂下史子「人種暴力の記憶化と写真――『沈黙の行進』から『黒人の命も大切』運動へ」ウェルズ恵子編『ヴァナキュラー文化と現代社会』思文閣出版、二〇一八年。
⑥鈴木透『性と暴力のアメリカ――理念先行国家の矛盾と苦悶』中公新書、二〇〇六年。
⑦樋口映美『アメリカ社会の人種関係と記憶――歴史との対話』彩流社、二〇二一年。
⑧Vanessa M. Holden, *Surviving Southampton: African American Women and Resistance in Nat Turner's Community* (Urbana: University of Illinois Press, 2021).

①は本章で紹介した黒人女性教師の回想録（二〇二一年に女性の孫によって再版された）。生存者が虐殺事件直後に語った貴重な証言を読むことができる。②は事件時とその前後の黒人地区の様子などをとらえた写真史料集。市街図と年表も付されている。③は全米都市部の居住区隔離が一九二〇年代から連邦、州、自治体レベルの政策として進められてきたことを解明した注目の書。本章の事例とも重なる。④はシカゴの黒人地区の成立から現在までを概観する論稿で、一九一九年の「暴動」の背景も分

析している。⑤は二〇世紀前半から現代までの主な人種暴力事件に対する黒人の抵抗の系譜を紐解いたもの。⑥は本章のテーマをより大きな文脈で理解するのに役立つ概説書。⑦は奴隷制から現代までのアメリカの人種関係や人種暴力、記憶に関する幅広い論稿を収録した一冊。⑧は最も有名な奴隷制下の反乱を、女性や子供を含む黒人コミュニティ全体の長期的抵抗の一端と捉え直し、黒人男性指導者の名前ではなく地名を用いて表記した、歴史認識の転換を図る画期書。

❖より深い理解のために——ディスカッションのポイント

(1) 本章のタイトルでもある「記憶の抑圧」や「歴史の書き換え」が行われた／行われている事例について、アメリカ史に限らず調べてみよう。

(2) 本章の事例以外に、「法と秩序」の名目でマイノリティの暮らしが監視統制された事例がないか、探してみよう。「法と秩序」を訴えたのは誰か、その訴えが生み出した施策についても調べてみよう。

(3) 過去の不正義に対して賠償が実現した事例や、賠償運動が継続中の事例を探し、それぞれの事例が抱える課題について話し合ってみよう。

(4) riot, massacre, uprising, rebellion など、人種暴力事件に関する単語の意味を辞書で調べた上で、アメリカでかつて「暴動」と呼ばれた出来事が別の表記に変更された事例を探し、変更の理由を考えてみよう。また、ほかにもアメリカや日本の歴史叙述における呼称や表記の変更例がないかを探し、そうした変更の意味を話し合ってみよう。

第六章

「ヘイト」の時代の「アメリカ・ファースト」

——排外主義への誘惑——

南　修平

「アメリカ・ファースト」をスローガンに大統領選挙で再選を遂げたウィルソンに捧げられた曲も「アメリカ・ファースト！」だった。写真は曲の楽譜表紙（出典：アメリカ議会図書館）

◉はじめに

「○○ファースト」と聞くと何を思い浮かべるだろう。地域政党名やオリンピックで頻出した「アスリート・ファースト」、「レディ・ファースト」なら、やや古い世代の人だろうか。特定の集団に続けて「ファースト」が使われるケースは実に様々である。中でも政治的緊張が高まる状況では「○○ファースト」が叫ばれやすい。なぜなら、「○○ファースト」というスローガンは数ある論点を一点に集約して「最優先課題」を明示するため、極めて利便性が高いからである。

一点集中型の政治スローガンは問題を分かりやすく大衆に提示して組織化する点で好都合ではある。しかし実際には社会を構成する人々は複雑であり、それぞれの利益もどのような環境――法的・経済的・教育的などいろいろな面があろう――で暮らし、いかなる社会的位置にいるかで大きく異なる。その意味では一点集中型のスローガンはそれらの違いを「乗り越え」、抽象的集団として大衆を組織化し、「些細な」相違よりも喫緊の課題に注意を向けるものとなって機能する。

憲法で保障された言論の自由・結社の自由の下、それぞれの政党が主義・主張を展開し、あるスローガンを旗印に多数派を獲得すべく競うことは民主主義国家の重要な要素の一つである。しかし、いかなる政治組織がどのような情勢でスローガンを用い、その下に大衆が結集するのか。スローガンと集団形成の過程を具体的な歴史の中で検討してみると、その政治的意図や、そこに結集する人々とそうでない人々の間の関係が見えてくる。

アメリカを事例にとれば、二〇一六年の大統領選挙に勝利したドナルド・トランプ陣営のスローガン――「アメリカ・ファースト」が真っ先に想定できる。トランプのもう一つのスローガンである「メイク・アメリカ・グレイト・アゲイン」と同じく、「アメリカ・ファースト」も過去にいろいろな政治的緊張関係の中で現れ、争われた。本稿では主に二〇世紀の二つの世界戦争時に登場した「アメリカ・ファースト」の展開を考察し、そのスローガンに込められた政治的意図を明らかにする。その上で現代日本の状況にも目を向け、「〇〇ファースト」に潜む危うさを考える。

◉跋扈する「アメリカ・ファースト」——第一次世界大戦下のアメリカ社会

二〇世紀のアメリカ史の中で「アメリカ・ファースト」が共通して意味するところは、「何よりもアメリカ（人）の利益が最優先されるべき」ということであろう。では、どんな人物や団体・組織がいつこの言葉を用い、何をどう取り組むことでアメリカ（人）の利益に資すると訴えたのだろうか。

スローガンとしての「アメリカ・ファースト」は、一九世紀終わりごろから二〇世紀初頭にかけて、イギリスとの貿易競争に打ち勝つことを主張する新聞の見出しや諸々の政治家の演説の中で使用されており、他にもアメリカへの観光ツアーを促す旅行業者の宣伝文句などでも使われていた。しかし、このスローガンがアメリカ全体を包むほど熱気を帯びて飛び交ったのは、第一次世界大戦に対するアメリカの対応が議論されるようになったころである。

発端は、二期目を目指す大統領選挙を控えていたウッドロー・ウィルソンであった。ウィルソンは戦争に関与しない立場を説明する際、「アメリカ・ファースト」をスローガンに用い、それは一九一五年四月二一日、ニューヨークにおけるAP通信の昼食会で表明された。ここでウィルソンは、さしあたりアメリカの立場は「アメリカ・ファースト」というモットーに集約されるとし、その理由として、中立の立場は決して無関心や自己中心的であるわけでなく、相争うヨーロッパ諸国のいずれにも味方せず、戦後の双方の再建に資することこそ公正かつ良き意志を示し、それは人類に対する共感なのであると主張した。

この演説をきっかけに「アメリカ・ファースト」は戦争をめぐる論争だけでなく、地域や主義主張を問わずいろいろなレベルで登場するようになる。中でもそれは移民に関する議論で頻出した。二〇世紀初頭のアメリカでは、南東欧を中心とした移民の流入を規制する議論が沸騰し、連邦議会は頻繁に移民法を強化していた。それ以前に太平洋を越えてサンフランシスコなどから入国するようになっていた中国人移民に対しては、アイルランド系労働者を中心とする暴力的排斥運動が拡がり、カリフォルニア州などで中国人移民に対する様々な差別法が成立していた。その排斥感情は連邦レベルにも達し、一八八二年には連邦議会で中国人移民禁止法が成立、アメリカ国内に入国していた中国人移民については帰化不能外国人と規定して「アメリカ人」になることが「不可能」な集団と位置付けた。

中国人や日本人などアジア系移民が「アメリカ人になる資質を欠いた、決してアメリカ人になることができない帰化不能外国人」として法的にも社会的にも認知されていたのに対し、南東欧出身の新移民に向けられるアメリカ社会の感情は同一ではなかった。もちろん新移民にもリンチなど剥き出しの暴力がふるわれる場合もあった。しかし、それ以上にアメリカの主流社会がこの集団に向けたのは、異なる言語や宗教、風習など「アメリカ的でない」資質への懐疑であり、母国やローマ法王などとの関係を重視してアメリカへの忠誠心を欠いているという疑惑であった。こうした疑いは暴力的な空気を常に背景に保ちながら、この集団が持つ非アメリカ的要素を薄め、主流社会に適応した「アメリカ人」のように仕立てようとするアメリカ化運動へつながった。

その意図は「一〇〇パーセントアメリカニズム」というスローガンに込められた。これを標榜するアメリカ化運動は、「アメリカ・ファースト」と親和性をもって強く結びつくようになった。一二八人のアメリカ人を含む一一九八人の死者を出した一九一五年五月のルシタニア号沈没事件や、アメリカ参戦の折には米墨戦争で失われた領土の回復に協力するという一九一七年一月のメキシコに対する秘密交渉など、ドイツ側の行為が明らかになると、アメリカは急速に参戦に傾き、一〇〇パーセントの忠誠が疑われるハイフン付きの〇〇系アメリカ人を見る眼は一層厳しさを増し、両スローガンの結合を促したのである。

参戦しないことがアメリカの追求すべき善であり国益にかなうとして「国民的団結」を訴えるウィルソンは、新移民を不安定要素と見なし、それを「アメリカ・ファースト」とリンクさせてアピールした。一九一五年一〇月一一日、「アメリカ革命の娘たち」の年次大会でウィルソンが行った演説がその典型である。この戦争に参加しないのは、アメリカが常にヨーロッパのもめごとに関わらないということでなく、今回参戦することがアメリカの求める理想や価値にそぐわないからだとするウィルソンは、そのアメリカが慈しんできた価値を十分に理解していない人々がいる、と疑念を呈した。そして、アメリカの最善の価値の中には外国由来のものもあり、アメリカの最も優れた人物の中には帰化した者もおり、多くの外国生まれの人たちはそのアメリカの価値を求めてここに来たのだから、外国生まれの市民に対して、忠誠度をはかるべく「アメリカ・ファースト」というテストを課すことに何ら躊躇するものではない、と宣言した。

「早急に国民が一列に並ぶ機会を作る必要があり、他国のことを第一に考えるような人々を列に並ばせねばなりません……最後まで、いついかなる時もアメリカ・ファーストという人とともに」というウィルソンは、忠誠心が疑われる移民に対しては「しつけ」が必要であるとし、その根拠をかつてプリンストン大学の学長を務めていた自身の経験に求めた。当時ウィルソンは、白人男子学生の伝統である二年生による新入生に対する「しごき」に反対を唱えていた。その理由は二年生の判断力が幼く、十分でないからというものであった。しかし、「我々は大学の新入生ではない」とウィルソンは言う。アメリカの価値を理解している「我々アメリカ市民」は、これまでその判断力を幾多の試練を経て磨き上げてきたのであり、そうして身につけた判断力によって同胞を規律化し、鍛えてきたのであって、今やそれをアメリカ人であることが根幹に据えられていない人々すべてに行われる時である――これがウィルソンの導き出した結論であった。

こうして「アメリカ・ファースト」はアメリカへの忠誠心の度合いを測る物差しとなり、ウィルソンは各地の選挙キャンペーンでこの論法を展開した。大量移民を抱えながらヨーロッパでの戦争に対応するアメリカ社会は、ハイフン付きアメリカ人に対する疑心暗鬼と同化圧力をより強めていったのである。

◉「愛国主義者」の「アメリカ・ファースト」

一九一六年の大統領選挙でウィルソンと争った共和党陣営もまた、「アメリカ・ファースト」を重用した。元ニューヨーク州知事で連邦最高裁判所の現役判事として史上初めて大統領候補となったチャールズ・エヴァンズ・ヒューズは、最初の選挙キャンペーンの演説の中で「外国人のアメリカ化というトレーニングは我々の義務」と位置づけ、言語の理解と使用だけでなく、感情や思想の「取り換え」を通じて「アメリカが至上のもの」という考えに至らせることを公約にした。そして「この国に住むすべての人が心の中にアメリカ・ファーストを抱くようにしたいのです」と訴えた。

アメリカが追求する普遍的善のため戦争に関わらないという民主党の参戦反対論とは異なり、いかなるヨーロッパのもめごとにも距離を置くとする共和党の孤立主義的外交政策に忠実であったヒューズの参戦反対論は、やはり「アメリカ・ファースト」というスローガンを使って展開された。抽象的価値や理想を根拠にするウィルソンとは対照的に、ヒューズは戦争に対する必要な準備は進めるとしつつも、貿易面や外交面から見て戦争に参加しないことがアメリカの利益につながるという自らの主張は具体的で、説得力を持つとした。このような主張は母国への思い入れを持つ者が少なからず存在するドイツ系アメリカ人の支持を集め、選挙戦略上、ドイツ系の人口が集中するウィスコンシンやイリノイ、オハイオの三州では特にその対応が重要となった。それにもかかわらず、ヒューズはドイツにかかわりのある住民が半分以上とされるウィスコンシン州ミルウォーキーでのキャンペーンでも、あえて「アメリカニズム」を前面に出し、ドイツ系アメリカ人という言葉の使用を控えた。それどころか、ドイツ系アメリカ人との間に密な関係があるという批判を意識していたヒューズは、「何人も私のアメリカニズムを揺るがすことは出来ません。私はこの人、あの人の味方でなく、最初から最後まで、いつでも躊躇なくアメリカ・ファーストなのです」と声高にアピールし、自分はウィルソン以上にアメリカ人としてアメリカの利益に忠実であることを訴えた。

こうしたヒューズの態度を強力に後押ししたのは元大統領のセオドア・ローズヴェルトであった。大統領選挙においてヒューズのサポートを宣言したローズヴェルトは、選挙キャンペーンの中で両候補以上に鮮明なアメリカニズムを打ち出していた。特に選挙戦終盤の一〇月二六日、一万七〇〇〇人の女性を前にしたシカゴでの演説はより露骨であった（イリノイ州は憲法修正第一九条の成立に先駆けて大統領選挙での女性の投票を認めていた）。ローズヴェルトは自らの大統領任期中にアメリカ軍は一発の銃弾も外敵に撃っておらず、外国の軍隊やその使者に一人のアメリカ人女性・子供も殺されていないと誇る一方で、非戦論を唱えるウィルソンは今もアメリカ軍をメキシコ革命の干渉戦争に派遣しており、その結果アメリカ人の死者はメキシコを遥かに上回る五〇〇人も出ていると非難した。さらに、大勢の聴衆の前で躊躇なく焼け焦げた死体などの残酷な写真をかざし、「これがウィルソンの言っている平和とかいう代物です」と攻撃した。

ここまでは政敵に対する論難だったが、そこからローズヴェルトは聴衆に強い危機感を煽った。それは「ハイフン問題」と称される外国生まれの移民についてであり、攻撃の矛先はまずドイツ系アメリカ人に向けられた。ローズヴェルトは人種のラインを市民の間に引いて分断を企てることは共和国に対する道徳的裏切りという犯罪であり、そうした策動が一部のプロフェッショナルなドイツ系アメリカ人によって行われていると断じた。しかし、ローズヴェルトの排外主義攻撃はここで収まらなかった。

外国政府を支持しようがしまいが、イギリス系アメリカ人・フランス系アメリカ人・アイルランド系アメリカ人といったような形で我々アメリカ市民を組織することに対し、私は断固これを非難します。半分の忠誠心のみでこの国を維持していこうというのは実際には敵対です。この国において異なる国籍をずっと保持し続けていく余地は全くありません。

シカゴに先立ってイリノイ州スターリングで演説を行ったローズヴェルトは、そこでも以下のように述べていた。

我々は半々のアメリカ人を求めていません。我々が必要なのは一〇〇パーセントの愛国主義です。このような特別な訴えをリンカンの故郷であるイリノイでしなければならないのは苦痛です。しかし、アメリカに全面的忠誠を誓うことができない人々がヨーロッパへ帰るというなら、我々アメリカ人にとって好都合な時が来たということなのです。

オブラートに包むことなくハイフン付きアメリカ人の忠誠心を疑って止まないローズヴェルトの態度は、ドイツ系の票を取り込みたい共和党陣営を委縮させ、シカゴ遊説に向けて列車で移動中のローズヴェルトの下へ馳せ参じ、適度なトーンに止めるよう説得を試みるほどであった。しかし、ローズヴェルトは逆に反発してこれを拒否し、発言を制限するなら支援活動から下りると凄んだ。

ローズヴェルトの態度は、当時のアメリカ社会の空気を十分反映していた。そもそもローズヴェルトに自制を求めた共和党の選挙スローガンは「アメリカ・ファースト、アメリカ・エフィシェンシー（アメリカ第一、効率よきアメリカを）」であり、程度の差はあれ移民のアメリカ化を選挙戦略に取り入れる点では一致していた。また、それはあまねく拡がっていた外国生まれの人々への疑念に取りつかれた世論との呼応関係から導かれたものでもあった。全米中の新聞や映画会社を買収し、メディア王の地位を築いていたウィリアム・ランドルフ・ハーストはヒューズへの支持を喧伝しつつ、各地のハースト系新聞の見出しに「アメリカ・ファースト」を繰り返し登場させていた。サンフランシスコ・クロニクル紙は、一九一八年から一九二〇年までトップページ最上部に「この新聞は一〇〇パーセントアメリカニズムです」とのモットーを掲げ続けた。

「アメリカ・ファースト」は移民の急増に対するアメリカ生まれの白人の不安を汲むものであり、戦争に直面したことでより切迫感を強め、党派を問わず「アメリカ人」を結集させるためのスローガンとなった。忠誠心が疑わしい外国生まれの移民に「テスト」や「トレーニング」を課すという居丈高なスタンスは、外国生まれの移民のアメリカ化運動への積極的参加を加速させるとともに、「アメリカ・ファースト」と「一〇〇パーセントアメリカニズム」を結び付け、これらが至るところで跋扈することによって、不気味な排外主義がアメリカ社会全体を覆っていったのである。

◉ナチス・ドイツの台頭とアメリカにおける反ユダヤ主義の高まり

第一次世界大戦終了後も「アメリカ・ファースト」は引き続きアメリカ化運動の主要なスローガンであった。大恐慌期にはニューディールの是非をめぐる論争でこのスローガンがしきりに飛び交った。だが、より深刻な状況で「アメリカ・ファースト」が人々の前に姿を現したのは二度目の世界戦争が色濃くなった時であった。その様相を見る前に、ここではまず、ナチスの台頭に揺れるアメリカ社会を確認する。

一九三三年にドイツでアドルフ・ヒトラーが首相に任命されると、早くもダッハウに強制収容所がつくられ、ドイツ全土で反ユダヤ主義を前面に掲げる恐ろしい迫害が始まっていった。ナチスはゲルマン民族の優秀性を強調する一方で、ユダヤ人は人種を劣化させる「有害な人種」にほかならず、徹底排除が必要だとして剥き出しの排外主義を煽り続けた。そして国内の政敵を次々に逮捕して強制収容所送りにするなど反対勢力の一掃を進めた。ナチスが先の大戦による失地の回復にとどまらず、ヨーロッパ全土の支配を企図した戦争を準備していることは明らかであった。

アメリカでは刻々と差し迫る戦争の危機にどう対応すべきかという議論が日に日に高まった。その中でナチスの主張に同調し、ドイツとの戦争を避けるべきとする運動が方々で展開されるようになった。最も早い時期から親ドイツ活動を行っていたのは「新しいドイツの友人」である。ドイツ系移民四人が一九二四年に結成した「ゲルマン自由協会」に始まるこの運動は、ドイツ系住民が多いシカゴに本部を置いてミルウォーキー、セントルイス、ニューヨーク、デトロイトなどにも組織を拡大した。その後いくつかの名称変更を経て一九三三年に「新しいドイツの友人」へと至り、ナチスへの支援金を集めつつ、ドイツ商品のボイコットを呼びかけるユダヤ系をドイツ語新聞で攻撃した。組織のメンバーにはイベントの際に男女ともナチスに擬せた制服の着用を求め、ナチス式敬礼などのデモンストレーションを繰り返した。

反ユダヤ主義に彩られたナチス礼賛活動に対しては、リトアニア出身のユダヤ移民でニューヨーク市選出の連邦下院議員であるサミュエル・ディクスタインが監視の動きを強めた。下院の移民・帰化委員会の委員長を務めていたディクスタインは一九三四年一月に議会へ決議案を出し、親ナチス活動を強力に規制する新委員会の設立を求めた。その結果三月に「親ナチス活動その他のプロパガンダ活動を調査するための特別非米活動委員会」が組織され、同委員会は「新しいドイツの友人」などの親ナチス団体幹部を召喚し、厳しく取り締まる姿勢を示した。議会の介入やドイツ本国の冷淡な対応もあって「新しいドイツの友人」は一九三六年には瓦解していった。

しかし、同年それを引き継ぐ親ナチス団体が現れた。ドイツ生まれのフリッツ・クーンを指導者とする「ドイツ系アメリカ人協会」である。ニューヨーク市マンハッタンに本部を置く協会は中西部や西海岸にも組織を拡げ、ピーク時には二万人を超える会員を有した。クーンは一九三六年に開催されたベルリン五輪を訪問し、その足でヒトラーと会う機会を得て握手を交わし写真撮影を行った。またナチス幹部のヘルマン・ゲーリングや宣伝相ヨゼフ・ゲッペルスとも単独で会見する成果を得た。これらの会見は五輪時に訪れていた大勢のゲストとの予定の一つにすぎず、ヒトラーはクーンと握手した際「帰国後もしっかり仕事をしてください」と陳腐なコメントを発したに過ぎなかった。しかし、帰国したクーンは自分がヒトラーから公の信頼を得たと吹聴し始めた。

ドイツ本国はクーンの主張をすぐに否定したものの、ヒトラーと握手した写真の効果は大きく、協会への警戒心は一層強まった。非米活動委員会は圧力をかけ続けていたが、協会の活動が違法とまでは言えず、有効な打撃を与えられずにいた。会員の入会審査が緩慢な協会は組織内に捜査当局の内偵者を抱えており、結局そこからもたらされた情報でクーンによる組織財政の横領が発覚し、それを機に協会は崩壊した。しかし、協会の親ナチス活動は大衆性も帯びていた。特にナチスを模して設けられていた青年部門のプログラムである夏休みのキャンプには多くの子供たちが参加し、ナチス式の軍事訓練や座学を受けていた。推計では二四カ所で行われた一九三七年のキャンプの各々に平均三〇〇人の子供たちが参加し、総数は七二〇〇人に達した。このキャンプに子どもたちを送る家族や周囲の大人も含めれば、アメリカ社会におけるナチス賛同者の数は決して侮れなかったのである。

◉アメリカ・ファースト委員会——人種差別に群がる人々

アメリカ国内で親ナチス活動を展開した団体や個人の中で最も社会の注目を集めたのは「アメリカ・ファースト委員会」（以下AF委員会）である。AF委員会はもともと一九四〇年春に孤立主義的なアメリカ外交を志向するイェール大学の学生によって設立され、その主張は、ローズヴェルト政権はヒトラーとの交渉促進によって平和を追求すべきなのに、それをせずに戦争に突き進んでいるというものであった。イェール大生のメンバーには後に大統領となるジェラルド・フォード、同大の学長に就任しカーター政権でイギリス大使を務めたキングマン・ブルースターや最高裁判事に就任するポッター・スチュアート、ケネディ及びジョンソン政権で要職を務めるサージェント・シュライヴァーらを含んでいた。そのケネディも「あなた方の活動は本当に力強い」との言葉を添えて一〇〇ドルを寄付するなど、委員会の活動をサポートした。発足当初のAF委員会はディアボーン・インディペンデント紙の発行を通じて反ユダヤ主義を鮮明にしていたヘンリー・フォードを執行委員会から除外するなど、参戦反対が人種偏見に基づいたものでないことに注意を払っていた（ただし、フォードは委員会に対しあらゆる協力を惜しまないと表明していた）。およそ八〇万人もの会員を擁し、シアーズ・ローバックやシカゴ・トリビューンなど大手企業・メディアからも莫大な寄付を得ていたAF委員会は、内部に社会主義者も含むなど、参戦反対を一致点に様々な層を集めていた。

しかし、いくばくもしないうちにその活動から反ユダヤ主義が滲み出た。AF委員会の規則では簡単な文書を作成して本部に送付するだけで支部を設立できるため、親ナチス団体メンバーはこれを利用して結集をはかった。シカゴに本部を構え、会員の三分の二はシカゴから三〇〇マイル以内に住んでいるというイギリス情報部の分析からも分かるように、そもそも組織のベースはドイツ系アメリカ人の多い地域にあり、反ユダヤ主義の素地は最初から存在していた。

AF委員会の反ユダヤ主義は、組織の活動にチャールズ・リンドバーグが深く関与し始めるとますますあらわになった。セントルイス号による大西洋単独横断飛行を成し遂げたリンドバーグは、その控えめなキャラクターもあって、絶大な人気を博する「アメリカの英雄」であった。リンドバーグは一九三二年に一歳八カ月の長男を誘拐・殺害された不幸な事件の後、一九三五年一二月に家族とヨーロッパへ渡り、イギリスやフランスに居を構えて暮らしていた。一九三六年にベルリンのアメリカ大使館から急速に発展するナチス・ドイツの航空産業についての情報収集を依頼されたリンドバーグは、隅々まで工場を視察し、技術水準の高さに強い衝撃を受けた。以来何度もドイツを訪問し、一九三八年には空軍大臣ゲーリングとの会食で「鷲十字章」を授与されるなど熱烈な歓迎を受けた（この勲章はフォードやIBM会長のトマス・ワトソンも授与されている）。

一九三九年に帰国したリンドバーグは早速参戦反対の論陣に加わり、一九四〇年一〇月にイェール大学で行われたAF委員会主催の集会で演説を行うと、その後一九四一年四月に委員会の正式なスポークスマンに就任するまで一三回もAF委員会の集会で演壇に立った。リンドバーグはドイツ訪問で目の当たりにした強大な軍事力や（参戦すればアメリカ人に大量の戦死者が出るという懸念）、イギリスを念頭に武器貸与法案を推進する民主党フランクリン・ローズヴェルト政権の「好戦性」を指摘し参戦反対を主張した。リンドバーグの批判に憤ったローズヴェルトは、リンドバーグこそ南軍に協力した北部の裏切者であり、ジョージ・ワシントンの革命軍にいた敗北主義者そのものだと切り捨てた。

だが、リンドバーグの主張は共和党の孤立主義志向というより、明らかに強烈な反ユダヤ主義に依拠していた。一九四一年九月一一日にアイオワ州デモインで行った演説で「誰が戦争を煽動しているのか」と問うたリンドバーグは、それはローズヴェルト政権、イギリス人種、ユダヤ人種であると特定し、「もしアメリカが戦争に突入するなら、その恩恵を真っ先に感じるのはユダヤ人でしょう」と断じた。この演説は広い層からの批判を誘発したが、リンドバーグは意に介さなかった。リンドバーグは将来に本を出版するため日々の想いを記録していたが、デモイン演説の二週間前には「いかなる虐殺もこれを避けることは必須である〔筆者注：ユダヤ人に対してのこと〕。他方でわが国を戦争へ引きずり込もうとしているユダヤ人の策動と戦うことも必須である。彼らの影響力は巧妙で危険であり、暴露することは非常に難しい」と綴り、続けて「人種としてのユダヤ人は一様にトラブルを引き起こす。唯一の解決法はユダヤ人問題と彼らの戦争策動について率直かつオープンに議論すること」と記していた。ここにはリンドバーグが強烈な人種偏見の持ち主であることが明確に表れていた。実際リンドバーグは様々な機会に白人種の優越性を語っては記す、優生思想の信奉者であった。

デモイン演説から三カ月もしないうちに日本軍の真珠湾攻撃が発生すると、参戦反対論は瓦解し、デモイン演説に対する世論の反発から立ち直れずにいたＡＦ委員会は真珠湾攻撃直後の一二月一〇日に解散する。ここまで見るとＡＦ委員会は親ナチ活動を展開するドイツ系アメリカ人と優生思想に囚われた「空の英雄」リンドバーグによる一部の反ユダヤ主義者集団に見えるかもしれない。だが、決してそうではない。ＡＦ委員会の活動には連邦議員、大企業家、大学知識人やメディア関係者などが常に関与し、ＡＦ委員会と連携する非会員組織が数多く存在した。ＡＦ委員会は反ローズヴェルト政権と反共産主義も大きな特徴としており、労働者の様々な権利を認め、社会保障の整備を進めたローズヴェルトのニューディール政策を嫌悪する多くの資本家がＡＦ委員会に群がっていたのである。

◉おわりに

「アメリカ・ファースト」は人種主義的言説の「熱病」であり、ある特定の歴史的状況の中で生まれる。二つの事例は、大量移民や大恐慌による失業、激化する労働運動、戦争など社会全体を揺るがす大変動の渦中にあった。日常生活が「脅威」に晒され、秩序が大きく変わる現実を目の当たりにしたとき、動揺する人々は排外的な人種主義言説である「アメリカ・ファースト」に呼応し、自らこそが多数派の「アメリカ人」であることを争ったのである。

さらに言えば、ＡＦ委員会の標的になったユダヤ人の下には黒人や先住民、最初から「アメリカ人」

の範疇にないアジア系が存在していた。こうした人々は、第一次世界大戦後いっそう活発化したアメリカ化運動の対象にすらならず、第二次世界大戦前の反ユダヤ主義に反発した世論も、その下にいる人々は視界に入っていなかった。開戦と日系人強制収容を決断したローズヴェルトの背景にあったアメリカ社会の激烈な反日本人感情はその延長線上の産物として捉えることができるのである。

二一世紀に入っても「アメリカ・ファースト」が跋扈している。歴史上いたるところに現れるこの便利なスローガンをトランプが巧妙に利用し、白人労働者からの圧倒的支持を引き出したことを考えれば、アメリカ社会は未だ人種主義の陥穽にとらわれ、危うい方向へ進む可能性を有し続けている。

翻って、日本はどうか。ここで冒頭の問い——誰がどのような情勢で「ファースト」を用いているのか——を思い返してみたい。「都民ファーストの会」の創設者で現特別顧問の小池百合子東京都知事は、九月一日「防災の日」における朝鮮人犠牲者追悼行事に哀悼の意を表する知事名の手紙送付を就任二年目の二〇一七年以降中止している。「防災の日」が九月一日であるのは、一九二三年のこの日に関東一円を襲った大震災で、一〇万五〇〇〇人以上の死者・行方不明者という未曽有の犠牲者が出たことを記憶するためである。その中には六〇〇〇人超とも言われる朝鮮人も含まれる。この人たちは震災時、「朝鮮人が井戸に毒を入れている」「放火している」など、混乱の中で広がったデマに煽られた日本人に殺された。中止の理由について知事は「震災の犠牲者全てを対象とする法要で哀悼の意を示している」としつつ、虐殺について問われると「いろいろな見方がある」とその事実を曖昧化する発言を続けている。内閣府が設置している中央防災会議専門部会の報告書でも虐殺事件を歴史的事実として取り上げているのに、である。

この災害で亡くなった犠牲者すべてが慰霊対象として「ファースト」なはずである。まして朝鮮人は虐殺という明らかな人災で亡くなっており、政府の報告書すら認める事実を曖昧にする態度は、あたかも犠牲者に朝鮮人は含まれないと言い放っているかの如くである。東京オリンピック開催時には盛んに「多様性」がアピールされたが、その中身はいったい何だろうか。二つの大戦時におけるアメリカの事例が示すように、「〇〇ファースト」は社会が大きな変化に晒されている最中で、人種主義を帯びて跋扈する。そしてその言説はマジョリティとしての特権が失われることに恐怖する人々と結びついて排外主義的熱病へ発展する。今後日本社会ではこうした事例は起こりえないと言い切れるだろうか。「〇〇ファースト」が跋扈するとき、誰が何のために使っているのか、冷静に見極めることが必要である。

◎読書案内

①Wayne Cole, *America First: The Battle Against Intervention, 1940-1941*（Madison: University of Wisconsin Press, 1953）.

②Wayne S. Cole, *Charles A. Lindbergh and the Battle Against Intervention*（Boston: Houghton Mifflin Harcourt, 1974）.

③Lynne Olson, *Those Angry Days: Roosevelt, Lindbergh, and America's Fight Over World War II, 1939-1941*（New York: Random House, 2013）.

④Susan Dunn, *1940: FDR, Willkie, Lindbergh, Hitler—the Election amid the Storm*（New Haven: Yale

University Press, 2003).

⑤ Sarah Churchwell, *Behold, America: A History of America First and the American Dream*（London, UK: Bloomsbury Publishing, 2008).

⑥ Bradley W. Hart, *Hitler's American Friends: The Third Reich's Supporters in the United States*（New York: Thomas Dunne Books, 2018).

⑦ Gary Gerstle, *American Crucible: Race and Nation in the Twentieth Century*（Princeton: Princeton University Press, 2001).

⑧ 姜徳相『関東大震災』中央公論新社、一九七四年。

⑨ 渡辺延志『関東大震災「虐殺否定」の真相――ハーバード大学教授の論拠を検証する』筑摩書房、二〇二一年。

⑩ 森島恒雄『魔女狩り』岩波書店、一九七〇年。

①②は同じ著者によるもの。①は組織としてのAF委員会、②は個人としてのリンドバーグに焦点を当てている。特に①は先行研究として必ず参照される作品。③④はリンドバークとローズヴェルトの攻防を中心に検討した代表作。⑤は「アメリカ・ファースト」という用語が様々な場面で使われてきた歴史を追い、その意味を検討するもの。⑥はAF委員会のほか、アメリカ国内で親ナチス活動を行った団体や個人を取り上げ、それぞれの動向を考察する。⑦は二〇世紀を通じてアメリカのナショナリズムがいかに人種と深く結びついて展開してきたかを検討する。⑧は関東大震災における朝鮮人虐殺についての古典かつ必読文献。「まえがき」でこうした仕事は本来日本人のものと述べる著者の

言葉は重い。⑨は関東大震災発生後の流言飛語を報じる新聞を分析し、そこから歴史的教訓を引き出すもの。⑩は時代こそ異なるものの、排外主義扇動の恐ろしさを十分伝える。

❖より深い理解のために――ディスカッションのポイント

(1) もしあなたが政治家で、選挙で勝利するために「○○ファースト」を使ったスローガンをつくる必要があるとすれば、どんなものが考えられるだろうか。各人のスローガンを比較しあって、その意義と問題点を検討してみよう。

(2) 身の回りの中で「○○ファースト」を使った表現を探してその由来などを調べてみよう。どういう状況で、誰が何のために使っているのか、それらの効果や問題点について話してみよう。

(3) 二〇一六年の大統領選挙でトランプ陣営が頻繁に用いた「アメリカ・ファースト」のロジックを調べ、それに対してどんな人が喝采、躊躇、批判したのかを見てみよう。また、それらの反応がアメリカ社会のどんな状況を反映しているのか、考えてみよう。

第七章

アジア系ヘイトの歴史と現在

――コロナ黄禍論とアジア系の体験から見るアメリカ社会――

和泉　真澄

2021 年 3 月にアトランタで起きたアジア系マッサージ店銃撃事件の後に地元の黒人とアジア系のアーティストによって描かれた壁画（撮影：Megan Varner, Getty Images）。

◉はじめに

二〇二〇年九月、国際連合の総会でドナルド・トランプ大統領が行なったオンライン演説は、世界を驚かせた。新型コロナウイルスによるパンデミックを収束させるには世界各国が利害を超えて団結しなければならないという決議が一六九か国の賛成によって成立し（反対はイスラエルとアメリカの二国のみ）、人類を共通に脅かすウイルスという課題に対する協力体制が呼びかけられるなか、アメリカ大統領の国連スピーチとしては例外的に短いわずか八分の演説は、「国際連合が設立されてから七五年。私たちは再び世界中を巻き込む戦いに挑んでいます。それは目に見えない敵『中国ウイルス』との戦いです」という言葉で始まった。トランプはスピーチの大半を使って、中国はウイルスを世界中に撒き散らしたのみならず、アメリカの中国からの入国禁止措置に抗議し、世界保健機構（WHO）と共にこのウイルスの危険性について虚偽の情報を流したことの責任を問われるべきだ、と非難した。さらに、中国は大量のプラスチックごみや水銀を海に垂れ流し、国内では人権を蹂躙しているとこき下ろした。この一方的な攻撃に対し、中国の習近平国家主席は「私たちはウイルスの政治化を避けて、共に困難と戦うために勇気と決意と共感を示さねばなりません」と静かに語り、イデオロギー的相違を超えて「皆が勝てる《ウィンウィン》協力体制を築きましょう」と世界に訴えた。「民主主義陣営を代表するはずのアメリカが、権威主義の中国のトップに世界のリーダーのお株を奪われた」と米国主要メディアCNNの記者が嘆くほど、トランプの演説はバランスを欠き、国際舞台に必要な礼儀にもとるものだと多くの人が受け止めた。

二〇一九年後半のアメリカでは大企業や富裕層に対する減税と環境規制の撤廃によって株価が上昇し、少なくとも数字上は好景気に湧いていた。トランプ大統領がウクライナのゼレンスキー大統領にバイデン前副大統領のスキャンダルを探すよう依頼したことについて、連邦議会では弾劾審議が取り沙汰されていたにもかかわらず、彼の支持率は四〇％の後半を捉えていた。現職大統領の強みと民主党大統領候補の混戦状況から見て、トランプの再選は堅いと見られていた。

コロナウイルスがアメリカ国内で流行し始めた二〇二〇年一月から五月にかけて、トランプ大統領の支持率は、彼としては最高潮の四九％まで上がっていた。通常、国家的危機の際に大統領の支持率は国民の八割以上と大きく上がるのが通例であるが、党派的性格の強いトランプへの支持が不支持を上回ることは、結局彼の任期中一度もなかった。が、コロナウイルスという誰にも共通の「見えない敵」への対処の仕方によっては、支持率が党派を超えて大きく上がった可能性もゼロではない。しかしここで自らの再選への近道を模索し、未曾有の疫学的危機のなか国民の分断を加速させた失政が、トランプの二期目への夢を打ち砕いた。

この章では、アメリカでコロナウイルスが大流行するなか急増したアジア系アメリカ人に対する憎悪犯罪《ヘイトクライム》について、歴史、文化、政治という三つの観点から解説する。人の移動は労働、情報、技術、物品だけでなく病原菌をも移動させ、それぞれの社会に大きな変化をもたらす。アメリカでコロナウイルスがアジア系アメリカ人と結びつけられたことには、ウイルスが中国で最初に感染拡大した事実だけではなく、アジア系の人々のアメリカへの移民の歴史が深く絡んでいる。またアジア系移民の歴史は移民問題だけでなく人種問題とも関わりを持ち、さらにジェンダーと人種が交差するインターセクショナルなステレオタイプという文化領域の現象とも結びついている。ここに二〇二〇年にトランプ政権が再選をかけた選挙の年を迎えたという偶然が重なり、アジア系アメリカ人に対する暴力が急増し、国民の社会生活にさらに大きな影を落としたのだ。コロナウイルス感染拡大をきっかけとした対アジア系ヘイトクライムは、「アメリカ人とは誰か？」「アメリカという国は誰が築いてきたのか？」、そして「アメリカはこれからどこへ向かうのか?」という大きな問いに関わる、さまざまな要素を考えさせてくれる。

◉新型コロナウイルス感染拡大とアジア系へのヘイトクライムの急増

アジア系アメリカ人は二〇二〇年の国勢調査で人口が二三〇〇万人、米国の全人口の約七%(黒人が一二%、ラテン系が一八%)を占める。しかし米国の人種集団のなかで人口増加の割合が最も高いため、今後大幅な人口増が見込まれている。アジア系のなかの民族別割合は、中国系が約二四%、インド系が二一%、フィリピン系が一九%、ベトナム系が一〇%、韓国系が九%、日系が七%、その他が一五%である。成人人口の七割以上が外国生まれなので移民世代が多いことは間違いないが、一九世紀に渡米した人の子孫にはすでに五、六世代アメリカに住んでいる市民も含まれる。アジア系アメリカ人と一言で呼んでいるが、一九世紀から二〇世紀前半に労働者としてやってきた東アジア系やフィリピン系の子孫、一九六〇年代以降にポイント制度を利用してやってきた高学歴技術移民、七〇年代から流入したベトナム、ラオス、カンボジア難民、二〇世紀末から二一世紀に多くなったハイテク移民など、出身国、言語、宗教、学歴や経済状況など多様な人々が含まれる。アジア系の年間世帯所得の中央値は八万五八〇〇ドル(約九三五万円)で、全アメリカ人の平均より四〇%近く高いため、比較的成功したマイノリティと考えられているが、年収や学歴は民族別に大きな差があるため、一概にアジア系が豊かであるとはいえない。アジア系アメリカ人は近年、連邦議会で有力議員を輩出しており、政治面でも存在感を増している。

そんなアジア系アメリカ人コミュニティ全体を巻き込む危機が訪れた。二〇一九年一二月に中国の武漢市で確認された新型コロナウイルスが瞬く間に世界中に広がり、翌年三月にはヨーロッパから入った型のウイルスがアメリカ北東部で大流行したのだ。ニューヨーク市では遺体の保管が通常の施設で間に合わず、冷却車があちこちの広場に連なって並ぶという恐ろしい光景が繰り広げられた。

感染拡大の直後から欧米でアジア系に対する差別や排除の態度が見られるようになり、ローマの国立音楽院ではアジア人学生がレッスンを拒否された。イタリアのレストランには「東洋人お断り」の張り紙が現れ、フランスやイギリスでは公共交通機関でアジア人が意図的に避けられた。アメリカでもレストランで食事中、あるいは公園で運動中のアジア系アメリカ人に対して、「アジアへ帰れ！」などの言葉が執拗に浴びせされる例が発生した。

この事態を受け、二〇二〇年三月一九日にサンフランシスコ州立大学のラッセル・ジャン教授を中心とした活動家たちが「ストップ・ＡＡＰＩヘイト（ＳＡＨ）」というウェブサイトを立ち上げた。暴言を吐かれたり、暴力にあったり、あるいはそんな事例を目撃した人々が通報し、情報共有するためのサイトで、現在では英語以外に一五のアジア言語で被害を報告できるようになっている。この他にもいろいろな団体や個人が呼びかけて、ヘイト暴力に対処するためのトレーニング・ワークショップやアジア系アメリカ人史のオンラインセミナーなどが開催され、危機感が共有されるようになった。ニューヨークやサンフランシスコのチャイナタウンでは、特に高齢者に対する暴力を予防するために地域ボランティアがパトロールを始めた。

ＳＡＨはアジア系アメリカ人に対するヘイトクライムの数や傾向を分析し、二〇二一年三月と六月に報告書を発表した。六月の報告書によると、二〇年三月一九日から翌年の三月三一日までにＳＡＨに報告されたヘイトクライムの数は六六〇三件で、その三分の二は女性を被害者としていた。暴力の種類と内訳では、言葉による暴力が六三・七％、故意の疎外が一六・五％、身体的暴力が一三・七％、近くでわざと咳をされる、唾を吐きかけられるなどの被害が八・五％、職場での差別や乗り物の乗車拒否などが一一・〇%、オンライン上のハラスメントが七・三%となっている。さらに二〇二一年四月から六月までの三ヶ月間でも二四七八件の被害が報告された。二〇二一年には、前年と比較して身体的暴力が全体の一〇・八%から一六・六%に、破壊行為（落書きや自動車を壊されるなど）も二・六%から四・九%に増えるなど、被害が深刻化していることが伺える。

言葉による暴力は、極めて暴力的、執拗あるいは悪質でない限り法律上はヘイトクライムには分類されないが、被害者には大きな心理的ダメージやトラウマとなる。また、身体的暴力としては、通行人からシャツの背中にライターで火をつけられる、石などの硬いものを詰めた靴下で顔を突然殴られる、ナイフで顔を真一文字に切られるといった深刻な事例も発生しており、歩行中に突然突き飛ばされ、頭を打って高齢者が死亡する事件も起きた。二〇年九月にニューヨークで日本人ジャズピアニストの海野雅威《うんのただたか》氏が黒人の若者集団から殴る蹴るの暴行を受け大怪我をしたことは、日本でも大きく報道された。コロナ報道全体を通じて、日本のメディアでは、ニューヨークや西海岸の大都市で起きた加害者が黒人のケースに注目が集まったが、黒人が加害者となるケースをよく目にするのは、コロナによる死者数や経済的損失が人口比に比べて人種的・階級的マイノリティ・コミュニティで特に大きく、彼らにより強いストレスをかけたこと、アジア系と黒人の集住地域が隣接している大都市での犯罪の瞬間のビデオが撮られやすいこと、そして黒人が犯人である事件の方がＳＮＳでリツイートされて話題になりやすいことなどが、その要因として考えられる。

アジア系への暴力はアジア系コミュニティでは深刻な問題と受け止められていたが、これが国全体の意識にのぼるきっかけになったのは、二〇二一年三月にアトランタで起こった連続銃撃殺人事件である。三軒のアジア系マッサージ店が襲われ、八名の犠牲者のうち七名が女性で、そのうち店の客であったラテン系女性を除いた六名がアジア系女性であった。死亡したのは、マッサージ店のオーナーやセラピスト、炊事係の高齢女性らである。同日に二一歳の白人男性ロバート・アーロン・ロング容疑者が逮捕されたが、当初の発表で郡保安官が「自分はセックス依存症に苦しんでおり、誘惑を断ち切りたかった」と述べた容疑者の言い分を認めてヘイトクライムとしての捜査を否定しただけでなく、「その日は彼にとって非常にムシャクシャする一日だった」と説明したことに、アジア系の生命を軽んじているという怒りの声が多方面から挙がった。その後、この保安官が以前「コロナはチャイナ（Chy-na）からの輸入品」と書いたTシャツの写真をSNSに投稿していたことがわかり、捜査から外された。

アトランタの事件はアジア系ヘイトに関する議論を巻き起こし、バイデン大統領もヘイトクライムを非難する声明を出した。実は連邦議会では前年からアジア系議員を中心にヘイトクライムへの対応策が議論され、トランプ大統領や政権閣僚に「中国ウイルス」「武漢ウイルス」「カンフルー（カンフー風邪）」などの言葉の使用を止めるよう要請が出されたが、大統領は聞く耳を持たず、下院で九月にヘイトクライム対策法が可決されたときも、共和党が多数を占める上院は審議しなかったのだ。アトランタの事件を受けて法案は再浮上し、二一年四月に上院で「COVID‐19ヘイトクライム法」が九四対一で可決。下院でも五月に可決されて成立した。同法は、対アジア系ヘイトクライムの実態調査、通報窓口の設置、ヘイトクライムに関する警察への研修などに連邦予算をつけることを定めている。もちろん法律ができたら即ヘイトクライムが収まるわけではないが、政府がアジア系に対する暴力を深刻な社会問題と認定し、対策を定めたという点では意義深い変化だといえよう。

ヘイトクライムの急増は、アメリカ社会でコロナウイルスが人々に与えた恐怖心やストレスによって他者への憎悪が増幅されたことを示している。しかし、この憎悪がなぜアジア系に向けられるのか？

なぜ被害が急増してから一年以上が過ぎて、ようやく政府は対策の必要性を認めたのか？　暴力を喚起することが再三指摘されたにも関わらずトランプ政権はなぜ「中国ウイルス」と言い続けたのか？　これを理解するには、アメリカ社会におけるアジア系の位置づけを考えねばならない。そのために、次の節では、国を脅かす脅威として移民と感染症とアジアが一緒に連想されてきた、アメリカの移民史を概観してみよう。

◉「移民」「社会悪」「感染症」を結びつける植民地主義的連想と白人優越主義

海外旅行をしたことのある人ならば、帰国の際に「入国管理」と「検疫」を通ったことを覚えているだろう。空港には検疫所が設けられ、入国する人々は、発熱者を検知し、消毒薬入りのマットが床に敷かれた狭い空間を通らなければならない。航空機での旅行が一般化する前は、人々は船で大洋を渡り、港に設けられた移民局の検疫と入国審査を経て目的地の国土に足を踏み入れることを許された。

しかし、このような入国管理制度の歴史は意外と新しい。コロンブスがカリブ海の島に到達した時に移民局はなかったし、信教の自由を求めていたメイフラワー号の乗客はプリマスで暮らしていた先住民の同意を得て上陸したわけではない。一七八三年にイギリスがアメリカ合衆国の独立を承認した時、新たな国家の物理的な国境管理や防衛はなされなかった。では、アメリカの入国管理はいつ始まったのか？

合衆国独立後の一七九〇年、連邦議会は帰化法を成立させ、合衆国市民となれる人を合衆国領土に二年以上居住している「自由白人」と規定した。「自由」というのは奴隷にされていない人という意味である。当時アメリカに自由人としてやってくるのは、アングロサクソン系やオランダ系、フランス系、ドイツ系など、西ヨーロッパの人々が中心であった。一九世紀にもヨーロッパからの人口流入が続いたが、やってきた人々のなかには、都市の貧民層など、主流社会が国にとって望ましくないと考えた種類の人々も含まれていた。一八三〇年代、アイルライドがイギリスの圧政によって困窮を深め、同国からの移民が増えるようになった。一八四五年に起こったジャガイモの不作による大飢饉で死者は五〇万人を超え、さらに国外に出るアイルランド人が増加、その大半がアメリカに移住した。一九世紀末にはアメリカの工業発展に伴い、東欧や南欧から大量の移民が流入した。

初期の移民船は衛生環境や栄養状態が悪く、黄熱病、チフス、天然痘、赤痢、コレラなどの伝染病が頻繁に発生した。一八世紀末から一九世紀前半にかけて、多くの州では伝染病患者が入国して病気を広めないように、伝染病患者隔離法を成立させた。ニューヨーク州では港の周辺の小さな島に隔離施設を作ると同時に、港に検疫所を作り、入国する人々の名前、数、出生地、年齢などを記録するシステムを整備した。入国管理局は伝染病だけでなく、精神異常者、精神薄弱者、障害者、貧困者などもチェックし、入国するにふさわしい人間とそうでない人間の選別を組織的に行なうようになった。当初州レベルで行われていた入国管理は、南北戦争後に連邦政府に引き継がれ、入国管理局は移民政策の執行現場となった。

アメリカ東海岸は主としてヨーロッパからの移民が到着する場所であったが、一八三〇年代、四〇年代に合衆国の西部への拡張が進むと、南や西から入国する人々の管理も必要となった。現在のカリフォルニア州、アリゾナ州、ニューメキシコ州、テキサス州などを含む南西部は、一九世紀前半にはメキシコ領であったが、一八四八年に米墨戦争の結果、アメリカに併合された。翌一八四九年にカリフォルニアでゴールドラッシュが起こると、メキシコ系や先住民が暮らしていたこの地域に、他の人々に混じって中国人も多く流入するようになった。一九世紀後半に合衆国経済に本格的にこの地が組み込まれると、大陸横断鉄道の建設や炭鉱労働などのために中国人契約労働者（苦力《クーリー》）が安価な労働者として雇われるようになった。南北戦争中の一八六二年、連邦政府はアメリカ船やアメリカ人船員が中国から「苦力」を移送することを禁止する苦力貿易禁止法を成立させた。中国人が出国する際に「自由意志による渡米」である証明書の取得を義務付けたこの制度は、現在の「ビザ（査証）」の起源である。一八六九年の大陸横断鉄道完成後には、アジアから移民が押し寄せてきて国を乗っ取られるという論調をメディアが盛んに吹聴するようになった。排斥運動の高まりを受け、連邦議会は中国からの労働移民を禁止する中国人排斥法を一八八二年に成立させた。これが連邦による制限的移民法の最初のものである。人口の膨大なアジアが団結して西洋社会を征服するという恐怖心は、一九世紀末にはヨーロッパでも盛んになり、「黄禍論」と呼ばれるようになるが、アメリカではこの考え方が国際関係のみならず、移民排斥論に大きな影響を及ぼした。移民への恐怖は感染症への恐怖と容易に結びつけられ、一九〇〇年代初頭には、ホノルルで腺ペストが流行した際に感染者が出た家を焼却しようとして中華街が全焼した事件、サンフランシスコで腺ペスト患者が発見されたため、市が住民が外に出られないように中華街を封鎖する事件なども起こっている。

一八九一年の移民法では、入国する人々の人種、民族を細かく記録、報告することが義務付けられ、一九〇七年には移民帰化局が設置された。この年から一九二四年までの間に「アメリカ市民になるのに相応しい人種」と「相応しくない人種」を選別する合衆国の姿勢が精鋭化されていった。一九二四年は、直近の国勢調査ではなく、まだ西欧出身者が多かった一八九〇年の国勢調査から算出した出身国別人口割合をもとに移民数の国別割当数を定めたジョンソン＝リード法（排日移民法）が成立した年である。移民排斥者たちは、社会問題を引き起こす脅威となる人物の入国制限を大義名分に、感染症患者、精神薄弱者、貧困者の入国を禁じたほか、アメリカ社会に同化しにくいと考えられていた東欧や南欧系の人々の入国を減らすため、彼らがまだ少なかった時期の国勢調査をもとに各国への移民割当数を算出したのだ。そしてアジア人には国別割当枠自体を与えないことに決めたことが、この法律が排日移民法とも呼ばれる所以である。その後、人種に基づいた移民の選別は一九六五年のハート＝セラー法まで続くことになる。さらに一九二〇年代の一連の裁判でアジアからの移民は「帰化不能外国人」に分類され、市民権を得られないことが確定した。中国から来た移民がアメリカに帰化できるようになったのは一九四〇年代、日本人移民に帰化権が認められたのは一九五二年のことである。

合衆国の移民および入国管理政策を概観してわかるのは、感染症対策、貧民の管理、そしてアジア系移民の流入阻止が、アメリカの制限的移民政策の起源となったことである。アメリカは「白人・アングロサクソン・プロテスタント（ＷＡＳＰ）」が社会の中心的支配層であり、彼らから属性の遠い人（カトリックや非キリスト教徒、非白人）が排斥の対象となったという説明がしばしばなされる。しかし、より広い視野から見ると、移民蔑視あるいは排斥の対象となった人々がそもそもなぜ自国を離れたのかを考えねばならないだろう。アイルランド人はイギリスによる植民地支配を受けて貧困に陥り、ジャガイモ飢饉の際にも植民地支配者が適切な食料確保政策を怠ったために夥しい餓死者が出て、国外逃避を余儀なくされた。中国人移民の大部分を送出した南東部の沿岸地域は、一八四〇年代、アヘン戦争やそれに続く内乱によって政情が不安定となり、ヨーロッパ列強による半植民地化によって人々の生活が圧迫されたことがプッシュ要因となっている。

こうして見ると、アングロサクソン優越主義のなかで他者化された移民たちが、貧困、社会悪、異教、そして感染症の媒介者というネガティブなイメージを付与され、社会的に不利な立場に置かれながら低賃金労働者として合衆国経済を支えるに至った構造は、移民送出地で展開された植民地主義的抑圧と直接ならびに間接的な関係があることがわかる。建国当初に市民となれる人物を「自由白人」と規定したアメリカは、南部では奴隷化された黒人労働に支えられて綿花プランテーションを発展させ、西部の征服によって先住民やメキシコ系の人々に「政府に依存する遅れた民」または「不法移民」のレッテルを付与した上で、労働力不足を補うために移入されたアジア系の人々から帰化権を奪い「永遠の外国人」化した。アイルランド移民や東南欧移民を「白人」化して産業経済に統合しつつ、白人でない人々を条件の悪い環境で労働させてきた合衆国は、その歴史を通じて、市民権による保護の枠外で働く非白人労働者の搾取を織り込んで経済発展を遂げてきたのである。

コロナウイルス感染拡大で表面化したアジア系への憎悪。この現象は「移民」「社会悪」「感染症」の脅威を互いに結びつける発想がいまだにアメリカ社会で生きていることを示している。建国以来WASPを中心とした支配体制を正当化してきた植民地主義的連想と白人に有利な社会経済構造を正当化する白人優越主義思想の接点で展開されてきたアジア系排除の歴史が、パンデミック下で生じるアジア系への暴力の深層にはあるのだ。

◉アジア系アメリカ人のステレオタイプとインターセクショナリティ

第二次世界大戦期までのアジア系移民は、帰化権を奪われ、数々の差別や排除に苦しめられた。帰化権がないことは、投票権はもちろん、土地所有の権利制限などにもつながり、移民たちの生活基盤そのものが不安定だった。アジア系であるだけで生まれながらの市民権、公民権すら無意味になることは、第二次大戦中の日系アメリカ人の体験でも示された。アメリカ市民が四分の三以上を占めたにも関わらず、敵国日本に祖先を持つ一二万人が西海岸一〇〇マイル地域から立ち退きを命じられたのだ。彼らは内陸部の強制収容所に拘束され、やがて政府の許可を得て、次の定住場所へと移って行った。政府は戦後できるだけ日系人を西海岸に集住させないように、多くの若者を東部や中西部に移住させた。軍事的必要性を口実とした第二次大戦中の強制移動は、民族的つながりによって生活圏を築いていた日系人に対してアメリカ主流社会への統合を強制する分散政策でもあった。

一方で、戦争はアメリカの人種関係を大きく変化させた。ユダヤ人を中心とした六百万人の犠牲者を出したホロコーストは人種差別がもたらす悲劇の大きさを人類に見せつけた。また、冷戦がアメリカの人種差別や貧富の格差を社会主義国が外交的プロパガンダに利用する状況を作り出したため、アメリカは自らの差別問題に真剣に対処する必要に迫られた。一九五〇年代から六〇年代にかけて、公民権運動からブラックパワー運動へと発展した黒人の権利伸長運動はあらゆる差別に社会が取り組む起爆剤となり、その影響はアジア系アメリカ人運動（イエローパワー運動）を生み出した。その一方で、アジア系アメリカ人は差別にも関わらず自助努力で豊かさを築き、白人以上に成功した「モデルマイノリティ」だと持ち上げる論考が主流メディアに盛んに現れるようになった。アジア系が教育に熱心に投資し、遵法精神に富み、差別に直接抗議することなく黙って生活安定と社会的地位向上を達成したというイメージは、社会変革を求める他のマイノリティを批判する白人優越主義者にとって都合のいいものだった。

アジア系アメリカ人の戦後の地位向上は、アジア系に対する人種差別が緩和されたことと、アメリカで成功しやすい社会・文化資本を持った移民がアジアから新たに流入したこと、そして市民権を持つ世代がコミュニティの中心になったことによるもので、他のマイノリティよりアジア系が人種的・文化的に優れているということではない。しかし、「モデルマイノリティ」のステレオタイプは、そのような歪んだ認識を社会に広め、アジア系アメリカ人に他のマイノリティと一緒に差別と戦うことを思いとどまらせたり、他のマイノリティからの反感がアジア系に向けられたりすることで、社会全体として人種平等を達成するのを阻害する一面を持っている。

アジア系に関するステレオタイプはまた、アメリカとアジアの国際関係にも影響される。西部への領土的拡張を終えたアメリカは、一九世紀末には太平洋へと勢力を拡大した。ハワイ王国の併合とフィリピンの領有は、それぞれの島に先住していた人々の抵抗を抑え、無理やりアメリカに組み込む帝国主義的拡張であった。特にスペインから独立せんとしたフィリピンとの戦争は凄惨を極め、その時に現地人を指して使われた呼称が「グック（gook）」である。同じ呼称は一世紀半後のベトナム戦争でも敵である現地人を指す蔑称として使われた。太平洋戦争、朝鮮戦争、ベトナム戦争とアジアでの戦争を繰り返すなか培われた「グック」のイメージは「不意に襲ってくる狂信的で何を考えているかわからない敵」である。このアジア人のイメージは「大人しくて優秀なモデルマイノリティ」というアメリカ国内のアジア系のポジティブなイメージと表裏一体であり、アジアとの関係が緊張するたびに国内のアジア系アメリカ人に対する猜疑心も助長される構造は変わらない。一九八〇年代に日本との貿易摩擦が話題となった折、ミシガン州で中国系アメリカ人のヴィンセント・チンが日本人と間違われて自動車工場を解雇された白人労働者二人にバットで撲殺される事件が起こった。コロナウイルス感染拡大に伴うアジア系へイトにおいても、「国内の敵」「外から害毒を持ち込む永遠の外国人」「市民権を持ちながら故国に忠誠で、アメリカを裏切るスパイ」といった、文化領域で長年共有されてきたアジア系への潜在的な敵愾心が、彼らへの暴力を誘発したと言えるだろう。

アジアを描いた戯曲や映画の中に出てくるアメリカ人とアジア人の関係には、ジェンダー的特徴も見られる。古くはアメリカ人の軍人と日本の芸者の悲恋を描いた『蝶々夫人（*Madame Butterfly*）』に始まり、一九六〇年に公開された『スージー・ウォンの世界（*The World of Suzie Wong*）』、ベトナム戦争を舞台とした『ミス・サイゴン』や『フルメタル・ジャケット』など、アメリカ人とアジア人の出会いは白人男性とアジア人女性の非対称的権力関係のなかで描かれ、アジア系女性は白人男性に純粋な愛を捧げる売春婦の姿で登場する。アジア人男性は、女衒《ぜげん》か、白人男性を想い続ける女性に拒絶される悪役として描かれる。従順で体が小さく、白人男性に憧れ、アジア系男性を見下し、白人男性に捨てられた後も彼への愛を貫いて自殺するアジア人女性の姿が繰り返し大衆文化の中で描かれてきたことは、白人男性が白人女性と非白人女性の両方を自分のものにできるという、白人優越主義と男性優越主義を同時に満たすインターセクショナルな覇権的イデオロギーをアメリカの文化産業が継続して創出してきたことを物語る。

二〇一八年の大ヒット映画『クレイジー・リッチ！（*Crazy Rich Asians*）』はキャスト全員がアジア系で、カッコいい主人公が美しく聡明な女性と恋愛を成就する正統派ハリウッド映画として話題を集めた。これまでは一般的に想定される男性性を持ち合わせていないように描かれがちであったアジア系男性キャラクターであるが、二〇二一年にはマーベルがアジア系スーパーヒーロー『シャン・チー／テン・リングスの伝説』を映画化しており、またＫポップアイドルのＢＴＳはアメリカの若者にも絶大な人気を誇る。これまでアジア系男性のステレオタイプといえば、数字やメカに強く、身体的な強さや異性への魅力では白人に劣る「ナード《オタク》」であったことから考えると、新たなアジア系男性表象の出現は画期的なことだろう。しかし、コロナが誘発したアジア系ヘイトの被害者の六割以上が女性であることを考えると、まだまだ大人しく従順で、か弱いアジア系女性のステレオタイプが頑強に生きていると考えざるを得ない。このような偏見を撃破していくアジア系女性たちの活動には、今後も注目していく必要があろう。

◉おわりに――トランプ政権下のパンデミックとコロナ黄禍論

トランプ政権のコロナ対策に話を戻そう。トランプ政権にはトランプの再選が唯一の政治目標であるという特徴があった。しかも、再選戦略はトランプへの支持を広げることではなく、ベースとなる支持者を頑強に固め、政敵を手段を選ばず攻撃するという極端に党派的なものだった。コロナ対策責任者となったトランプの娘婿ジャレッド・クシュナーは、当初ウイルスの広がりが民主党を首長とする州で起こったため、故意に感染対策を遅らせた。その後トランプは感染症専門家のアドバイスを無視し、コロナは「ただの風邪」で、短期間で自然に治まると主張し、厳しい感染予防策を実施する民主党の州知事らを激しく非難した。

トランプ大統領がコロナに関して繰り返したもう一つの主張が、ウイルスが中国による故意のアメリカへの攻撃だというものであった。トランプはアメリカ社会に潜在するアジア系への猜疑心を巧みに煽りつつ、政権のコロナ対策の遅れに対する国民の批判をかわそうとした。トランプにとってウイルスと中国を結びつけることのさらなるメリットは、米中関係の緊迫をことさら強調することで、自分を中国の脅威からアメリカを守るリーダーと位置づけられることだった。そして、政敵であるバイデンが「親中国である」という虚偽の情報を流し続けることで、自らへの支持率アップを図った。トランプが直接国内のアジア系を敵視する発言をしたわけではないが、「中国ウイルス」「カンフルー」とあらゆる機会に繰り返したことは、トランプ支持者に限らず、アメリカ国内で対アジア系ヘイトを煽るのに十分な効果があった。

トランプがコロナウイルスを政治的党派性と結びつけたことは、外出制限、店舗の営業時間短縮、集会の自粛、マスク、ワクチンなどの感染予防対策に対する態度に、人々の支持政党が影響を及ぼす事態を生み出した。本来なら国民が一致して収束へと努力することが感染症対策に最も効果的なのは自明であり、政権がコロナを真剣に受け止めて科学的合理的な対処を取っていれば、犠牲者の数を抑え、早期収束を果たして、経済的ダメージを最小限にすることで、再選への道を確実なものにできたかもしれない。感染症から国民の命を守ることよりも、中国敵視の感情を自国民に煽ることの政治的メリットを優先したトランプは、大統領職を退いた後もさらなる分断路線を突き進んでいる。

退任後もトランプが影響力を持ち続けている現在のアメリカの政治状況が、民主主義を崩壊させるかどうかは予断を許さないが、パンデミックがトランプ政権下で起こったことが、対アジア系ヘイトクライムというパンデミックの副産物に対しても有効な政治的対処を阻害したことは否めない。バイデン政権になってもコロナ収束がいつになるかはわからないが、二〇二〇年のアメリカ国民は、コロナウイルスとの戦いに挑むと同時に、ブラック・ライブズ・マター運動などを通じて自国の社会状況の改善に取り組む活動を展開し、その中で多くのアジア系アメリカ人も黒人への暴力に対する抗議に参加した。対アジア系ヘイトに関しても、多くの若者が支援や連帯の活動を人種を超えて展開しており、パンデミックをきっかけに、アメリカ社会を変えていくような新たな繋がりが今後築かれていくことが望まれる。

一方、日本では、一般にアジア系ヘイトに関する関心は高かったものの、中国人と間違えて日本人が襲撃されることへの違和感が表明されたり、トランプ大統領の「中国ウイルス」に呼応するかのような「武漢肺炎」といった表記がＳＮＳで多く見られたことも事実である。このような行動は、ヘイトそのものを問題視する態度と言えないばかりか、グローバルな文脈で日本人がアジア人と認識されていることに多くの日本人が気がついていないことを示しているのかもしれない。アジア系ヘイトはヘイトの一部であり、世界からヘイトそのものを減らす努力をしなければ、自分の身を危険に晒すことになることを自覚することから、国際感覚を磨く第一歩が始まると言えるだろう。

◎読書案内

①山本紀夫『コロンブスの不平等交換——作物・奴隷・疾病の世界史』角川選書、二〇一七年。

②加藤洋子『「人の移動」のアメリカ史——移動規制から読み解く国家基盤の形成と変容』彩流社、二〇一四年。

③メイ・M・ナイ著、小田悠生訳『「移民の国」アメリカの境界——歴史のなかのシティズンシップ・人種・ナショナリズム』白水社、二〇二一年。

④貴堂嘉之『移民国家アメリカの歴史』岩波新書、二〇一八年。

⑤ロバート・G・リー著、貴堂嘉之訳『オリエンタルズ——大衆文化のなかのアジア系アメリカ人』岩波書店、二〇〇七年。

⑥廣部泉『黄禍論——百年の系譜』講談社選書メチエ、二〇二〇年。

⑦和泉真澄「アジア系アメリカ人とBLM運動」『現代思想』二〇二〇年一〇月臨時増刊号（総特集＝ブラック・ライヴズ・マター）、二九九–三〇六頁。

⑧ 和泉真澄『日系アメリカ人強制収容と緊急拘禁法――人種・治安・自由をめぐる記憶と葛藤』明石書店、二〇〇九年。
⑨ Celine Parreñas Shimizu, *The Hypersexuality of Race: Performing Asian/American Women on Screen and Scene*, Durham: Duke University Press, 2007.

①は西洋人のアメリカ大陸到達後の「コロンブスの交換」が西洋人に有利、先住民には壊滅的な不平等交換だったことを指摘する人類学的考察。②はアメリカの移民規制の歴史を概観する。③はアジア系排斥の過程がアメリカの人種ヒエラルキーを形成していった歴史を詳細な事例で説明している。④はアジア系移民の歴史からアメリカ社会経済の成り立ちを捉え直す。⑤はアジア系のステレオタイプの変容を豊富な図版で解説。⑥は外交関係を中心にアジア人への恐怖心の醸成過程を解説。⑦はアジア系アメリカ人と黒人の関係の重層性を解説。⑧は強制収容をめぐって戦後日系人が他人種の人々と共闘を築いていった過程を分析。⑨は映画を題材としたアジア系女性のセクシュアリティに関する考察である。

❖より深い理解のために――ディスカッションのポイント

(1) 公共交通機関やレストラン、公園、通り、学校などで、自分がアジア系を意味する侮蔑的な言葉を浴びせられたり、アジア系であるためにサービスを拒否されたら、どのように対応しますか？　また、自分以外の人がそのような目に遭っているのを目撃したら、どのように行動するのが適切でしょうか？　万が一不幸にも暴力に遭ってしまった場合には、事件後にはどのような行動を起こすことができるでしょうか？　対アジア系ヘイトへの対応策として提示された行動をインターネットなどで調べるとともに、自己や他人の安全なども慎重に考慮しながら、自分にも現実的に起こりうることとして考えてみましょう。

(2) 現在のアメリカでも、かつてアジア人に対して述べられたように、「移民に国を乗っ取られる」「移民は貧困問題や社会問題を国に持ち込む」といった発言が盛んに行われています。アジア系アメリカ人の歴史的体験に鑑みた時に、現在、アジア以外の地域からアメリカにやってくる人々が関係する移民問題や亡命希望者問題への考え方を変えるべきだと思いますか？　あるいは、民族ごとに事情が違うので、アジア系への排除の問題と、他の人々への排除や差別の問題は、別の問題として捉えるべきだと考えますか？

(3) コロナウイルスの感染拡大は世界中の人々に大きなストレスと困難をもたらしています。そのような時に他者への排除や他者への暴力を引き起こさないためには、普段から自分が暮らす社会の中でどのような活動を行っておくのが有効か、話し合ってみましょう。

第八章

刑罰国家化時代の移民行政

――「非合法外国人」と「外国人犯罪者」という移民像――

佐原　彩子

米墨国境で、母親と離され泣くホンジュラス出身の二歳児。（Wikimedia Commons より）

◉はじめに――日本で起こっている懲罰としての「収容」

二〇二一年三月六日に名古屋出入国在留管理局に収容されていたスリランカ人のウィシュマ・サンダマリ（当時三三歳）さんが通常の医療を受けられず死亡した。彼女は、二〇一七年六月に留学生として来日し、日本語学校に通っていたが学校を除籍処分となり在留資格を喪失してしまった。その後、同居男性によるDV（ドメスティック・バイオレンス）の被害に遭い、二〇二〇年八月に交番に出向き助けを求めたが、在留資格がなかったことから名古屋出入国在留管理局に収容された。彼女は当初帰国を希望したが、同居していた男性から帰国を咎めるような手紙が届いたことや日本での支援者も見つかったために日本にとどまることを希望した。収容中に体調が悪化し、二月の時点で面会した支援者は彼女の体重が元の体重よりも一五キロ以上落ち収容に耐えられる状況ではないため、収容から一時的に解放される「仮放免」を求めていたが叶わなかった。

ウィシュマさんが在留資格を喪失していたことをもって収容されていたことを正当化する声も根強い。しかし、本来であれば入管収容および難民認定制度は、人びとを庇護するものでなければならない。国連の人権条約機関が規定する国際的人権基準に照らせば、DV被害者であった彼女が、入管施設に長期収容される必要はなかった。また、収容によって、基本的人権で最も重要である身体の自由が奪われる必要もなかった。在留資格を喪失していたことは、長期拘禁の正当理由とならないからである。そして、収容による体調悪化に対して適切な治療を受ける権利があった。

現在、日本の入国管理局の収容制度は、在留資格がない外国人を裁判所の令状がなくても全件収容でき、またその収容期間も無期限である。裁判所による司法審査を経ず、入管の判断だけで収容できるため、入管法違反者への身体拘束期間の時間制限は、刑事手続に比べ無いに等しいという状況におかれている。入管による収容は、入管法違反者への懲罰制度として、刑法違反者に対する刑事罰よりも恣意的に運用されているのである。

こうした入管法の刑法化は、アメリカにおいても近年批判される移民法と刑法が接近している状況と非常に類似している。これは、法学者ジュリエット・スタンフが「クリミグレーション（移民の犯罪者視：犯罪を表すクリミナルと移民を表すイミグレーションを合わせた言葉）」と呼ぶものの中核をなしている。スタンフは、移民法違反行為が刑法違反のように罰せられる状況と強制送還が拡大し続けるにつれ、「外国人」は「犯罪者」と同義語になっていくと主張している。こうした状況はグローバルに展開しているものであり、人権として保障されるべき移動の権利が大幅に制限されるだけでなく、移動してくる人びとを「問題」と捉え、そうした人びとを監視・拘束する権力構造を正当化している。それにより、移動する人びとを潜在的「犯罪者」とみなす状況が進展している。本章では、このクリミグレーションがなぜ、どのように進められてきたのかを明らかにする。

◉移民税関執行局（ＩＣＥ）による移民法執行

脅威としての移民像が偏見に過ぎないことは、アメリカの移民研究で明らかにされている。移民はアメリカ生まれの人びとよりも、深刻な犯罪を犯しにくく収監される割合も低く、そして、移民流入が高い割合の地域ほど、凶悪犯罪率および窃盗犯罪率が低いという反比例関係にある。これらは、移民が合法滞在者であろうと書類不備（正式な許可を得ていない、あるいは許可が失効したなど）の状況であろうと同様で、移民の出身国や学歴などとも関係がない。そのため、移民を犯罪者予備軍とする見方は適当でなく、厳しい移民政策が犯罪減少とは結びつかないことも証明されている。

それにもかかわらず、移民に対する取り締まりは強化されてきた。そもそもアメリカの歴史の中で、移民は長らく法執行機関の管轄とは考えられてはいなかった。一九世紀末になって初めて、政府は移民を正式に監督する組織を創設し、財務省に設置した。一九〇三年には移民局の管轄は労働省に移管され、一九四〇年に司法省に移った。二〇〇二年以降、移民局の機能は国土安全保障省に移管され、移民問題は国家安全保障の問題であると考えられるようになった。そのため、国土安全保障省の傘下の移民税関執行局（ICE）による組織的かつ広範な人権侵害が問題視されている。

ICEは、トランプ政権による「不寛容政策《ゼロ・トレランス》」のもと、亡命希望者を含むすべての移民が正式な入国経路以外で国境を越えようとした場合、一人一人を拘束し、入国した成人の移民と同行していた未成年の子どもたちを分離した。「不寛容政策」が国境全域での正式な方針となる以前にも、一五〇〇以上の家族が分断され、正式な実施後には約二八〇〇の家族が分離された。引き離された子どもは数千人におよび、親が子どもを同伴することを望んでもICEが親のみを強制送還したこともあった。国境付近でICEに親と引き離され泣き叫ぶ子どもに象徴されるような、ICEによる家族分離の酷さを世論が非難したことによって、分離政策は二〇一八年六月に正式に終了したが、バイデン政権発足後も未だ一〇〇〇家族が分離された状況のままであると、「アメリカ自由人権協会」は批判している。

国土安全保障省の二〇二〇年の予算は五一七億ドルで、傘下のICEの予算はそのうち八四億ドル強である。その半分強にあたる四四億ドル近くが移民法執行のための強制捜査と拘留に使われている。移民に対する強制捜査や強制送還は、かれらの人種ではなく法的地位に基づいて一見運用されているようであるため、書類不備の移民がもつとされる「非合法性（正式な許可がない、あるいは失効したなど）」に対する戦いとして正当化されてきた。しかし、ICEが行う書類不備移民取り締まりと強制送還は、白人ではなく、中南米系かアジア系に見える人びとを標的とした人種プロファイリングによって行われているため、本来は誰しもその対象となるはずの取り締まりが、中南米系かアジア系を取り締まるという状況になっている。人種プロファイリングは、法執行機関が、個人の人種、民族、宗教、出身国などに基づいて、犯罪の疑いのある個人を対象とする差別的行為である。その例として警察が、車の運転手がアフリカ系アメリカ人や中南米系であるとき、軽度の交通違反で停車させたり、歩行者を人種で判断して停止させたりすることで犯罪を取り締まろうとする行為が挙げられる。

◉刑罰国家化の始まりと移民行政

犯罪を厳しく取り締まろうとする社会的風潮は一九六〇年代後半に生まれ、アフリカ系アメリカ人の大量収監をもたらした。歴史家エリザベス・ヒントンは、一九六五年にリンドン・ジョンソン政権下で「法執行支援法」が制定され「犯罪との戦い」が開始されたことが、それまでの「貧困との戦い」を変容させたと指摘する。ジョンソン大統領による「貧困との戦い」はさまざまな政策によりアメリカ社会における貧困問題を解決しようとしたが、「犯罪との戦い」は人びとを大量に投獄する社会をもたらした。それは、公民権運動への反動として、貧困に苦しむ人びとを支援するのではなく、貧困層を罰することを是とする風潮を背景としていた。

こうした政策転換によって、犯罪率が全体として横ばいから減少に向かう時期に、刑務所人口が増加するという事態が起きた。一九六〇年代半ば以降、本来は「貧困との戦い」の支援の対象となるべきであった貧困層の教育・職業訓練ではなく、法執行機関による「犯罪との戦い」に多額の資金が投入された。その資金は、連邦政府から各地域への一括助成金という形式で、逮捕・検挙率に連動して分配されたため、都市部の貧困者が暮らす地域での取り締まりが強化され、多くの逮捕者が出るようになった。アメリカ社会において階級と人種と住居区域は分かち難く結びついており、都市部の貧困者居住区には非白人、とくにアフリカ系アメリカ人が多く住んでいる。六〇年代以降こうした地域での取り締まりが強化され、非白人の逮捕・検挙が行われた。そのため収監人口が増えた理由として、偏見に基づく冤罪や微罪に対する厳罰化などの問題も指摘されている。

本来は福祉の対象となるべき人びとが収監されていくようになったのには、貧困者への公的支援ではなく、刑罰（警察と監獄）によって貧困者が社会から隔離されなければならないという考えが浸透することによって、貧困問題が福祉などの公的支援によって克服される問題ではなく、犯罪と暴力を貧困層の本質と考え、貧困層の「人格」の問題とする意識の変化があった。「貧困との戦い」において重要であると考えられた福祉は、「犯罪との戦い」において貧困層を助けないだけでなく「依存」を生む憎むべきものであり、削減されるべきものと考えられた。さらに一九六九年に就任したリチャード・ニクソン大統領は、「法と秩序」を訴えて法執行機関の権力を拡大させ、都市部のアフリカ系アメリカ人の若者を監視や取り締まりの対象とした。こうして、一九六〇年代にアメリカにおける刑罰国家化の基礎が作られた。

社会学者ロイック・ヴァカンは、政府が貧困層を積極的に取り締まる理由として、刑罰制度を利用すれば、税金を徴収したり、行政上の規則を守らせたりするよりも強制力を伴う形で、労働市場の底辺部を直接的に管理することができると指摘する。また、貧困層を刑務所に収監することで、何百万もの人々を「求職者」のリストから外すことで、失業率を減少させる効果がある。さらに、刑務所の建設や刑務所関連のサービス労働などの領域で雇用を創出することにより、失業率を下げる効果がある。このような理由から、収監するほどの罪でなかったり冤罪であったりしても収監を容易にする司法制度が運用され、大量投獄が行われてきたという。

一九六〇年代以降進んだ刑罰国家化のなかで、アフリカ系アメリカ人だけでなく、「非合法外国人」に対する厳罰化を求める風潮が生まれ、移民を「犯罪者」と見なすクリミグレーションが起こった。クリミグレーションは、移民法と刑法が接近してきたことだけでなく、そうした接近を可能としたアメリカ一般社会における移民像をめぐる大きな変化を示している。

◉「非合法外国人（illegal alien）」問題の創出

刑罰国家化が進行する一方で、一九六五年移民法が成立し国別割り当て制度が廃止されたことは、アメリカ移民法が人種を問わずすべての人びとに開かれた画期的転換であると、一般的に理解されてきた。西欧系白人を中心としたアメリカの人口構成を維持するために、一九二四年移民法は、一八九〇年度国勢調査における外国出身者人口に基づき各国からの移民数を割り当てていたため、アジアからの移民は禁止され、南・東欧からの移民は大幅に制限されていた。その一方で、南西部のアグリビジネスは低賃金で雇用できるメキシコ人労働者へ強い需要があり、またアメリカ企業が中南米地域へ進出することへの期待があったことを反映し、西半球からの移民に対して人数制限を課していなかった。また、一九六五年以前には、メキシコ人労働者はアメリカの労働力需要を満たしてくれる存在であったため、たとえ書類不備であっても、一時的例外を除いて、深刻視されたり重点的な取り締まりの対象になったりすることはなかった。

しかし一九六五年移民法は、年間移民上限数を二九万人に引き上げ、東半球諸国（ヨーロッパ、アジア、アフリカ）には一七万人分のビザを割り当て、残りの一二万人分を西半球に割り当てた。これは初めて西半球諸国にビザの発給数の枠を課したことを意味していた。一九五〇年代後半には毎年四五万人のメキシコからの短期契約労働者（ブラセロ）と五万人の移民がアメリカに入国し、さらに一九六〇年代初頭には二〇万人の契約労働者が入国し三万五〇〇〇人分の永住権が付与されていた状況と比べれば、西半球からの移民は量的に大きく制限された。一九六五年移民法による年間一二万人という西半球全体への上限は、それ以前の移住規模から四〇パーセントの削減であった。こうして一九六五年以降、世界各国が数的制限の拡大を享受したのに対し、メキシコをはじめとする西半球諸国は、突然の量的制限によって移住の多くが「非合法」とされた。

制限によって、メキシコや中南米からの移民へのビザ発給には大幅な遅れがもたらされることとなったが、アメリカ側の労働力需要が減少したわけではなかった。そのため一九六五年以降、それまでと同様に労働に就く西半球出身の移民の多くは、書類不備の状況でアメリカに入国した。そして、それ以前は大きな問題とならなかったこのような行動が突如、移民法に違反した「非合法」移動であるとして社会的に敵視されることとなった。一方、同じ西半球のカナダや、ヨーロッパからの移民にも「非合法」入国者は存在したが、そちらは積極的に取り締まりのターゲットとされることはなかった。

一九六八年には一五万一〇〇〇人であったメキシコ人の強制送還は増加し続け、一九七六年には移民帰化局（ＩＮＳ）は七八万一〇〇〇人のメキシコ人を追放した。同年のその他の国出身の強制送還者は総計しても一〇万人以下であったため、メキシコ人は移民行政において「非合法外国人」を想起させる存在となり、一見法的中立的であり非人種的な「非合法外国人」という語彙は、「メキシコ人」を意味するようになった。歴史家メイ・ナイは、一九六五年移民法が西半球からの移民に対して実態にそぐわない大幅な制限をかけたにもかかわらず、すべての国々から平等に受け入れているかのように見せかけたことによって、非合法移住の責任はアメリカではなく、メキシコ人移民とメキシコにあり、取り締まり強化によって解決できる問題であるという考えを一層強めたと批判している。

歴史家エリカ・リーは、「非合法外国人」問題がメディアによって取り上げられるようになったのは、一九七〇年代であったことを指摘している。高い失業率とインフレによって引き起こされた社会的不安から、労働組合や労働組合側に立つ政治家たちも、移民が市民から仕事を奪い、州や連邦の福祉財源を奪っていると批判したという。一九七四年にINS長官レナード・チャップマンは書類不備移民の流入を「静かな侵略」と呼び、大規模強制送還が一夜にして一〇〇万の職をアメリカ人失業者にもたらすことができると主張した。多くの書類不備移民が就いている低賃金で不安定な仕事は、アメリカ白人が就きたいと望むものではなかったが、経済不況によって企業による解雇が増加していた状況に直面した失業者は、かれらの怒りを政府や企業へ向かわせるよりも、移民を容易かつ身近な「敵」として認識するようになった。こうして、とくに非正規雇用のメキシコ人労働者に対するメディア、政治家、労働組合や一般市民の否定的感情が高まり、「非合法外国人」が「深刻な経済危機」をもたらしていると認識されるようになった。そして、一九七〇年代後半までにこの理解が移民政策の要となっていった。

「非合法外国人」問題がメディアによって取り上げられるようになると、非正規雇用のメキシコ人労働者全体に対する労働組合や国民の感情がさらに否定的になっていき、国境が「危機」にあるような意識が社会に広がっていった。一九五〇年代には国境警備隊の人員は一八〇〇人程度に過ぎなかったが、一九七〇年代に物理的な国境管理が国家安全保障の重要な一部となり人員が増強され、二〇〇〇年代後半以降には二万人を超えることとなった。これは、一九七〇年代以降、国境管理のための財源が強化され、国境警備隊の主な任務が南部国境のパトロールになったためであったが、それが可能となったのは、INSが移民に対する法執行機関としてその権限を伸張したためでもあった。

一九七三年の最高裁判所判決は、令状や正当な理由なしにINS捜査官が国境の近くで任意に車を追跡して停止させるという手法を認めなかった。しかし、国境に危機が迫っているという政府の主張に圧倒された最高裁は、一定の状況下において国境付近での巡回で車両を停止することを認める道を開いた。一九七五年、「合衆国対ブリゴニ＝ポンス」判決で最高裁は、巡回中の国境警備隊が、車両に非合法滞在の外国人が乗っているとの疑いを合理的に裏付ける事実と合理的な推論を認識している場合には、車両を停止させて乗員に質問することができるとした。このように最高裁は、非正規滞在者の問題が深刻化しているという主張に耳を傾け、INSによる取り締まり拡大を容認していった。さらに最高裁は一九八四年の「INS対ロペス＝メンドーサ」判決で、たとえINS捜査官が違法行為を行ったとしても国外退去されるべき外国人には、憲法修正第四条が定める違法な捜索・押収に対する保護が適用されないことを明確にした。ロペス＝メンドーサは彼の勤務先工場で逮捕され、その後自身の滞在の法的状況について自白したが、INS捜査官は敷地内の捜索や逮捕令状を持っていなかったため、その逮捕は本来違法であった。しかし最高裁は、ロペス＝メンドーサが「非合法外国人」であると認めたことを証拠から排除することを拒否し、INS捜査官が憲法修正第四条に違反した場合であってもそれを証拠として採用した。こうして「非合法外国人」の取り締まりにおいては刑事事件で尊重されるべき被疑者の権利が適用されなくなった。

このように一九七〇年代から八〇年代にかけて、政府が「非合法外国人」への取り締まり権限を伸張し、メキシコ人を中心とする中南米出身者は移民行政の人権を無視した取り締まりの標的とされた。かれらが「非合法外国人」として取り締まられることが、一見人種中立的に公平に法の裁きを受けていると考えられることで、かれらの権利が大きく縮小されていることに大きな批判が巻き起こることがなかった。

移民集団間に連帯が生まれなかったことも、メキシコ人移民に対する人権侵害的取り締まりへの批判の高まりを妨げた。これは、「非合法外国人」が「モデルマイノリティ」とは対極の存在に位置付けられたためでもあった。一九六五年移民法の恩恵を受けて急激に増加したアジアからの移民は、その多くが出身国においてすでに高学歴かつある程度の経済力を持っていたこともあり、その他の非白人マイノリティ集団とは異なる高学歴・高収入イメージの優れた集団であるとメディアで取り上げられ、犯罪から遠い存在となった。アジア系アメリカ人自身も自らを「モデルマイノリティ」であると主張し、その他の集団との差異化を試みることによって、アメリカ白人社会に同化しやすい集団であると主張することをその生存戦略とした。このようにして、移民の人びとが連帯して「非合法外国人」の作り出しに反発するという状況は生み出されなかった。

◉常態化される移民拘留

書類不備移民の長期収容は、移民の身体の自由を奪うため人権面から問題視され、一九五〇年代には実施されなくなっていた。たとえば、一八九〇年代にニューヨークのエリス島で移民収容は始まり、第二次世界大戦中にも「敵性」外国人の恒久的な収容施設として使われていたが、一九五〇年代半ばには使われなくなった。しかし、移民拘留・収容施設の運用は一九八〇年代に復活し、「強制送還レジーム」と呼ばれる収容・強制送還を基軸とする移民制度を支えてきた。移民行政の強制送還レジームへの転換を促した歴史的背景の一つに、難民流入への対応との結びつきがあったことが指摘できる。一九七一年から九〇年にかけて一五〇万人の難民がキューバ、ベトナムその他の地域から流入した。こうした難民流入が、とくに非白人の難民を含めた移民を拘留するためのインフラの拡大を促した。それによって本来は庇護を原則とすべき難民行政が移民行政と融合し、難民・移民収容が常態化したのである。

たとえば、一九七五年四月のサイゴン陥落直後から七六年にかけておよそ一三万人のベトナム難民が、グアムやアメリカ本土の軍基地で一時収容された後、アメリカ社会に受け入れられた。また、四万人以上のハイチ難民が一九七二年から一九八〇年の間に、ジャン・クロード・デュヴァリエの圧政による政治的迫害と経済的困窮から逃れて、船でフロリダ州に流入した。さらに一九八〇年春、キューバのフィデル・カストロ議長がキューバのマリエル港からの人びとの出国を許可したため、一〇万人以上の「マリエル難民」と呼ばれる人びとがアメリカに渡ってきた。これらの難民はアメリカが従来想定してきた白人難民ではなく非白人難民であり、その難民としての正当性が疑問視された。とくにハイチ難民とマリエル難民は、その多くが独身の労働者階級の黒人男性であったため、難民ではなく仕事や福祉を求めアメリカに押し寄せる「経済移民」とみなされた。また、一九八三年にはアメリカ疾病管理センターがハイチから移動してくる人びとをエイズのリスクが高いと誤認したことが、世論の難民に対する「脅威」とみなす状況を悪化させた。

レーガン政権期の一九八一年から八五年に司法長官であったウィリアム・フレンチ・スミスは、ビザを持たない移民が到着した場合、さらなる調査のために拘束することができるという移民国籍法の条項を盾に、移民を拘留しなければ圧倒的な移民の流入によって国境は危機に瀕すると連邦議会で主張した。こうして一九八〇年代以降ＩＮＳは、フロリダ州デイド郡のクローム・アベニューにある仮設の収容所に難民である可能性もある人びとを収容した。入国後に一時的に収容するということは、それ以前のキューバ難民やインドシナ難民に対しても行われたが、この施設は隔離と排除を目的としたものであり、収容の目的がここに変質したのだった。これ以降、同様の移民収容施設が増加し、難民を含めた移民収容の常態化の嚆矢となった。

フロリダ州での収容は当初は衛生状況や人権違反の点から人権擁護団体等に批判されたが、施設の運営はその後も継続された。さらに難民を含む移民収容は、民間刑務所の拡大と同時に展開し、その規模も地域も拡大していくこととなる。一九八五年に連邦議会は、ルイジアナ州のオークデールに最大六〇〇〇人を収容できる恒久的な移民収容施設を建設するための資金を承認し、収容人数と規模を拡大した。加えて連邦議会は難民・移民収容に民間刑務所の利用を推進した。よって、一九八三年に司法省とINSと契約したコア・シビックが、民間刑務所と移民収容施設を運営し、大手の民間刑務所運営会社となったことは偶然ではなく、八〇年代以降の移民収容施設が刑務所のような役割を担うものとして理解されるようになったことを意味していた。

難民・移民収容が刑務所産業の民営化に組み込まれ展開したことによって、アメリカにおける移民収容は刑罰国家化の一部となった。法学者ガルシア・ヘルナンデスによると、INSは一九七三年には一日あたり二三七〇人しか収容していなかったが、その数は一九八〇年には四〇六二人に、そしてICEによる収容はオバマ政権期末期には一日に四万人、トランプ政権期には四万二〇〇〇人を超えたという。また、同伴者のいない子どもたちの年間収容数も過去一〇年間で急増し、二〇一〇年代初頭には一万人強だったのが、二〇一九年には七万人近くに達している。ICEによって収容されている人びとの七五％が民間刑務所運営会社が経営する移民収容施設に収容され、民間刑務所運営会社はこの移民収容によって莫大な利益を得てきた。ジュネーヴに本拠地を置く非営利組織「グローバル・ディテンション・プロジェクト」によると二〇二一年時点でアメリカは、官民の収容施設など、約二〇〇の施設を含む移民収容施設を運営している、世界最大の国家であるという。

◉犯罪撲滅の手段として正当化された「犯罪者外国人」の強制送還

移民収容が拡大していくなか、「非合法外国人」の中でもとくに刑法上の犯罪歴を持つ人びとが最も隔離され追放されるべき集団であるという理解が、一九八〇年代後半から確立していった。一九八六年移民改革規制法（IRCA）は、当時国内にいた書類不備移民に合法的な地位への道を提供したことでよく知られているが、IRCAは同時に、犯罪歴のある移民を対象とした新しい移民取り締まりプログラムの創設に拍車をかけた。結果的に、連邦政府、州政府、地方自治体の刑務所や拘置所内で、強制送還されるべき移民を特定し、拘留し、追放手続きを開始するための包括的プログラムを機能させることとなった。それは「犯罪者外国人プログラム（Criminal Alien Program：CAP）」と呼ばれるものである。

CAPによる強制送還は、犯罪撲滅の手段であるかのように宣伝されてきた。CAPは、市民であれば罰金や執行猶予付きの刑で済むかもしれない軽犯罪をも、移民にとって拘束され強制送還されるべきものとした。これは、移民にとって「犯罪の重さ（交通違反など）」よりも「罰の重さ（拘留や国外追放）」の方がはるかに深刻である状況をもたらした。そのため、社会の一員として生活している移民を、ささいな犯罪でも犯せば社会から追放される、その存在自体が潜在的に「非合法」であるかのような属性の集団とした制度でもある。CAPは、法執行機関に人種プロファイリングを行うよう促しているため、中南米出身の移民は潜在的犯罪者としてさらに監視されるようになった。

移民を国外追放しやすい仕組みは、一九八〇年代後半以降、連邦政府によって移民の犯罪が強制送還の対象となることで拡大した。たとえば、一九八八年反麻薬乱用法は「加重犯罪」カテゴリーを創設し、加重犯罪を犯した移民を強制送還の対象とした。加重犯罪とは、非市民に対してとくに厳しい処分の対象として指定された特定犯罪のことであり、その罪で有罪判決を受けた移民は、救済措置を受けることがほぼできずに強制送還され、将来にわたってアメリカに再入国することもできない。暴力的ではないささいな軽犯罪も加重犯罪に指定されている。たとえば、単純な暴行、窃盗、虚偽の納税申告、裁判所への不出頭などである。連邦議会が移民国籍法の「加重犯罪リスト」に新たな犯罪を追加するたびに、過去にそのような犯罪で有罪判決を受けた移民は、合法移民であっても直ちに国外退去の対象となる。一九九〇年移民法では、「加重犯罪」と判断される犯罪を犯した場合、合法移民であっても、永住権を申請する権利を失うこととなり、また摘発された場合、強制拘留と強制送還の対象となった。

さらに、一九九六年に連邦議会で可決された非合法移民改革法（ＩＩＲＩＲＡ）と反テロ法（ＡＥＤＥＰＡ）という二つの法案は、移民を対象にアメリカ市民に適用されるものとは異なる司法制度を構築した。前者は、永住権保有者の起訴プロセスを簡素化した。後者は、刑法上の罪で、刑務所あるいは矯正施設に一年以上収容される判決を受けうる外国人は有罪判決を待たずに誰でも退去されうるとし、刑法上の罪を犯したために強制送還可能である外国人に対しての強制送還命令は、どのような法廷においても裁判の対象にならないと定めた。このように上記二つの法整備は、移民の権利を大幅に制限し、厳罰化していく状況を加速し、共和党も民主党も犯罪歴のある移民を強制送還しやすい制度を拡大していった。

このように「犯罪者外国人」を強制送還するのが容易になる一方で、書類不備移民の社会福祉の権利を奪う動きも活発化した。一九九四年に成立したカリフォルニア州提案第一八七号は、州が運営する市民権審査システムを確立し、書類不備移民がカリフォルニア州で緊急性のない医療や公教育などのサービスを利用することを禁止するものだった。実際には、移民の方が一般市民に比べて福祉受給を求める率が少ないにもかかわらず、移民が不正に市民のための財源を奪っているという偏見は克服されなかった。この提案は一九九七年に違憲判決が下ったが、その後も書類不備移民が福祉や保健や教育面で不当な恩恵に浴しているというイメージは、移民の権利制限を求める声をますます高めた。そしてついには合法移民に対する援助を制限するような権限を州に付与する連邦法の制定へと帰結した。こうして、一九七〇年代以降の「非合法外国人」による「危機」を煽る言説は、合法・書類不備を問わず移民を全て潜在的に非合法な存在とみなし、その権利制限を正当化していくこととなった。

◉おわりに

一九七〇年代を中心とする「移民危機」は、アメリカの刑罰国家化と経済構造が変化するなかで生み出された。二〇世紀後半の二〇年間で経済構造の変化と脱工業化によって数百万人のブルーカラーの労働者が職を失うなか、「移民危機」が労働者の生活を脅かしている元凶であるとみなされた。社会福祉権が縮小されていくなか、市民はその状況を生み出している政府に不満をぶつけるのではなく、移民にその責任を負わせようとした。とくに一九八〇年代以降、富は上から下へと恩恵をもたらすという「トリクルダウン」理論によって、教育や社会資本、貧困者のためのセーフティーネットへの資金が富裕層や大企業を潤す方向へと、富の再分配が下ではなく上へと向かうようになった。公民権法成立以後、そうした政策によって中産階級以下の人びとが直面する経済的困難や不安定さが生み出され、アフリカ系アメリカ人に加えてとくに非白人移民がスケープゴートとされた。

移民排斥を唱える人びとが、特定の移民の人種や国籍ではなく移民の「非合法」な法的地位を非難したのも、公民権法制定以後のアメリカ社会のレイシズムの特徴であった。かれらは「非合法外国人」を排除することが公共の安全や財政の安定をもたらすと主張し、人が法の下で公正で平等な扱いを受けるべきという本来の基本的原則を置き去りにし、クリミグレーションを進行させてきた。

移民は犯罪率も低く、アメリカ社会に問題をもたらすことは少ないにもかかわらず、移民の監視・拘束、強制送還に予算が割り当てられ、INSからICEへと移民法執行機関が巨大化してきた。このことは移民が問題であるかのように扱われることが、主流社会の側に原因があることを示している。つまり、日本の長期収容に見られるような入管の非人道性は日本社会の刑罰国家化の一側面であり、日本社会の問題として批判する必要があるのだ。

◎読書案内

①ロイック・ヴァカン（森千香子・菊池恵介訳）『貧困という監獄――グローバル化と刑罰国家の到来』新曜社、二〇〇八年。
②メイ・ナイ（小田悠生訳）『移民の国アメリカの境界――歴史のなかのシティズンシップ・人種・ナショナリズム』白水社、二〇二一年。
③イブラム・X・ケンディ（児島修訳）『アンチ・レイシストであるためには』辰巳出版、

二〇二一年。
④ジョージ・J・サンチェス（村田勝幸訳）「ネイションの相貌――人種、移民、二〇世紀末アメリカにおけるネイティヴィズムの台頭」『思想』、九三二号、二〇〇一年一一月。
⑤Erika Lee, *America for Americans: A History of Xenophobia in the United States* (New York: Basic Books, 2019).
⑥César Cuauhtémoc García Hernández, *Migrating to Prison: America's Obsession with Locking up Immigrants* (New York and London: The New Press, 2019).
⑦Elizabeth Hinton, *From the War on Poverty to the War on Crime: The Making of Mass Incarceration in America* (Cambridge, MA and London: Harvard University Press, 2016).
⑧Michelle Alexander, *The New Jim Crow: Mass Incarceration in the Age of Colorblindness* (New York: The New Press, 2012).

①は刑罰国家化の過程を分析しており、監獄ビジネスが貧困層に対する厳罰化に立脚していることを学ぶために必読の書。②はアメリカにおいて移民法が移民を制限することによってその「非合法性」が生み出されてきたことを分析した大著。③はアメリカにおける人種や差別の問題をわかりやすく論じ、レイシズムを機能させる社会構造の問題を指摘する良書。④は二〇世紀末の反移民ネイティヴィズムが経済構造の変容からもたらされたことを分析。またアフリカ系、ラティンクスとアジア系の間のレイシズムの問題を指摘している点も重要。⑤はアメリカにおける移民排斥の歴史を描いた良書。メディアでの表象も取り上げているので、時代ごとの世論を理解する一助となる。⑥は最近の移

民収容問題を収監問題として批判し、民間刑務所問題と接合していることを考察。⑦はアメリカにおける大量収監社会の形成を一九六〇年代の政策から分析。⑧はアメリカの大量収監が新たなジムクロウ制度であることを指摘したベストセラー。

❖より深い理解のために——ディスカッションのポイント

(1) 国家や政府が人の移動の権利を大幅に制限することについて、その是非やその正当性の根拠について話し合ってみましょう。

(2) 移民や難民が市民のための財源を奪っているという偏見の例を話し合ってみましょう。また、その偏見がどのように広がったり共有されたりしているのか、みんなで考えてみましょう。

(3) エヴァ・ドゥヴァネー（Ava DuVernay）監督によるネットフリックス・オリジナルのドキュメンタリー『13 th』は YouTube で公開されています（https://youtu.be/krfcq5pF8u8 二〇二一年一〇月一八日現在）。視聴したうえで、移民も含めた大量収監社会の問題について話し合ってみましょう。

第九章

辺境都市から先進都市へ

――グローバリズム時代のオレゴン州ポートランドとその歴史的背景――

土田　映子

オレゴン州会議事堂、正面入口階段の左右にはオレゴン州の始まりを描く巨大なレリーフが配置されている。写真は左側で、台座に「帝国の星が西方へ道を進める」と彫り込まれている。馬に乗った二人の人物はルイス・クラーク探検隊のメリウェザー・ルイスとウィリアム・クラーク、立ち姿の女性はショショーニ族出身で通訳として雇われたサカジャウィア（Sacagawea、別表記あり）。右側のレリーフには開拓者家族と幌馬車が彫られ、「勇敢な者たちが我らの辺境を日の沈む地へと押し進めてきた」というタイトルがついている。古代ギリシア・ローマの彫刻を彷彿とさせるスタイルは、オレゴン建設に神話性を与えている。2017年、州都セーラムにて著者撮影。

With his passion and playfulness, he made political rebellion look cool.
彼はその情熱と遊び心によって、政治的反抗をいかして見えるものにしたのである。

——ポートランド出身のジャーナリスト、
ジョン・リードの伝記より

◉はじめに——シンボリックな中心の時代の終わり

この文章を書いている二〇二一年夏現在、二〇〇一年九月一一日のアメリカ同時多発テロ事件から二〇年とあって、事件に関連する記事や特集が日米のメディアで多くなっている。NPR（ナショナル・パブリック・ラジオ、米国公共ラジオ局）や『アトランティック（*The Atlantic Magazine*）』誌のウェブサイトなど、アメリカの情報を得るのに利用しているネット上のリソースはいくつかあるが、積極的に探そうとしなくても、トップページのニュースやメールマガジンを通し、関連情報が日に入ってくる。必然的に、事件当時のことを思い出す。

テロではニューヨークのWTCツインタワーが攻撃されたので、他の高層ビルも狙われることを恐れ、シカゴではシアーズ・タワー（当時。現在の名称はウィリス・タワー）から人々が避難した。一時は世界一の高さを誇り、二〇一三年までは全米一高い建物だった、一一〇階建ての超高層ビルだ。（今の全米一は、破壊されたツインタワーの跡地に建ったワン・ワールド・トレード・センター。）

しかし、その当時に著者が住んでいた、シカゴ大学構内の国際学生寮で、寮生たちの見解は冷めたものだった。

「シアーズ・タワーが攻撃されるわけないよ。だってシ、カ、ゴ、だもの」と、都市名を強調して留学生たちは言った。それは著者も、アメリカ人には言わないが、腹の中で感じていたことだった。

ニューヨークが狙われたのは、アメリカという超大国のシンボルとして、世界中の誰もが認識できる都市だからだ。そのことをアメリカ人は、あるいはシアーズ・タワーで働く人々は、他国の人間ほど自明のものとは考えなかったのかもしれない。国外で通用する象徴的価値の面では、ニューヨークとシカゴの間には、東京と大阪（それぞれの姉妹都市である）の間よりもはるかに大きな格差があるだろう。

単純化を恐れずにいえば、二〇世紀は、少数のシンボリックな都市が世界中の関心を独占する時代だった。パリ、ロンドン、ニューヨークといった都市の名は、それぞれが位置する国の歴史や文化、経済力についての国際的イメージと重なっていた。ニューヨークは、アメリカに対する羨望と憎悪の視線が集まる焦点であり、だからこそ効果的なテロの対象とみなされたのだ。シアーズ・タワーがいかに高さを誇ろうとも、ニューヨークに建つビルの代替物にはなり得ないと、留学生たちは理解していた。

それから年月を経た二〇二〇年。ブラック・ライブズ・マター運動（以後ＢＬＭ運動）が全米に広がる中、ニューヨークや首都ワシントンＤＣとは違う都市の名が国際的にメディアをにぎわせた。北西部沿岸地方、オレゴン州のポートランドだ。

筆者の暮らす札幌市は、昭和三四年（一九五九年）からポートランドと姉妹都市提携を結んでいるため、ローカルメディアや札幌市の広報、イベントなどを通じてその名を目にする機会が少なくない。しかし、昨年夏のポートランドがらみの報道の量は、普段とは比較にならなかった。

いくつか、ニュース報道やＳＮＳに流れた出来事を挙げてみよう。

（1）二〇二〇年五月から、ポートランド市内ではＢＬＭ運動に共鳴するデモが続いていたが、七月中旬、国土安全保障省から派遣された連邦職員が、デモ参加者を拘束して所属不明の車に押し込んだり、武器を使用して重傷を負わせるなどの事例が相次いだ。これに対し、テッド・ウィーラー市長（二〇一七年より現職、二〇二〇年再選、民主党）はソーシャルメディアを介したメッセージやテレビ・ラジオへの出演で、連邦政府への批判を展開した。

（2）同じく七月、揃いのＴシャツを着て腕を組んだ女性の隊列がデモ参加者と連邦職員の間に「人間の壁」を作った。「ウオール・オブ・マムズ」（日本の報道では「母親たちの壁」「ママたちの壁」など）と銘打ったこの運動は、リーダーシップの欠如と組織作りの失敗から、わずか半月で内部から崩壊したものの、一時は大きな注目を集めた。

（3）同じく七月の未明、ダウンタウンで抗議活動が夜通し行われている中、マスクと帽子しか身に着けていない女性が警察隊の前に出て、ヨガかバレエのようなポーズを取ってみせた。彼女は終始無言で、真意は不明だったものの、警官からデモ隊を守ろうとしたとみなされ、ネット上では「裸のアテナ」との異名を取るに至った。

（1）の例は市長という、一般的には治安維持や取り締まりを行う側とされる自治体リーダーが、トランプ政権に対立する姿勢を見せて反トランプ派の喝采を浴びたこと、（2）の例は母親という、世界中どこでも共感を得られる立場を前面に出したデモンストレーションだったこと、（3）はその奇矯《ききょう》さと刺激性が、人々の目を引いた。形はそれぞれ違えど、どれも表面的には、政治的にリベラルな都市というポートランドのイメージを強めるものだったのは間違いない。

ＢＬＭ運動は米国内外に多くの共鳴者を生み出し、国際的に知名度のある人々の連帯表明もあった。

テニスの大坂なおみ選手が全米オープンの試合中、警察暴力による黒人犠牲者を悼み、彼らの名前を記した黒いマスクを着けたのはその一例だった。しかし、有名人だからといって、一般の人々と比べ、必ずしも大きな影響力があるとはいえない。話題性では有名人が勝《まさ》っても、運動の方法論を提供する力は、市井の人々も著名人に劣らない。

無名の人々の言葉と行動がビジュアル・メディアに乗り、SNSでシェアされて拡散し、模倣者を生み出していく時代にあって、先の（2）と（3）の例は、英語でgo viral、日本語では「バズる」ことによって運動方法の例を示した。これらの人々の画像が、ポートランドという地名とともに世界を駆け巡った意義は大きい。それは、かつてはシンボリックな大都市や有名な観光都市の特権だった強い発信力を、ポートランドというどちらでもない都市が獲得したことを示している。

以下では、まず現在のポートランドにまつわる文化的・政治的イメージと、それらが過去のイメージからどのように変化したかを概観する。続いて、オレゴン州およびポートランドが歴史的に採用してきた政策が、現在の人口構成や人種関係を作り出し、それが文化的・政治的状況や社会運動のあり方に影響を及ぼしていることを示す。最後に、絶対的な中心がなくなっていく現在の世界にあって、かつては北米の辺境都市に過ぎなかったポートランドが、日本を含めた各地で模倣される対象となったことの意味を考え、問題を提起してこの稿を締めくくることとしたい。

◉ポートランドの変貌――顔のない辺境から「変てこ」を誇る都市へ

二〇二〇年夏の報道は、近年支配的な、ポートランドの特定のイメージを強めるものだったといえるだろう。主としてアメリカでのイメージではあるが、日本のメディアでも時折紹介され、全体としては好感度を高める印象を作り出している。

まず、ポートランドはアメリカで、生活の場として魅力的な町だと認識されている。『USニュース＆ワールドレポート』誌による「全米で最も住みたい場所」ランキングで、上位を占め続けているのはその現れだ（二〇二〇―二一年版では第九位）。QOL（生活の質）と労働市場がともに高く評価され、若い勤労者や子育て世帯、特に大卒以上の学歴を持つ人々を引きつけている。その結果、二〇〇〇年に約五三万人だったポートランド市の人口は、二〇二〇年には約六六万五〇〇〇人と、この二十年で大幅に増加した。

二つめのイメージは、市の非公式モットー「変てこなポートランドを守れ（Keep Portland Weird）」が象徴するように、ユニークな人々や面白い文化にあふれた町というものだ。単に住みやすさや経済的な豊かさの面からみれば、他にも多くの都市の名が挙がることからすれば、こちらのイメージこそが現在のポートランドの、自他ともに認めるアイデンティティといえる。

こうしたイメージは、政治的にはリベラルで先進的な都市という印象を与える。BLM運動に関係したポートランド発の報道は、まさにその通りのメッセージを世界に送るものだった。二〇二〇年における同運動の急拡大は、ミネアポリス郊外で起こった警官による黒人男性殺害事件を発端としているが、オレゴン州最大の新聞『オレゴニアン』によれば、ポートランドでは事件の三日後には街頭での抗議活動が始まり、連続一〇〇夜にも及んだ。活動がこれほど続いた場所は他にないという（Jaimie Ding, "Racial Justice," *The Oregonian*, May 30, 2021）。

しかし、ポートランドをよく知る報道人や識者が深い憂慮とともに指摘するのは、運動に参加した白人住民たちや、彼らの言動を伝える一般メディア、インターネットメディアに見られる、当事者性や歴史的洞察を欠いた底の浅さだ。ポートランド出身のある黒人ジャーナリストの指摘によれば、「裸のアテナ」騒動を含め、同市中心部での抗議活動が世間の耳目を集める一方、「ナンバーズ」と呼ばれる郊外で行われた黒人主体の活動は、全国ニュースには乗らなかった（Mitchell S. Jackson, "Who Gets to Be a 'Naked Athena'?" *New York Times*, July 25, 2020）。

また、先の『オレゴニアン』の記事では、運動に参加して逮捕された人々にインタビューを行い、真剣に運動に関わろうとしていた人々の失望感を聴き取っている。インタビューに答えた人々は運動への参加をやめたり、別の形で社会正義を実現する活動へ転じたりしている。彼らは参加をやめた理由として、逮捕されたり、警官の暴力や催涙ガス攻撃を受けたりしたことに加え、「別の目的でＢＬＭ運動に便乗する人たちが増えてきた」「本来の目的がかすんでしまった」と語った。黒人の生命と人権の尊重を訴える運動だったはずが、白人が主役の政治闘争、もしくは騒乱へと置き換わってしまった面があるのだ。

この、白人中心の、「変てこ」であることにプライドを持ち、そこに政治的傾向が結びつくという現在のポートランドの精神的特色は比較的新しい。かつてのオレゴン州はもっぱら林業・鉱業・農業といった第一次産業に支えられ、一九世紀末から二〇世紀初めには社会主義運動に身を投じる労働者も多かった。その中でポートランドは階層対立が比較的少なく、保守的で「ブルジョワ的」とも評される町だった。とはいえ、より早くから開けた東部の都市との差は歴然としており、良い家庭はみな子どもを教育のために東部へ送るといわれた。一九八〇年代に至るまで、ポートランドはアメリカの政治的・文化的中心から離れた辺境の一都市とみなされていたのだ。

辺境時代のポートランドの感覚を、ここを拠点とする文学者たちがわかりやすく表現している。映画

『ファイト・クラブ』（一九九九）の原作者として知られる作家、チャック・パラニュークは、『逃亡者と亡命者』（*Fugitives and Refugees*, 2003）と題し、ポートランドの私的ガイドブックを著《あらわ》した。彼は同書の中で、執筆当時に同市在住だった作家、キャサリン・ダンから興味深い話を引き出している。ダンはベストセラー小説『異形の愛』（*Geek Love*, 1989）の舞台をポートランドにした理由について、「連想されるもののない場所を使いたかった」と述べた。『異形の愛』が書かれた時には、ポートランドは外部の人間がその地名から何かをイメージできる場所ではなかった。

しかし、二〇〇〇年代初めには状況は変わっていた。ポートランドは「独自のアイデンティティを持つようになった」とダンは言う。同じく北西部沿岸地方に位置するワシントン州シアトルとともに、ポートランドは顔のない辺境の町から、個性的なイメージを発信する都市へと昇格した。ＩＴ産業の発達をはじめとする両州の産業構造の劇的変化が、新しい住民の流入を促し、都市の精神を変えていったのだ。

ダンは、自分も含めてポートランドに集まる人々を「逃亡者と亡命者」と表現した。パラニュークがこの表現を自著のタイトルに採用した時、そこには、変わり者、社会的不適合者が新天地を求めてやって来る場所という自虐的なニュアンスが込められていただろう。だが、先述の非公式モットーに代表される現在のポートランドの感覚は、むしろ変わり者であることに積極的な意義を見出す。非主流であること、少数派であること、反抗的であることが価値を持ち、権威や権力、社会の主流派に盾突くことにアイデンティティを置く。だからこそ、東海岸や中西部での事件を震源としたＢＬＭ運動が、遠く離れた西海岸の、それも黒人人口の少ないポートランドで、国際報道に載るほどの盛り上がりを見せたと考えられる。

けれども、黒人を含めたマイノリティ人口の少なさは、オレゴン州とポートランドが長く人種差別的政策を取ってきたことの帰結でもある。非白人と日常的な接触のない白人の人々が多いということは、マイノリティにかかわる問題そのものが思考の枠組みとして存在しづらい状況を作り出す。運動が盛り上がってみえる一方で、当事者性に欠け、目的の異なる人々が多く参入してくる背景には、そうした歴史がある。

◉「白人の楽園」を構想したオレゴンとその綻《ほころ》び

ポートランドから七〇キロほど南に下ったところにある、州都セーラムの州会議事堂は、この三代目庁舎が建設された一九三〇年代に、オレゴンがどのような土地として想像されていたかを端的に表している。

本章の扉で紹介した、正面入口両側の大理石レリーフは、いわばオレゴン発祥の神話の表現だ。左側のレリーフは一八〇五年に現在のオレゴンの太平洋沿岸に到達したルイス・クラーク探検隊を描き、右側は一九世紀中盤にオレゴン・トレイルをたどって来た開拓者たちを、家族像を使って象徴的に表す。写実的というより様式化された表現は、ここがオレゴン建設神話の神殿であることを暗に示す。アメリカ合衆国そのものの建国神話と重なる、「約束の地」へ導かれたヨーロッパ系の人々の歴史の始まりを表している。

庁舎の上にそびえるドームの上には、金色に輝く男性の立像がある。「オレゴン・パイオニア」と名づけられたこの金箔張りの銅像は、薪割り用の斧を右手に持ち、左手では野営用のタープ（テントのように使う布）を肩にかけている。逞しい、理想化された肉体の開拓者像だ。一八五九年に準州から州へと昇格してから約八〇年が経ち、相応の社会変化を経た後も、白人開拓者の土地というアイデンティティが強く意識されていたことがうかがえる。

前項で触れたように、オレゴンはその歴史を通じ、長く人種差別的政策を取ってきた。その始まりは、開拓者たちがオレゴンに入植してきた一八四〇年代当時、合衆国では奴隷制をめぐる議論が社会を揺るがしていたことにある。オレゴンにはミズーリやケンタッキーといった、いわゆる境界州から来た開拓者が多く、彼らは、これらの州で経験した奴隷制にかかわる緊張や黒人への恐怖感を、新天地では再現したくなかった。問題を回避する方法として打ち出したのが、域内に一切黒人を住まわせないことだった。一八四三年に設立されたオレゴン・テリトリー暫定政府は、翌年、奴隷所有者には奴隷を解放することを、黒人には三年以内にテリトリーを去ることを義務づけ、居残る黒人は六か月ごとに鞭打ちの罰を受けると定められた。すでにオレゴンに暮らしている黒人を追い出し、新たに来ようとする者は拒否することで、この地を「白人の楽園」とする構想が描かれたのだ。

白人住民の間で、意見が分かれていなかったわけではない。オレゴンの広大な土地の開拓を、奴隷労働を導入して進めたいと考える人々もいた。反対する人々は、奴隷制をオレゴンで認めると、一部の富裕層が白人の貧しい層をも支配下に置き、脱出してきたはずの階層社会がオレゴンでも再現されると主張した。

後者の主張は、ヨーロッパからアメリカへ移住してきた人々のビジョンを彷彿《ほうふつ》とさせる。どちらの場合からも強く感じられるのは、後にしてきた社会とは違う、新しい社会を一から作りたい、まっさらな状態からやり直したいという願望だ。しかし、さまざまな個人史を背景にした人々が既存の社会モデルを念頭に作る社会が、全くの白紙から立ち上がるはずもなく、オレゴンも既にあるアメリカ社会の枠組みに規定されざるを得なかった。

さらに、十九世紀以降にこの地にやって来た人々はその最初期から、ヨーロッパ系に限定されてはいなかった。ルイス・クラーク探検隊にアフリカ系の参加者がいたほか、オレゴン・トレイルを使い、自由黒人として、また白人開拓者の奴隷として入植してきた人々もいる。

これらのアフリカ系の移住者はごく少数にとどまり、白人に具体的な脅威となるほどの人口はなかった。しかし、白人の間には、黒人が先住民を扇動し、白人開拓者に対する反乱を起こさせるという懸念もあった。問題の芽をあらかじめ摘むという姿勢で、黒人を排除する法が定められたのだった。

この種の法は、オレゴンの広大さや人口の希薄さなどの理由から、厳密に実行されることはなかったが、文言を変えながら何度も作られた。そして、法に反して実際に罰せられたケースがほとんどなくても、黒人を寄せつけない効果は発揮され続けた。

例としてオレゴンと、隣接するカリフォルニア（一八五〇年に州に昇格）での白人・黒人人口の推移を比較してみよう。表では、一八五〇年と六〇年の人口調査から、調査対象の全人口に対する黒人人口の比率を計算して示している。一八五〇年のオレゴン・テリトリーでは、黒人の比率は一・五六%、カリフォルニア州では一・〇四%だった。十年経った一八六〇年には、オレゴン州の〇・二四%に対し、カリフォルニア州では一・〇八%となっている。カリフォルニアの黒人比率は一見ほぼ変わらないようだが、先住民とアジア系で人口の約一五%を占めるので、白人に対する比率はもう少し増えている。それに対して、オレゴンでは激減しているのがわかる。

一九〇〇年に至ると、オレゴンの総人口は四〇万人を超えていたが（先住民、アジア系等を含む）、黒人人口はわずか千百人ほどで、その約六五%はポートランドに集中していた。農村部ではより黒人への敵

表　1850・60年におけるオレゴンとカリフォルニアの人口と黒人人口の比率の比較

年	人　種	オレゴン	カリフォルニア
1850年	白人人口	13,087人	91,635人
	黒人人口	207人	962人
	黒人比率	1.56%	1.04%
1860年	白人人口	52,160人	323,177人
	黒人人口	128人	4,086人
	先住民人口	177人	17,798人
	アジア系人口	N/A	34,933人
	黒人比率	0.24%	1.08%

出典：*The Seventh Census of the United States: 1850; Population of the United States in 1860, compiled from the original returns of the Eighth Census under the Secretary of the Interior* 掲載データから筆者計算。比率は小数点以下2桁までで四捨五入した値。オレゴンは1850年はテリトリー全体、1860年は州のみの人口。黒人人口は「自由黒人（Free Colored）」のカテゴリーで記録された。

意が強かったためとされる。

「白人の楽園」を目指して黒人の排除を目論見たオレゴンだったが、先にも触れたように、法の理念が現実をすべてコントロールできるわけではない。いないはずの黒人は、時代を通してオレゴンの歴史を作ってきた。中には、際立った個性や地域社会での存在感の大きさによって、法そのものに影響を与えた者もいた。

顕著な例に、ペンシルヴェニア生まれのジョージ・ワシントン・ブッシュ（一七七九頃—一八六三）がいる。彼の父親はアフリカ系だったが、インド出身のため奴隷身分ではなく、母親はアイルランド人だった。ブッシュは米英戦争（一八一二年戦争）でアンドリュー・ジャクソン率いるニューオーリーンズの戦いに参加し、ミズーリで長く牧場を経営した後、一八四四年、一家で移住するためオレゴンへ出発した。オレゴン・トレイルを旅する途中、ブッシュと同行の数家族は、オレゴンに黒人が入ることを禁じる法が成立したことを知った。そのため、一行はコロンビア川の北、当時合衆国とイギリスの間で所有権の争われていた地域まで北上し、その地を初めて開拓したアメリカ人となった。

一八五〇年に成立した寄付土地請求法（Donation Land Claim Act, ホームステッド法の前身）では、黒人の土地所有が認められていなかった。しかし、ブッシュは周囲の人々の請願により、連邦議会の特別決議を経て開拓した土地の所有権を認められ、地域を代表する地主となった（この土地は、現在はワシントン州の一部となっている）。同様に、一八五〇年代のポートランドでも、違法に居住しているとされながら署名活動によって例外を認められ、十年ほど住み続けた黒人経営者一家の例が知られている。

こうした例外はあったものの、全般的には、オレゴンは黒人排除の姿勢を明確に示し続けた。州への昇格を目前にした一八五七年、州憲法の批准が行われたが、その際の有権者投票により、奴隷制の禁止と自由黒人およびムラートの排除が決定した。制定法ではなく、州憲法で黒人の居住を禁じた州はオレゴンが初めてだった。人種差別的な規定が州法からも州憲法からもなくなるのには、一九二六年まで待たなくてはならなかった。

黒人を排除する規定が据え置かれる一方で、現実の地域社会は少しずつ変わっていった。一九世紀から二〇世紀への転換期には、ポートランドでのホテル開設や大陸横断鉄道の開通による労働需要の高まりにより、黒人労働者も徐々に流入してきた。教会や新聞、政治結社など社会インフラも整えられ、一九四〇年にはポートランドの黒人人口は約二五〇〇人にまで増えていた。とはいえ、ポートランド全体の人口が当時三〇万人を超えていたことからすれば、その一％にも満たない小さなコミュニティだった。

オレゴンだけでなく、ワシントン州など北西部沿岸地方全体でアフリカ系の人々は少数にとどまり、一九—二〇世紀にこの地域が経験した人種問題の多くは、アジア系移民にかかわるものだった。先住民でも黒人でもないアジア系移民は、白人開拓者が思い描いたアメリカ社会像の中には想定されていない、一種の異物だったといえる。一八六〇年代から鉄道や鉱山の労働者として入ってきた中国系移民、一八九〇年代から大幅に増加した日系移民は、どちらも白人労働者の敵意や暴力の対象となった。オレゴン州では一九一〇年のデータで、約六七万人の全人口に対し、中国人が約七四〇〇人、日本人約三四〇〇人、黒人約一五〇〇人と記録されている。ポートランドに限ると、同年、市の総人口約二〇万七〇〇〇人に対し、中国人約五七〇〇人、日本人約一五〇〇人、黒人が約千人だった。オレゴン州とポートランドの人口が伸び、アジア系が流入する中でも、黒人人口がいかに小さく抑えられていたかがわかる。

ポートランドの黒人人口が飛躍的に伸びるのは、第二次世界大戦中、戦時経済を支えるために大量の労働力需要が発生してからのことだ。造船所が重要な生産拠点として労働者を集め、黒人人口は戦前の十倍にもなった。日系人が強制収容所へ送られたため、黒人労働者にはその穴を埋める役割もあった。この時やって来た二万人から二万五千人と推測されるアフリカ系の人々のうち、約一万人が戦後もポートランドに定住することになった。

オレゴン州憲法に残っていた人種を表す用語（「白人」、「自由ニグロ」、「ムラート」）は、二〇〇二年になってようやく取り除かれた。アフリカ系女性で初めてのオレゴン州議会上院議員、エイヴェル・ゴードリーを中心とした運動が実ったためだった。

こうした歴史的経緯の影響を受け、現在もオレゴンは白人比率の比較的高い州の一つであり続けている。都市部の人口は多様化が進んでいるとはいえ、二〇一九年の調査で、州人口の八六・七％もが自分の人種的背景を「白人のみ」と答えている（「ヒスパニック・ラティーノ以外の白人のみ」では七五・一％）。同年のポートランドでは、人種的背景を「白人のみ」とした住民は七七・四％（「ヒスパニック・ラティーノ以外の白人のみ」では七〇・六％）で、最も多いマイノリティはヒスパニック・ラティーノ（九・七％）、次いでアジア系（八・二％）となっている。黒人は五・八％にとどまる。なお、アメリカ合衆国全体では、「白人のみ」は七六・三％、「ヒスパニック・ラティーノ以外の白人のみ」では六〇・一％まで下がっている。

ポートランドは長年、白人が住民の圧倒的多数を占めてきたことで、白人以外の住民のニーズが充分に認識されず、黒人コミュニティの声が政策決定の場に届きづらいという問題を抱えている。前項で触れた『ニューヨーク・タイムズ』の記事の中で、黒人住民がBLM運動を行った場所として「ナンバーズ」という地域名が挙げられているが、ここは、いわゆる「ジェントリフィケーション」（ある地域に、旧来の住民よりも富裕な人々や事業者が流入したり、再開発事業が行われたりすることで地域の性格が変わることを指す）によって、元の居住地域から追い出された黒人市民が多く住み着いた場所だ。

ポートランドでは、多数派である白人市民の利益を優先する政策により、黒人コミュニティの弱体化や解体が幾度も繰り返されてきた。こうした過去の経緯を顧みることなく、アメリカ内外のメディアや観察者がポートランドでのBLM運動のあり方を称賛し、あまつさえ注目される対立軸がトランプ政権とリベラルな（白人の）市長・市民へとすり替わっていくことには、運動の精神からみて問題があるといえるだろう。

◉「クール」な社会運動イメージの複製と拡散――発信元としてのポートランド

先に、現在のポートランドのイメージには、政治的にリベラルな面と、変わり者であることを誇る面とが渾然《こんぜん》一体となっていることを紹介した。このようなイメージの出発点となったと思われる事件が、約三〇年前に起きている。

一九八九年から九一年にかけて、ポートランドでは当時のブッシュ（父）政権に対する抗議活動が行われた。主な抗議の理由は、湾岸戦争やＡＩＤＳ（後天性免疫不全症候群）対策の遅れなどだった。ダウンタウンに繰り出したデモ隊の中には、鳴り物を使って気勢を上げる者、悪魔や血を流す兵士の仮装をする者、卵を投げる者、旗に火をつける者などが交じっていた。プラカードを掲げて行進する、一般的なスタイルを取る参加者が多かったが、ＢＬＭ運動と同様、メディアの注目を集めたのは派手な見た目の参加者だった（現在、地元テレビ局のＫＧＷが当時の映像をYouTubeで公開している。KGW Vault: Portland dubbed 'Little Beirut', https://www.youtube.com/watch?v=3VpTsv3ImPU）。

激しい示威活動に直面したブッシュ大統領のスタッフは、内戦で荒れたレバノンの首都にたとえ、ポートランドを「小ベイルート」（Little Beirut）と呼んだ。このあだ名は大いに受け、市民の間に、大統領本人がそう名づけたという伝説を生んだ。息子の方のブッシュが政権を取った後も「小ベイルート」の記憶は生きており、二〇〇三年にポートランドを大統領が訪れることになった際には、政治運動のリーダーたちと警察との間で、デモ時の事前打ち合わせが行われたほどだった。この時にもすでに、運動のリーダーたちからは、メディアが過激な参加者をことさらに取り上げることで、運動の全体像が歪められてきたという声が上がっていた（William McCall, "Portland police, activists get ready for Bush's visit," *The Seattle Times*, August 19, 2003）。

現在はインターネットとスマートフォンを通じ、誰もが街角からレポーターを務め、画像や映像、メッセージを世界中に発信できるようになった。本質的に重要なものよりも、人目を引きやすいものが情報として拡散する傾向は、プロのマスメディアがニュース発信力を独占していた時代から変わらないだろうが、発信元や発信される内容はより多様になった。さらに、重大事件もローカルな噂話もさして変わりなく、フラットに表示されるネット上では、いわゆる「ワールド・クラス」の都市から有名レポーターが発信する情報も、地域外では誰も名前を知らないような町村から一般人が発信する情報も、受け手に届きさえすれば、大きな価値の差はない。受け手の興味を引く情報かどうかがすべてとなる。

文芸評論家の福嶋亮大《りょうた》は、香港の社会学者との「辺境」をテーマとしたやり取りの中で、次のようにポートランドに言及している。

> ……都市の魅力は、どれだけ自らが他の都市に複製されるかにかかってきます。例えば、クラフトビールやコーヒーで知られるアメリカのポートランドは、その文化的生産物が他の都市にどんどん「旅」するからこそ、都市としての名声を得ています。……しかも、この種の流行はいったん複製されてしまえば、もはやその「起源」を知る必要もなくなります。……都市は伝統や来歴を消去する力をもちます。……
>
> 都市は今後ますます、他の都市をより頻繁に参照するようになるでしょう。
>
> （福嶋亮大・張彧暋《ちょういくまん》『辺境の思想――日本と香港から考える』二六七―八頁、強調原文）

福嶋はアジア諸国を念頭に置きながら、国民国家が伝統をベースにした「想像の共同体」としての一体性を必要とし、それゆえにナショナリズムと国家間対立から逃れられないのに対し、互いに参照し合う都市同士であればその限界を乗り越え、互いにつながることができるのではないかと論じている。この議論を延長するならば、ポートランドは日本を含む世界中に、ビールとコーヒーだけではなく、魅力的に見える社会運動のスタイルを発信し、そのコピーを促しているとも言える。

しかし、やはりここで、当初の問題に立ち戻らなければならない。世界中の都市で、社会運動の表面的な「クールさ」に引かれた人々が、デモを行い、共感のしるしを身に着け、ツイッターで発信を繰り返したとして、それは運動の本来の趣旨を支えられるのかということだ。昨夏のBLM運動でみられたように、当事者の活動をジャックし、焦点を見失わせる方向へ運動を誘導してしまうとしたら、益よりも害が多くなってしまうのではないか。

IT産業の進出とそれに伴う新しい住民の増加によって、辺境だったポートランドは今や、洒落た「変てこ」さと先進的な政治姿勢を国際的に発信する都市となった。しかし、オンラインで拡散するイメージは現実のごく一部を切り取ったものでしかないと、受信する側はどれだけ普段から意識しているだろうか。情報の発信元、オフラインのポートランドには、歴史的経緯の結果としての人々の生活があることを、わたしたちは想像しなくてはならないだろう。

◎読書案内

① 福嶋亮大・張彧暋『辺境の思想——日本と香港から考える』文藝春秋、二〇一八年。

② デービッド・バニス、ハンター・ショービー（著）、埴淵知哉・花岡和聖・松本文子・高松礼奈（訳）『ポートランド地図帖——地域の「らしさ」の描きかた』鹿島出版会、二〇一八年。

③ 大庭みな子『オレゴン夢十夜』新潮社、一九八〇年（現在は講談社文芸文庫、集英社文庫 Kindle

版で読める)。
④映画『マイ・プライベート・アイダホ』(原題：My Own Private Idaho)、一九九一年。
⑤Kenneth Z. Chutchian, *John Reed: Radical Journalist, 1887-1920*, Jefferson, NC: McFarland & Company, Inc., 2019.
⑥Carlos Arnaldo Schwantes, *The Pacific Northwest: An Interpretive History, Revised and Enlarged Edition*, Lincoln, NE: University of Nebraska Press, 1996.

①は日本の文芸評論家・中国文学者と、香港出身の社会学者・日本研究者との間の往復書簡。日本と香港をともに辺境として比較しつつ、中心なき後の世界における辺境同士の連携を構想する。②はポートランド州立大学地理学科のプロジェクトから生まれた、ポートランドの「カルチュラル・アトラス(文化の地図帖)」。地図の概念を覆す自由自在な描写から、都市の歴史と文化が重層的に立ち上がる。③は夫の赴任地のアラスカで創作を始め、先住民に題材を採った作品もある作家・大庭みな子(一九三〇—二〇〇七)が、オレゴン大学で文学を教えた際の体験をベースに綴る、日記・エッセイ・私小説が渾然一体となった作品。オレゴンの歴史と風土、人々の描写が出色。④はガス・ヴァン・サント監督の「ポートランド三部作」の一本。シェイクスピア『ヘンリー四世』『ヘンリー五世』を下敷きにしたクィア・フィルムにしてロード・ムービー。⑤はロシア革命の有名なルポルタージュ『世界を揺るがした10日間』(邦訳：光文社古典新訳文庫、二〇一七年)の著者の、四四年ぶりに新しく出た伝記。ジョン・リードは一八八七年にポートランドに生まれ、社会主義運動に身を投じたジャーナリスト。⑥は北西部沿岸地方全体を扱った通史。改訂版が出てから四半世紀と、やや年月が経っている

が、大学のテキストとしても使われている。なお、「パシフィック・ノースウエスト」が指す範囲は分野や目的で異なる。この本ではオレゴン、ワシントン、アイダホの三州を扱っている。

❖より深い理解のために——ディスカッションのポイント

(1) 自分のよく知る地域や自治体などについて、その内側にいる人々の認識と、外からの視線との間にギャップを感じたことはないだろうか。内と外の認識のずれはどのようにして生じたのだろうか。また、そのギャップは、誰にどんなメリット・デメリットをもたらしていると考えられるだろうか。歴史的背景やメディア・大衆文化の役割、観光戦略など、いろいろな角度から分析してみよう。

(2) 社会正義を実現するための運動は、多くの場合、マイノリティや社会的・経済的に弱い立場にある人々の権利や尊厳を守る目的で行われる。しかし、運動の主体が当事者だけでは、社会制度の変革を促すのに充分な力を発揮するのは難しい。運動に当事者以外の共感者が参加しつつ、運動が本来の目的や当事者性を大きく損なわずに継続するためには、どうすればよいだろうか。これまでにアメリカや日本、またあなたになじみのある国や地域で行われた社会運動を参照しながら、考えてみよう。

(3) ポートランドに暮らした文学者の中に、日本でも多くの読者を持つアーシュラ・K・ル＝グウィン（Ursula K. Le Guin、一九二九―二〇一八）がいる。ル＝グウィンの有名作品シリーズに基づき、日本のスタジオジブリがアニメーション映画『ゲド戦記』を製作し、二〇〇六年に公開した。この時、映画の登場人物の多くが原作と異なり、白人の外見にされているとの批判が起こった。この問題について、ル＝グウィンは公式ホームページに見解を示している。（https://www.ursulakleguin.com/gedo-senki-1の"The issue of color"を参照。）当時の批判やル＝グウィンの見解を読んで、原作における登場人物設定の意図と、日本の漫画・アニメ・イラストなどにおける人物表象のパターンを、歴史的・社会的背景を考えながら比較・検討してみよう。

第一〇章

クオータはなぜ嫌われるのか
――割当と平等をめぐるアメリカ現代史――

南川　文里

アイビーリーグをはじめとする名門大学への入試は「クオータ」の是非を問う論争の舞台となってきた。ハーバード大学ワイドナー記念図書館をゲートから眺める（撮影：三牧聖子）

◉クオータを嫌うアメリカ

二〇二〇年九月、アメリカ映画界最大のイベント、アカデミー賞を運営する映画芸術科学アカデミーは、二〇二四年以降公開の作品賞候補となる作品に対し、出演者や製作者に、女性、人種マイノリティ、性的マイノリティ、障害者などを起用することを要件として定める「包摂のための基準」を発表した。作品賞候補は、「俳優および劇中の描写・テーマ」「監督などの製作スタッフ」「インターンシップや訓練など産業へのアクセスと機会」「マーケティングや配給」の四つのうち、少なくとも二つの領域において、前述のマイノリティを含むことを求められる。これは、近年の賞選考で非白人の俳優やスタッフが軽視されているとして、ソーシャル・ネットワーキング・サービス（SNS）上で「#OscarsSoWhite（白すぎるオスカー）」というハッシュタグが拡散し、多様性の欠如が批判されたことに対するアカデミー側の対応であった。

日刊タブロイド紙『ニューヨーク・ポスト』の保守系コラムニストは、この新しい基準を「多様性クオータ」と呼び、「芸術的なクオリティの追求を拒否して、複雑怪奇なクオータ制度を優先する」ものだと非難した。これに対して、アカデミー側の幹部は、このような批判に対し、「新ルールをクオータとは呼ばないでほしい」と理解を求めた。すなわち、反対派は多様性を追求する動きを「クオータ」と批判し、推進派は「クオータ」と呼ばないように求めたのである。両者は、「クオータ」を問題視する立場を共有している。

では一体、「クオータ」とは何だろうか。クオータとは、何らかの選抜を行う際に、マイノリティや不利な立場にある集団を対象に、一定数の割当を用意するしくみを指している。たとえば、雇用の際に、女性や人種マイノリティを一定の比率で含める取り組みが挙げられる。クオータ制度は、選抜結果に必ず対象集団を含めるものから、候補の段階で含めるものまで幅広いが、不平等を生み出してきた制度のメカニズムに介入し、変革への連鎖反応を引き起こす可能性が注目されている。たとえば、世界経済フォーラムによるジェンダーギャップ報告で世界一二〇位（二〇二一年）にとどまる日本でも、政治・経済分野での不平等改善のために、政治家や経営管理職への女性の進出を促す「ジェンダー・クオータ」の是非が議論されている。

しかし、アメリカでは、クオータの評判はよくないようだ。アカデミー賞の新しい要件をめぐる論争では、クオータを「全体主義」「自己検閲」「芸術性の否定」などと呼び、それが「非アメリカ的」であることが強調されている。クオータは、能力や功績を重視するメリトクラシーの原則に反した制度であるという批判や、少数派を優遇して多数派を不利に扱う「逆差別」とする議論も見られる。なぜ、クオータはここまで否定的に語られるのだろうか。そして、クオータは本当に差別的な制度なのか。本章では、クオータを拒否する現代アメリカ社会の姿を通して、アメリカ社会が差別と平等といった課題とどのように向きあってきたのかを考える。

◉人種主義制度としてのクオータ

アメリカ合衆国の歴史におけるクオータは、長い間、白人とくにイギリス系を中心とする白人アングロサクソン系プロテスタント（WASP）を優位とする社会の序列的な構造を維持するための人種主義制度として機能してきた。

その典型的な例が、一九二四年に移民法が導入した国別割当制（national quota）であろう。その導入の背景には、一九世紀末から二〇世紀初頭にかけてのアメリカが、前例のないほど大規模な移民を受け入れたことがあった。建国初期から一九世紀前半にかけてはイギリスや西ヨーロッパ出身者が中心であったが、二〇世紀転換期の「大量移民」は、イタリア、オーストリア＝ハンガリー、ロシアなどの東・南ヨーロッパ出身者が多数を占めるようになった。その多くは、カトリックやユダヤ教徒などプロテスタントとは異なる宗派で、貧しい労働者階級として大都市近辺の工場などで働いた。大量の移民労働者の到来はアメリカの工業化を下支えしたが、出身地、宗教、階級において異質な移民が増加することに対して反発も大きくなった。そこで、一九二四年に連邦議会は移民法を改正し、出身国別の年間の移民数について、一八九〇年当時の各国出身人口の二％を移民受け入れの上限（＝割当）とする措置を導入した。その結果、たとえば一九一〇年代には約一二〇万人を受け入れたイタリア出身の移民の数は、二〇年代に半減、三〇年代には八・五万人まで減少した。この国別割当制は、一八九〇年にはまだ人口比率が小さかった東・南ヨーロッパ出身者の流入を制限するための措置であった。

また、クオータ制度は、大学入試でも使用された。なかでもアイビーリーグと言われる名門大学が、ユダヤ系学生の入学を制限するために導入した「ユダヤ系クオータ」はよく知られている。ハーバード大学では、ユダヤ系学生が急増し、一九二五年には新入生の四分の一以上を占めるようになった。WASPを中心とする大学内の序列関係が崩れることを危惧した大学関係者は、一九二六年に入試制度を変更して、学業成績に加えて学生の人物像を総合的に考慮して合否を決定する方式を採用した。この方法によって、学業成績に優れたユダヤ系学生の合格者数を定員の一五％程度に抑え込む「ユダヤ系クオータ」が成立した。このような差別的な制度は一九五〇年代まで継続した。

二〇世紀初頭は、アメリカ合衆国が史上類を見ない大量の移民を受け入れ、産業化や都市化による構造的な変化を経験した時代であった。人びとは、この社会の変貌を既存の秩序に対する脅威と考え、異質な文化を持つ移民を問題の象徴として排除しようとした。当時の人種概念では、カトリックやユダヤ系の新しい移民は、ＷＡＳＰとは異なった「劣った人種」と考えられており、ＷＡＳＰと「混ざり合う」ことでアメリカ社会（あるいは大学教育の）質的な劣化が生じると考えていた。「出身国」や「人物像」などを理由として、参入を制限しようとする国別割当制やユダヤ系クオータは、ＷＡＳＰ優位の社会を守るための人種主義的な措置として導入された。

しかし、二〇世紀後半になると、これらのクオータ制度は、特定の集団の排除をねらった差別的な制度と批判されるようになった。公民権運動の成果として一九六四年公民権法が成立し、雇用、教育、公的サービスなどにおける人種差別の禁止が法制化される時代状況において、これらの制度は見直しを余儀なくされた。国別割当制の「出身国」にもとづく割当は不当な差別であるという批判を集め、これに代わる一九六五年移民法では、出身国や人種に関わりなく、移民が持つ技能や家族関係にもとづく移民受入制度が確立した。エリート大学におけるユダヤ系クオータも廃止され、ＳＡＴ（大学進学適性試験）などの標準化試験のスコアや高校での成績を重視する選抜が中心となった。

人種主義的なクオータを廃止する改革の背景には、クオータが差別的であることに加えて、メリトクラシーの原則に反しているという考えがあった。メリトクラシーとは、個人が達成した「メリット（功績）」にもとづいて雇用や進学などの適性を判断する考えであり、広く解釈すれば「メリットに優れた人びと」による統治や支配を肯定する社会のあり方を指している（日本語ではメリトクラシーは「能力主義」と訳されることが多いが、本章では、個人の能力や努力の結果として顕在化した「功績」や「長所」を重視するという意味でメリトクラシーと表記する）。哲学者マイケル・サンデルは現代アメリカを「メリットの専制」と呼んだが、人種主義的なクオータは、属性を「メリット」よりも優先する点において、メリトクラシーの原則を逸脱しているとみなされた。

◉反差別のためのクオータ？

しかし、人種主義の遺産を乗り越えようとする一九六〇年代の公民権改革は、別のクオータ制度への関心を高めた。アファーマティブ・アクション（ＡＡ）と呼ばれる政策の是非をめぐって、クオータ制度との関係が注目されたのである。

公民権改革は、公民権法が描く「差別のない社会」を実現させるために、法律上の差別の禁止だけでなく、連邦政府機関が「積極的措置」を行うことを求めた。たとえば、差別的雇用の解消のために一九六五年に設置された雇用機会均等委員会（ＥＥＯＣ）は、全国の企業を対象にした雇用調査を行い、黒人の就労が少ない企業や業種に対して、状況を改善するための取り組みを求めた。この前提には、学歴・専門性・経験などの「メリット」を優先する雇用方針が、過去の差別によって十分な機会を与えられてこなかったマイノリティに不利に働き、結果的に不平等を温存してしまうという問題があった。差別的意図がなくても人種間の格差や不平等を再生産するしくみ――これを制度的人種主義という――を改善するため、マイノリティに対する雇用や昇進機会の提供、能力開発や訓練・研修などの支援プログラムが設置された。これが、ＡＡと呼ばれるものである。

ＡＡの対象には、人種だけでなく、性にもとづく不平等も含まれた。一九六六年に設立された全国女性機構（ＮＯＷ）は、連邦政府に対して、女性差別も人種差別と同じく不正義であると働きかけ、ＥＥＯＣは、ＡＡによる差別是正の対象に女性も加えた。たとえば、結婚や妊娠を理由とした解雇制度、男女別の賃金・退職金・年金における格差、性別の募集広告などが、是正すべき差別として取り上げられた。

AAは、雇用や教育における差別的状況を改善するために、幅広い取り組みとして実施されたが、なかでも論争を呼んだのが、フィラデルフィア・プランと呼ばれる政策であった。一九六九年に発表された修正版フィラデルフィア・プランは、連邦政府と契約する企業に対し、マイノリティ労働者雇用の数値目標の提示とそれを達成するための日程表の提出を求めた。これは、数値目標による「結果の平等」を求めるAAの代表的取り組みと考えられたが、反発も大きかった。数値目標を定める政策が、特定の人種集団に対するクオータの設置を推進しているのではないかと問題視されたのである。差別的雇用の改善と人種統合の達成のために、過去には白人優位を守るための人種主義的な手法と批判されたクオータ制度を採用することの是非が問われた。

興味深いことに、連邦政府側の反論は、フィラデルフィア・プランを含むAA政策が「クオータではない」ことを強調した。たとえば、修正版フィラデルフィア・プランを立案した労働副長官のアーサー・A・フレッチャーは、同政策は、人種統合のための目標実現への努力を求めるもので、マイノリティのためのクオータを用意するものではないと考えていた。しかし、これを批判する人びとは、数値目標を定め、一定の枠組を特定の集団に用意することはクオータであり、その目的が人種統合や反差別であったとしても、そのような手法は「法による平等な保護」という合衆国憲法の原則に反していると訴えた。このような論争の構図は、冒頭で紹介したアカデミー賞の改革をめぐる論争と類似している。AAもアカデミー賞改革も、議論の焦点はクオータの是非ではなく、当該の取り組みがクオータであるかどうかに当たっているのだ。

◉クオータの禁止から多様性の追求へ

クオータをめぐる論争は、反差別の取り組みとして導入されたAAの軌道を大きく変えた。その最大の契機となったのが、一九七八年の連邦最高裁判所による「カリフォルニア大学理事会対バッキ」判決(通称バッキ判決)である。大学入試は、AAが導入された代表的な分野であった。各大学は、高等教育へのアクセスを広く保障するための積極的な政策として、マイノリティを対象とした入試プログラムを導入した。大学進学機会の平等は、安定した職や専門職に従事する機会をマイノリティに保障し、貧困や不平等の是正に貢献することが期待されていた。

バッキ裁判は、カリフォルニア大学デイビス校の医科大学院の入学試験を不合格となった白人男性アラン・バッキが、マイノリティ学生を対象とする特別措置入試が合衆国憲法に違反していると訴えたものである。同大学院では、特別措置入試の適用によって定員一〇〇名のうち黒人などマイノリティ学生が一六名入学したが、バッキは、この措置は、定員のうち一六名を非白人のみに割り当てる「人種クオータ」であり、一部の白人出願者はその人種ゆえに特別措置の対象外として不合格となったと訴えた。この裁判は、差別を是正するためのAAが、白人志願者を「逆差別」しているのではないかという「逆差別」論を一般にも広く伝え、メディアや知識人を巻き込む一大論争を引き起こした。

連邦最高裁による判決は、AAとクオータの関係を決定づけるものとなった。裁判では、カリフォルニア大学側は、特別措置入試における一六名という数値は「クオータ」ではなく「目標」であると主張して、バッキ側の批判に反論した。しかし、最高裁の判決は、「クオータであろうが、目標であろうが、人種やエスニックな地位にもとづいて線を引く」制度であることは間違いなく、大学入試の特別措置制度は、合衆国憲法の「平等な保護」原則に違反していると結論づけた。しかも、判決では、これまでのAA政策の前提にあった、過去の差別が作り出した制度的人種主義への対策としての側面も否定し、バッキのような「無実の人びと」を差別しないように求めた。バッキ判決は、差別是正政策としてのAAの正当性を否定し、人種にもとづいて数値を設定する政策を禁止した。

ただし、バッキ判決は、人種を用いた入学試験そのものを禁止したわけではなかった。判決では、「多様な学生集団を獲得する」という目標を達成するためであれば、人種を用いた制度は正当化することができると述べている。差別の是正のためではなく、多様性を確保するための政策としてであれば、そして、人種にもとづく数値を設定せず一つの要素として考慮する方法であれば、AAの存続は認められた。

バッキ判決は、AAをめぐる語り方を大きく変えた。多様性を追求するという新しい目標に合致しているかどうか、そして、クオータであるかどうかよりも、人種を合否判断の基準として用いることをどこまで許容できるかが、AAをめぐる議論の中心になった。大学は、人種集団別の教育機会の不平等の解消ではなく、教室やキャンパスにおける多様性の実現のために、人種を考慮した入試を継続した。しかし、その後も、入試におけるAAは、厳しい法的な検討の対象となっている。たとえば、二〇〇三年の「グラッツ対ボリンジャー」判決は、ミシガン大学で実施されていた人種マイノリティの出願者に対して一定の点数を加算する制度を違憲であると判断した。

また、ジェンダー平等のためのAAも、同様の論理で理解されるようになった。一九八七年の「ジョンソン対サンタクララ郡運輸局」判決では、人種や性別による不平等が存在してきたポジションにおいて、同等の能力を有する男女の候補者がいた場合に女性を昇進させることは、男性候補者への権利侵害とならず、合憲であると結論づけた。ただし、合憲となる根拠の一つとして、昇進制度が女性の数だけを問題として昇進させたわけではないこと、すなわち同制度が女性のためのクオータではないことが明示された。性別にもとづくAAも、バッキ判決以降の人種によるAAと同様、クオータのような「枠」を用意するものでも数値を設定するものでもなく、性別を候補者について判断する要素の一つとして考慮する方法が一般的になった。そして、過去の差別是正よりも多様性の実現という目的を強調するようになった。

人種や性別にもとづくAAは、クオータや数値を設定せず、標準化試験の成績、階級、出身地、教育歴などとあわせて、人種やジェンダーを候補者について判断する要素の一つと見なすようになった。それが、学生や従業員の多様性を構成する一要素となり、その範囲内でのみ、入試や雇用において考慮することができるようになったのである。これにあわせて、一九八〇年代頃から企業や大学では「多様性」を担当する部署が設置され、多様な構成員による組織や団体が、さまざまな意見や経験を取り上げながら、効率的に成果へと結びつける手法を追求するようになった。AAは、公民権改革における反差別政策としての目的を喪失し、グローバル化時代の多様性推進のための新しい経営管理手法の一つとして継続するようになったのである。

◉エリート大学における「アジア系クオータ」と隠されたクオータ

現代のアメリカ社会においてもクオータを回避する態度は根強く存在している。このような態度は、政治的に対立する立場のあいだでも共有され、人種やジェンダーの平等のための政策をめぐる議論の焦点は、雇用、昇進、大学入試などの選抜の際に特定の属性を考慮することの是非となった。

世論調査では、属性を考慮することに対して、否定的な意見が目立つ。たとえば、ピュー研究所が二〇一九年に行った調査（図）では、大学入試において、人種やジェンダーなどの属性、卒業生の親

図　大学入試の合否判断において考慮すべき要因について（2019年調査）。

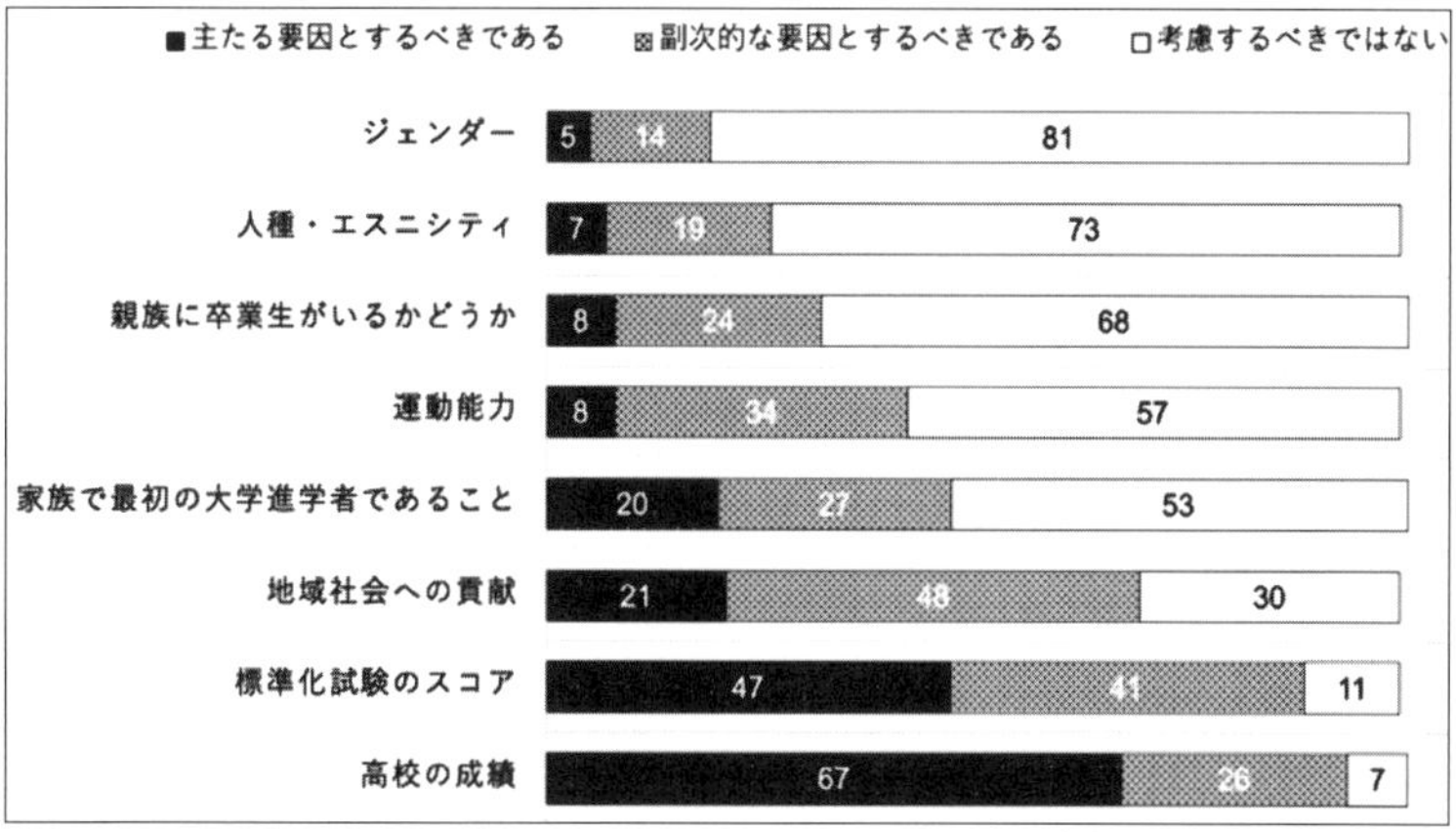

出典：Pew Research Center

族、高校の成績や標準化試験の成績などを、合否判定の際にどう扱うべきかを尋ねている。その結果、ジェンダーや人種を合否判断の際に「考慮すべきではない」とする意見が、それぞれ八一％、七三％を占めており、これらの属性を大学入試で考慮することに否定的な意見が多数を占めていることがわかる。一方で、高校の成績や標準化試験の成績については、それぞれ九割程度が「主たる要因」あるいは「副次的な要因」とすべきと回答しており、属性を考慮することへの抵抗と「成績」を反映させるべきという考え方が定着していることがわかる。この傾向は、メリトクラシーの考え方とも重なっている。

二一世紀になっても、ＡＡの是非は裁判で何度も問われてきた。近年もっとも注目を集めているのは、黒人やヒスパニックなどの不利なマイノリティを対象としたＡＡが、学歴や所得が比較的高いアジア系アメリカ人に対する差別であると主張する訴訟である。二〇一四年、「公平な入試を求める学生の会（Students for Fair Admissions 以下ＳＦＦＡ）」は、ハーバード大学などで実施されている、個人の多様な背景の一つとして人種を考慮する入試制度が、アジア系を排除する結果に結びついていると訴えた。アジア系アメリカ人は、学歴が高い傾向があり、二〇一五年の統計では大卒以上が五四％、大学院卒以上が二一％を占めているため、多くの大学でＡＡの対象とはされていない。エリート大学への進学にも熱心で、二〇一〇年代のハーバード大学新入生の二割程度を占めてきた。しかし、訴えによれば、アジア系はＳＡＴなどの標準化試験で高得点を持っていても、「個人的特徴」の面で不利な評価を受ける傾向があるという。「個人的特徴」とは、出願者の家庭環境、出身地、社会的地位など合否について考慮すべきとされる背景を含んだ総合的な人物像を指しているが、アジア系学生はこの点で「不当に低く評価されている」という。そして、「多様な学生集団」を実現するための入試政策が、アジア系以外のマイノリティ学生を入学させるために、優秀な成績のアジア系学生を排除する「事実上のクオータ制度」として機能していると問題視した。裁判では、原告らは、かつてのユダヤ系クオータと同様に、エリート大学からアジア系学生を排除するＡＡを廃止し、主観的判断よりも客観的な成績にもとづく「公平な入試」の実現を求めた。

ここで考慮すべき点は、ＳＦＦＡが求めたのが、不利なマイノリティ集団に高等教育へのアクセスを保障するＡＡの廃止であったことである。実は、ＳＦＦＡの代表エドワード・ブラムは、白人に対する「逆差別」としてＡＡの廃止を求める訴訟に関わってきた白人活動家であった。裁判所が多様性のためのＡＡを擁護するなか、「ＡＡはアジア系への差別である」という一部のアジア系アメリカ人の主張は、ブラムにとってＡＡへの新しい攻撃材料となった。ブラムは、現在のＡＡが「アジア系クオータ」として機能する差別的な制度であると訴えた。一方、二〇二〇年のアジア系アメリカ人有権者調査によれば、アジア系アメリカ人の七〇％が「黒人・女性などのマイノリティの高等教育へのアクセスを改善するためのＡＡ」に賛成しており、ＳＦＦＡの主張をアジア系のなかの多数派の声とみなすことは難しい。

ＳＦＦＡの訴えに対し、各大学は「多様な学生」を獲得するためにＡＡは必要な手段であるという従来の主張を繰り返した。二〇一九年一〇月、ボストン連邦地方裁判所はバッキ判決以降の多様性原則とハーバード大学側の主張を支持し、ＳＦＦＡの訴えを退けた。控訴審も同様の判断であったため、ＳＦＦＡは二〇二一年二月に連邦最高裁へと上訴した。最高裁の判断は、今後のＡＡ政策の方向性を左右する可能性があるとして注目されている。

ＳＦＦＡ裁判は、今日においても依然としてクオータへの否定的イメージが繰り返し利用されることを、あらためて示唆した。クオータは、特定の人びとを「優遇」することで別の人びとを「排除」する仕組みであると広く考えられており、この語を用いることで、大学入試の結果が「不当に歪められている」という感情を喚起させる効果を持っている。この裁判は、クオータの「犠牲者」として、アジア系アメリカ人というマイノリティを名指すことで、「個人的特徴」ではなく、「メリット」にもとづく「公平な入試」を求めている。

一方で、この裁判の論争のなかで、もうひとつのクオータの存在に注目が集まっている。それは、ハーバード大学を含む約四割の私立大学が採用しているレガシー入試と呼ばれる制度である。これは、大学卒業生の家族や親族を優先的に受け入れる入試プログラムで、一般入試とは別の独自の入試として実施されている。多くの大学は、学生の多様性を維持するための方法の一つとして、レガシー入試を採用している。

しかし、レガシー入試は、実態としては白人学生を優先的に受け入れる枠組として機能していると言われる。たとえば、二〇一四年から一九年までの六年間のハーバード大学の記録によれば、白人は、レガシー入試合格者のうちの七割を占めている。そして、白人合格者の四三％が、一般入試とは別の特別入試（レガシー入試、スポーツ推薦、寄付者親族などの学部長推薦、教職員の子ども）によるものである。しかも、レガシー入試の合格率（受験者数に占める合格者数の割合）は三三・六％で、一般入試の合格率の五・七倍高い。レガシー入試は、白人の受験生を優先的に受け入れる枠組として機能しており、実質的には白人学生の数を維持するためのクオータとして存続していると見なされる。前出のピュー研究所による調査（図）では、「親族に卒業生がいるかどうか」を合否判定の要素として考慮することに反対する人は、全体の六八％を占めている。世論は、人種やジェンダーほどではないが、レガシー制度を正当と見なしているとはいえない。

しかし、SFFAは、大学入試制度について、レガシー入試などの白人学生を多く受け入れる制度よりも、マイノリティ学生の人種的背景を考慮するAAを主要な問題として取り上げている。また、ハーバード大学も、多様性を維持するための試験制度という枠組のもとで、マイノリティ学生のAAと、白人学生を多く受け入れるレガシー入試との両方を擁護している。エリート大学において歴史的に白人優位の構造を維持する役割を果たしてきたレガシー入試と、教育機会において制約や不平等を抱えるマイノリティ学生の進学支援のためのAAは、同等の制度として扱うことができるのだろうか。そして、人種を考慮するAAが、トランプ政権をはじめとする保守派に厳しく批判され、廃止を何度も迫られているのに対し、レガシー制度に対しては同等の批判が高まらないのはなぜか。この議論のアンバランスさは、クオータをめぐる議論が問題にしているのは、実はクオータそのものではない、ということを浮き彫りにする。

◉問題はクオータなのか？

本章ではここまで、アメリカ社会において、人種やジェンダーに関わる政策について語るときに、クオータを忌避する傾向が見られることを論じてきた。クオータは、人種や性などの属性ではなく、何ができるのか、何を為したのかによって判断するメリトクラシーに反していると考えられている。メリトクラシーの価値にもとづき、大学入試、雇用や昇進から映画賞まで、特定の政策を批判する側は、「それはクオータである」というレッテルを貼ることによって、政策の正当性を傷つけようとする。

しかし、本章の議論が明らかにしたのは、公民権改革以降「クオータである」という批判の矛先が、人種主義やジェンダー差別による不平等を改善しようとする努力に向けられてきたことである。その批判は、既存の序列的な集団間関係へと介入しようとするAAのような政策に対して、メリトクラシーを掲げて無効化しようとする。それゆえ、AAは、制度的な不平等の改善という当初の目的を捨て、「多様性の実現」という新しい目的によって再定義された。しかし、レガシー入試を放置したまま、人種を考慮するAAを執拗に攻撃する姿勢は、論争の根底にあったのが「メリトクラシー対クオータ」の対決ではなく、白人を上位とする人種秩序の維持にあることを示唆している。

よって、論争におけるメリトクラシーが何を指しているのかを問い直し、とくに「メリット」の絶対性を疑う必要がある。数値化された成績を「メリット」と見なすことは、本当に適切なのだろうか。たとえば、SATの成績には、人種によるギャップが明白に存在している。二〇二〇年の数値では、難関大学を想定したトップ得点層の約九割をアジア系と白人が占めており、ヒスパニックと黒人の合計は七％に過ぎなかった。SATの成績を「客観的なメリット」と見なす前に、なぜこれほどの得点差が集団間に見られるのかを検証する必要があるだろう。また、同じ点数であったとしても、高学歴の両親のもとで私立学校の充実したカリキュラムと家庭教師のもとで学んで取得した点と、経済的に不安定な単親家庭で育ち、少年犯罪や薬物問題と直面しやすい地域の学校で学び続けて取得した点を、同じ「メリット」として評価できるのだろうか。人種間格差が明白な社会のなかで「メリット」をどのように評価するべきか、注意深い検討が必要なはずだ。しかし、メリトクラシーを前提とした「それはクオータである」という非難は、そこにある不平等や格差の存在をむしろ覆い隠してきた。クオータであるか否かではなく、そこにどのような不平等があるのか、その制度的なメカニズムに切り込むために何ができるのかを考える必要がある。

そして、そこに制度的・構造的な不平等が存在しているとき、あらためてクオータ制度が本当に受け入れ困難であるのかを再考することも重要だろう。たとえば、アメリカにおける女性議員の比率は、二〇二一年初頭に二七・三％で世界六〇位（世界経済フォーラムによるジェンダーギャップ報告）にとどまっており、OECD諸国の平均（三一・六％）よりも低い。そのなかで、政治におけるジェンダー平等分野で成果を上げているクオータ制度の可能性を検討する議論が始まっている。人種的な不平等についても、「多様性の実現」を目的としたAAの効果が限定的であることがわかってきた。さらに、二〇二〇年以降、新型コロナウイルス感染被害によって、黒人・先住民・ヒスパニックの生活基盤の脆弱さが露呈している。制度的・構造的な不平等があらためて顕在化している現在、クオータという選択肢を当初から排するのではなく、問題の状況に応じた積極的な取り組みを検討することが必要になってきたといえるだろう。

同じ問いは、日本にも投げかけられている。日本では、大学進学や雇用においてアメリカ以上にメリトクラシーへの信奉が根強くあり、クオータの採用にきわめて消極的である。しかし、「メリット」を強調してクオータを否定する態度の背後にも、日本社会における深刻な格差――それは、階級、ジェンダー、地域そして人種主義の交差によって生じる――が存在している。たとえば、海外にルーツを持つ子どもたちが直面する進学や雇用の困難を、メリトクラシーを唱えるだけで乗り越えられるのだろうか。そのようななか、一部の国内大学でも、海外ルーツ学生を対象とした入学試験が実施されるようになったのは、注目すべき取り組みだろう。また、日本社会における強固なジェンダー不平等を是正するための実効的な方法として、「ジェンダー・クオータ」は、検討に値する選択肢であるといえる。メリトクラシーを絶対視することなく、制度的な不平等に苦しむ人びとにどのようにアプローチするのか。アメリカ現代史の問いは、けっして対岸の火事ではない。

◎読書案内

①メイ・M・ナイ（小田悠生訳）『「移民の国」アメリカの境界――歴史のなかのシティズンシップ・人種・ナショナリズム』彩流社、二〇二一年。
②川島正樹『アファーマティヴ・アクションの行方――過去と未来に向きあうアメリカ』名古屋大学出版会、二〇一四年。
③Randall Kennedy, *For Discrimination: Race, Affirmative Action, and the Law*, New York: Vintage Books, 2013.

④南川文里『アメリカ多文化社会論【新版】――「多からなる一」の系譜と現在』法律文化社、二〇二二年。
⑤北美幸『半開きの〈黄金の扉〉――アメリカ・ユダヤ人と高等教育』法政大学出版局、二〇〇九年。
⑥マイケル・サンデル（鬼澤忍訳）『実力も運のうち――能力主義は正義か？』早川書房、二〇二一年。
⑦本田由紀『教育は何を評価してきたのか』岩波新書、二〇二〇年。
⑧辻村みよ子『ポジティヴ・アクション――「法による平等」の技法』岩波新書、二〇一一年。
⑨三浦まり・衛藤幹子編著『ジェンダー・クオータ――世界の女性議員はなぜ増えたのか』明石書店、二〇一四年。
⑩Jennifer Lee, "Asian Americans, Affirmative Action and the Rise of Anti-Asian Hate," *Daedalus*, Vol. 150, No.2, 2021, pp.180-198.

①は一九二四年の国別割当制の導入から廃止にいたる過程に現代的なアメリカの移民問題の起源を描く研究書。②と③はアファーマティブ・アクション（AA）について知るための基本書。②はAAの背景にある黒人の歴史を、③はAAをめぐる複雑な論争の構図を解説している。④はAAを多文化主義政策の一つとして位置づけ、その変遷を論じている。⑤は高等教育におけるユダヤ系クオータとその廃止運動を扱った歴史研究。⑥は著名な哲学者によるメリトクラシー批判のベストセラーだが、本章の論点をふまえて批判的な読みにチャレンジしたい。⑦は教育社会学者が日本の教育におけ

る「能力主義」の変遷を描いている。⑧と⑨は、ＡＡやクオータ制度についての世界的な展開を知ることができる。クオータを否定するアメリカの態度が、いかに不平等に対するアプローチの選択肢を狭めているかを実感できるだろう。⑩はＳＦＦＡ対ハーバード大学裁判がアジア系アメリカ人にとってどのような歴史的・社会的意味を持っているのか、反アジア人差別の問題と関連づけて論じている。

❖より深い理解のために——ディスカッションのポイント

(1) 本章で紹介した国別割当制やユダヤ系クオータ以外に、特定の集団を排除する目的で作られた差別的なクオータ制度の例を挙げてみよう。

(2) 現代の国際社会で差別是正のために導入されたクオータ制度の例を挙げてみよう。また、それらの制度が導入された背景や効果についても調べてみよう。

(3) クオータ制度を正当化できない理由／正当化できる理由をそれぞれ挙げ、推進派と批判派の立場からディベートしてみよう。

(4) 人種やジェンダーにもとづく不平等が存在する社会において、「公平な入試」を行うためにはどのような仕組みが必要だろうか。議論してみよう。

第一一章

ミレニアルズとZ世代

——あらたな世代政治の誕生とアメリカ社会——

梅﨑 透

銃規制を訴えるZ世代。頻発するスクール・シューティングをうけてニューヨーク市のハンター・カレッジ・キャンパス・スクールでは生徒たちが集会を開いた。2018年3月14日、筆者撮影。

◉はじめに――コロナ禍にみえはじめたアメリカ社会の転換

新型コロナウィルス（COVID－19）がもたらしたパンデミックは、アメリカ社会のねじれた分断線を明るみにし、これまで社会の根幹として機能してきたさまざま理念の再定義を迫った。移動の自由もそのひとつだろう。二〇二〇年三月にニューヨークで開始された「ロックダウン」は、二〇二一年秋にはほぼ解消されたが、この間にトランプが敗れ、バイデン政権が発足した。その交代劇は、二人の大統領候補が生み出したものではなかった。過激なトランプ支持者ばかりが報道されるなか、平和裡に運動を展開したブラック・ライブズ・マター（BLM）運動支持者、民主党大統領候補に迫ったバーニー・サンダースを後押しするアメリカ民主社会主義者（DSA）、ジョージア州で有権者登録運動を地道に展開してきたステイシー・エイブラムスら草の根活動家など一般の市民がその役割を担った。そして、その方向性を決定づけたのがミレニアル世代とZ世代と呼ばれる若者たちだ。

今、アメリカだけでなく世界中で、社会と政治を変える若者たちの存在が注目されている。イギリスの社会学者キア・ミルバーンは、こうした若者を「ジェネレーション・レフト」と呼んで、国境を越えて共通する世代の特徴を分析する。彼らを世代としてまとめ上げるのは、彼らが体験した「出来事」(events) で、もっとも象徴的なのは二〇〇八年に顕在化した世界金融恐慌であった。その後間もなくして、イギリスの学生運動、アラブの春、スペインでの大規模デモ、ギリシアでの抗議キャンプ、そしてニューヨークで始まったオキュパイ・ウォールストリートなど、それまで鬱積していた政治的思いが世代として爆発したのだ。

本章では、アメリカ社会において世代がどのように語られてきたかを整理し、いまミレニアルズやZ世代と呼ばれる若者がどのような出来事を体験し、自らを世代として定義するのか考える。二〇世紀後半以来ずっとアメリカ社会の主流にいたのはベビー・ブーマーズだった。彼らは一九六〇年代に自ら世代としてのまとまりを宣言し、ニューレフト運動やカウンターカルチャーのうねりを作りだした。アップルコンピューターがカウンターカルチャーから生まれたのだとすれば、いまやiPhoneを使う世界中の人々がこの世代の作りだした世界観を共有していることになる。しかし、二〇二〇年代に至り、世代の主役はそれより若いミレニアルズとZ世代に移りつつある。彼らは、人種、階級、ジェンダー、セクシュアリティなどに基づく差別に関心が高く、環境に対する倫理観が高い。そして、社会主義にも肯定的だと言われる。若者世代への関心が再び加熱する中、彼らはアメリカ社会をどこに導こうとするのだろうか。

◉アメリカ社会における世代区分

そもそも世代とは何か。ここで言う世代とは、親、子、孫などの家族内で交代する世代ではなく、出生年や成長期が近く、同じような考え方、行動様式をもつ集団を指す。世代は人種やジェンダー、階級と同じように社会的、文化的に構築された概念であり、世代の定義の多くはその社会で一般的に流通する特定の年齢集団への印象を集約したものにすぎない。こうした社会的世代が、とくに青年あるいは若者の特徴として意識されるようになったのは二〇世紀に入ってからだった。社会学者のカール・マンハイムがドイツ青年の政治行動が持つ刷新性に着目して世代を論じたのは、一九二〇年代のことである。

同時代のアメリカにおいては、第一次世界大戦への従軍を経て、既存の道徳の価値を見失い、方向性を失ってさまよう若者たちという意味で、ロスト・ジェネレーション（失われた世代）が語られるようになった。この言葉は、アーネスト・ヘミングウェイ、フランシス・スコット・キー・フィッツジェラルドら当時の若い作家集団を指す言葉だったが、次第に同世代をまとめ上げる社会的用語として使われるようになった。一般に急激な近代化を体験し、第一次世界大戦中に青年期を迎えた世代を指し、一八八三年から一九〇〇年生まれの人びとと定義される。

これに一九〇一年から一九二七年生まれのグレイティスト・ジェネレーション（もっとも偉大な世代）が続く。この世代は、大恐慌（一九二九年～一九三〇年代）と第二次世界大戦（一九三九年～一九四五年、アメリカの参戦は一九四一年）を生き抜いた人々だった。しかし、この名称が用いられるようになったのは一九九〇年代終わりであり、それまでは単に第二次世界大戦世代と呼ばれていた。そして、一九二八年から一九四五年に生まれた約四七〇〇万人の集団は、一九五〇年代の赤狩り（マッカーシズム）に直面して物言わぬ若者という意味で、当時からサイレント・ジェネレーション（沈黙の世代）と呼ばれた。一九五一年の『タイム』誌の記事では、「今日の若者は、運命の手がその肩に触れることを待っている。とても勤勉だが、ほとんど何も言わない。この若い世代の沈黙は、驚きに値する」と、描写された。サイレントには、じつは一九六〇年代の対抗文化を先導したビート・ジェネレーションと呼ばれる文芸作家たちや、公民権運動や学生運動のリーダーとして政治運動を牽引した人々も含まれるが、世代としては、「沈黙」していたことになっている。

第二次世界大戦後の一九四六年から一九六四年にかけて生まれた七六〇〇万人は、その爆発的な出生数からベビー・ブーマーズと呼ばれる。二〇世紀後半を通じて、この世代はアメリカで人口的に最も大きな塊だった。すでに一九五〇年代半ばには、新たに発明された「ティーンエイジャー」として、豊かな大衆消費社会アメリカに巨大なマーケットを形成した。そして一九六〇年代には、自らを「六〇年代世代」と定義してその新しさを強調した。この若者世代のエネルギーは、一九六八年前後をピークに爆発した。一つ前の世代論は、まさにこのブーマーズをめぐって作られた。七〇年代に入って社会運動が停滞したあともアメリカ文化の中心にあり、その自己陶酔スタイルから、「ミー・ジェネレーション」とも呼ばれた。彼らは年齢を重ね財産を所有し、二〇世紀後半の理想的なアメリカ生活様式を謳歌しつつその価値観を維持した。四五代大統領ビル・クリントン、四六代ジョージ・W・ブッシュ、四八代ドナルド・トランプは、揃って一九四六年生まれで、二〇一六年の大統領選に敗れたヒラリー・クリントンは一九四七年生まれだ。そして四七代のバラク・オバマは、その若さが印象的だったが、一九六一年生まれと、やはりブーマーズ後期に属する。

一九六五年から八〇年生まれの集団は、ジェネレーションX（X世代）と呼ばれる。その言葉自体は、二〇世紀半ばから、写真集のタイトルやバンドの名前などで使われていた。この世代と結びつけられたのは、カナダの作家ダグラス・クープランドの一九九一年の小説『ジェネレーションX――加速された文化のための物語たち』からだとされる。Xは、よくわからないもの、何にも定義されないものといった意味で、自ら世代として発信することのないつかみ所のない世代だった。出生数も五五〇〇万人と、ブーマーズより二〇〇〇万人以上も少なく、次のミレニアル世代とくらべても七〇〇万人少ない。二〇二二年の時点で四二歳から五七歳ともっとも働き盛りの世代だが、二つの大きな世代に挟まれてその印象は薄いようだ。

そして、一九八一年から九六年に生まれた世代がミレニアルズ（ミレニアル世代）である。二一世紀に成人を迎えた世代は、いまやその最年長は四〇歳を超え、社会を変える原動力となりつつある。その後二〇一二年までに生まれた人々がジェネレーションZ（Z世代）と呼ばれ、さらにその後はジェネレーション・アルファ（α世代）となる。ミレニアルズとZ世代は、二〇一八年の中間選挙において、その上の世代を数において上回った。そして、二〇一九年以降は、ブーマーズを凌駕する最大の人口動態的集団となっている。

◉ベビー・ブーマーズの一九六〇年代

もちろんベビー・ブーマーズは多様だった。一九六〇年代の運動には公民権運動、ニューレフト、ベトナム反戦、女性解放運動、エスニック・グループの解放運動やカウターカルチャーがあれば、後の保守回帰に連なるニューライトも存在した。また、ブーマーズの出生年が、四六年から六四年までと長いこともあって、その前半と後半ではだいぶ特徴が異なる。それでも、ブーマーズが青春を謳歌した時代は、カウンターカルチャー全盛の六〇年代とその雰囲気が残る七〇年代と一般に想起される。世代的経験を熱心に語るきっかけを作ったのは、ニューレフト運動だった。一九六二年六月に、「民主社会を求める学生（SDS）」が初の全国大会で採択した「ポートヒューロン宣言」は、第二次大戦後のアメリカ社会における共通の体験をもって「世代」としてまとまり、社会を改良する責務を訴えた。

「宣言」は、ミシガン州など中西部出身の白人学生を中心に執筆された。草稿を書いたトム・ヘイドンは、「われわれは、少なくとも快適な環境で育ち、今大学に暮らし、受け継いだ世界を居心地悪く眺める世代の一員である」と始めた。第二次世界大戦後の世界でもっとも豊かで強いアメリカ社会で育った「われわれ」は、一九五〇年代の公民権運動に直面し、人種差別という「人類の堕落」をみた。さらに冷戦の恐怖は核兵器によって「いつ死ぬかも知れない」危機感を経験している。一九五〇年代の赤狩りによって、体制内化してしまった旧いリベラル左派に対して、若者の世代政治としてのニューレフトは、さまざまな理想主義を掲げたが、その根幹にあったのは「参加民主主義」という政治的、社会的な価値だった。公民権運動活動家のように、「個人がその人生の質や方向付けについての社会的決定に参加」する実存性こそが、社会改良へとむかう「世代のアジェンダ」だった。大学が大衆化し疎外される学生が主体的に社会の意志決定に加わることで、自らを開発すると同時に社会改革のエネルギーとしてまとまることを訴えたのだ。

「宣言」は、SDSが二年後に二万部、四年後に二万五〇〇〇部を刷って配布しただけでなく、冒頭部分がたびたび印刷出版され、参照された。一九六〇年代終わりには、約一〇万人のブーマーズが自らをニューレフトと定義したと言われる。『対抗文化《カウンターカルチャー》の精神』（一九六九年）を書いたセオドア・ローザックは、「世代間の争いは、人間社会につきものの、非常に目立つ現象の一つである」とし、この「緊張関係」が歴史を決定づけると論じた。また、チャールズ・A・ライクは、『緑色革命』（一九七〇年）において、「新しい意識が若者をますます違ったものにしてゆくにつれ、若い世代は自らを一個の世代として自己発見」したと論じた。それは、意識から服装など文化全体に及び、全米規模で「兄弟姉妹」のような結びつきを浮かび上がらせたと言う。一九三〇年代の若い頃にはラディカルな左派だった二世代上の社会学者ダニエル・ベルは、一九六八年にコロンビア大学での学生ストライキに直面した時、若者の「放縦」な運動は権威を否定するものと冷たく対応した。六〇年代に繰り返し叫ばれた「三〇歳以上は信頼するな」という言葉に、こうした上下の世代間対立が表れていた。

◉文化戦争と「六〇年代世代」

一九八〇年代から九〇年代の文化戦争の時代に、再び「六〇年代世代」をめぐる議論が熱を帯びた。六〇年代当時三〇歳以下だった若者は、四〇代、五〇代になっていた。保守派は、六〇年代の若者の運動こそが、女性解放、中絶、同性愛、ブラック・パワー、様々なエスニック・グループの権利拡大、アファーマティブ・アクション、銃規制、文化相対主義、協調外交などをもたらし、アメリカの伝統的価値観を破壊したと非難した。哲学者のアラン・ブルームは、『アメリカン・マインドの終焉』（一九八七年）において、六〇年代の運動が生んだ相対主義が、西洋の古典から育まれた高等教育の「自由主義的伝統」を破壊したと主張した。かつてはニューレフトだったディヴィッド・ホロウィッツのように、右派に「転向」する人々も現れた。その後もホロウィッツは六〇年代批判の急先鋒に経ち、二〇〇一年の九・一一に際しては、テロ集団と六〇年代ラディカリズムをその破壊性と暴力において結びつけた。そして二〇一〇年代には、熱心なトランプ支持者となった。

六〇年代にはニューレフトを自認した人々の多くが大学教員としてアカデミズムに残っていたが、彼らは六〇年代世代を新たに定義し直すことで、保守派の攻撃に対抗した。しかし、その再定義は、特定の年齢層を排除し、自らの六〇年代の功績を高らかに宣伝するもので、後により若い世代の研究者から「ニューレフト・コンセンサス」と呼ばれるようになる。もっとも典型的な社会学者トッド・ギトリンの『六〇年代アメリカ』（一九八七年）は、「六〇年代世代」を次のように定義する。

そのころの世代といえば、第二次大戦直後に生まれて、一九五六年ドワイト・アイゼンハワーがアドライ・スティーブンソンを破って二期目の大統領に就任し、「ハート・ブレーク・ホテル」が大ヒットした年に八歳から十四歳で、従って一九六〇年座り込み闘争がぽつぽつ始まって、ジョン・ケネディがリチャード・ニクソンを破って大統領となった年には十二歳から十八歳の間に成長し、リンドン・ジョンソンが北ヴェトナムを組織的に爆撃し始めた一九六五年には十七歳から二三歳に達した世代である。

この定義では、「六〇年代世代」は一九四二年から四八年生まれというとても短い期間になる。しかも戦後のベビー・ブーマーズには属さない戦中生まれ（ギトリンは一九四三年生まれ）をここに滑り込ませている。ギトリンは「出自はミドルないしアッパーミドルに属し、五〇年代から六〇年代初期に大学進学を迎えた人々、とりわけ六〇年代に公民権運動やベトナム戦争反対運動を始め、そしてその内部からニューレフトを誕生させた人々」と限定をつけることで、六〇年代前半の初期ニューレフト世代を特別に浮かび上がらせたのだ。

こうして六〇年代世代から抜け落ちたもっとも重要な塊は、六〇年代後半から一九七〇年代の解放運動の主体となった人々だった。歴史家ロビン・Ｄ・Ｇ・ケリーは、保守派が六〇年代の負の遺産として主張する「アイデンティティの政治」や相対主義的な「多文化主義」について、ギトリンは六〇年代初期の「カラー・ブラインド」で「ジェンダー・ブラインド」な啓蒙主義的ヒューマニズムを持ち出すことで自らを差異化していると指摘する。つまり、ラディカル・フェミニストや、ブラック・パワーを叫ぶ黒人解放運動家、カムアウトを主張したゲイ解放運動を「六〇年代世代」から排除することで、保守層の主張にすり寄ったと批判するのだ。

◉ＢＬＭ運動につながる「新たな世代」の登場

ピュー・リサーチ・センターの推計では、二〇一九年、ミレニアルズとＺ世代を合わせた七二一〇万人が、七一六〇万人のベビー・ブーマーズを初めて数において上回った。二〇二〇年の大統領選挙がこの四〇年間のアメリカからの転換を予感させる結果をもたらしただけに、この新たな世代をめぐる議論は活発だ。ミレニアルズ自身も、世代意識が強い。とくに、二〇二〇年の転換をもたらすにいたった二〇一〇年代の運動主体は、その成長過程における政治的、社会的、経済的、文化的体験から世代を語る。ここでは、その一例として、ＢＬＭ運動の共同代表アリシア・ガーザの言葉をひろう。

ガーザは一九八一年生まれで、一般的な世代区分では、ミレニアル世代の最初の生まれ年にあたる。しかし、本人は「ジェネレーションＸでもミレニアルでもないはざまの世代」であるとする。Ｘとミレニアルの間で「ゼニアルズ」（Xennials）という言葉もあるが、「一九七〇年代から一九八〇年代半ばまでに生まれ、アナログな子供時代とデジタルな大人時代を経験した世代」だ。ガーザは一九八〇年代を次のように語る。

私は、一九八一年に生まれた。その二週間後、ロナルド・レーガンが大統領に就任した。レーガンの在任中、金持ちはより金持ちになり、貧乏人は悪役として非難の対象になった。レーガンの悪名高きスローガン「政府は問題の解決策ではなく、政府こそが問題である」は、今や主流となった保守運動の中心的な信条であった。

一九八一年から八九年までのレーガン政権期は、ガーザの幼少期から小学生の時代にあたる。このような明確なレーガン批判は、おそらく後から振り返って形成されたものだろう。それでも、第二次大戦後の公民権運動や黒人解放運動の歴史を読んで、「生まれてくるのが遅すぎた」という感覚を持った。「私が生まれたときには、あと少しで勃発すると考えられていた革命が消沈していたからだ」。

社会学者ミルバーンは、ベビー・ブーマーズを「敗北した世代」と呼ぶ。一九六〇年代から七〇年代に力を持っていたニューレフトの「世代的プロジェクト」が、八〇年代から九〇年代に打ち負かされてしまったことを指してである。ここでガーザが言う「革命」は、反人種主義、ゲイ解放運動、第二波フェミニズム、反植民地主義運動の延長線上にあるべき社会変革だった。ではなぜ「敗北」し、「消沈」したのか。六〇年代の若者がすべてリベラルな左派だったわけではない。一九八〇年代以降、アメリカ社会は急速に保守化したが、その動きを作り出したニューライトの世代的プロジェクトは、実は五〇年代終わりに遡る。一九二五年生まれの保守思想家ウィリアム・バックリー・ジュニアに率いられた若者が、一九六〇年に「自由のためのアメリカ青年」（YAF）を結成してニューライトを名乗った。一九六四年の大統領選挙では、ニューディール以降の大きな政府に反対し、ベトナムでの核使用に言及した共和党のバリー・ゴールドウォーターを支援した。七〇年代以降はシンクタンクなどを設立して保守政治の潮流をつくり、八〇年大統領選挙では、「小さな政府」と「強いアメリカ」を訴えるレーガンの当選を強力に後押しした。それはニューディール以降一九六〇年代までの政治潮流を行きすぎたリベラリズムとして非難し、伝統的家族観やキリスト教といった古いアメリカ的な価値観を取り戻そうとする保守的反動でもあった。

この「レーガン革命」は、規制緩和、福祉削減、麻薬戦争などを含む新自由主義的転換だったが、ガーザは、これがアフリカ系アメリカ人により大きな影響を与えたという。例えば、規制緩和は、「政府が銀行、不動産業者、家主による人種差別を監視しないこと」につながった。そして、レーガンは、「福祉の女王《ウェルフェア・クイーン》」という福祉に依存する黒人女性イメージを流布した。さらに、麻薬戦争は、黒人が犯罪者であるというイメージを社会に植え付けた。副大統領だったブッシュが大統領になって二年目に、ロサンゼルス蜂起という「出来事」が起こった。ロドニー・キングという黒人男性が、ロサンゼルス市警に交通違反で止められ、車を出たところを殴る蹴るの暴行を受けたのだ。この様子はテレビで報道され、全米が注目するなか、全員が白人の陪審員は警察官すべてに無罪判決を言い渡した。そして、抗議する住民は蜂起した。ガーザは言う、

その間、私は人種について、レーガン流の婉曲表現で教わっていた。私が住んでいたリベラルな地域では、アメリカは異なる文化や地域が集まって一つの国をなしている「るつぼ」のようなものだと教えられた。比喩は年々変わっていき、「るつぼ」から「サラダボウル」と呼ばれるようになったが、そのうち「みんながどうやって仲良くなっていったか」という部分を聞かなくなっていた。すべてが変わったのは、ロサンゼルスのサウス・セントラル地区が焼け野原と化したときだと思う。

一九九三年には、民主党のビル・クリントンが大統領になった。黒人コミュニティは、クリントンを支持したが、実際には彼の時代に「全方向から攻撃」される対象になった。クリントン政権の暴力犯罪統制および法執行法は、黒人貧困層を犯罪者として取り締まり、コミュニティの空洞化を引き起こすと同時に黒人の大量収監をもたらした。さらに自己責任をキーワードに進めた福祉削減では、個人責任及び就労機会調整法によって「ウェルフェア・クイーン」のイメージを強化し、黒人コミュニティへの政府支出をさらに制限した。ヒラリーもこれらの政策を積極的に支持した。「ギャングスタ・ラッパーや生活保護の悪用者、麻薬の売人、スーパー・プレデター、ギャングのメンバーなどがいる黒人コミュニティは脅威とされ、こうした黒人やそのコミュニティを統制し、封じ込めようとする試みが解決策とさ

れた」のだ。

ガーザは、カリフォルニア大学サンディエゴ校でブラック・フェミニズムの思想と出会い、黒人フェミニストや、白人ではないクィア女性からも多くを学んだ。そして、「私たちの生活のすべてが人種、階級、ジェンダー、セクシュアリティなどの要素によって形作られていること」を理解した。BLM運動が重視する「インターセクショナリティ」という考え方の基礎を得たのだ。二〇〇二年に大学を卒業後、ベイエリアで非白人の若者とともに働き、性暴力被害者を支援する団体でのボランティアなどをへて、オーガーナイザーとしての活動を開始した。二〇一三年にツイートした「黒人の命は大切だ」という言葉が、ハッシュタグ #BlackLivesMatter として拡散され、運動に発展するまでの一〇年間、ガーザは「闘うために団結しよう」と草の根の組織化を続け、敗北し、勝利した。その後も、オーガナイザーとしての立場から、BLM運動を維持し、発展させるための努力を続けている。

◉ミレニアル・ソーシャリズム

二〇二〇年、ミネアポリスで警察官の暴力で窒息死したジョージ・フロイドさんの事件を目の当たりにしたミレニアルズやZ世代は、BLMを人種、階級、ジェンダー、セクシュアリティの差異を重層的に内包する運動として全米規模に展開した。すべての参加者がガーザのように黒人としての体験を共有するわけではないが、やはりそこにはこれらの世代が共通に体験する「出来事」がある。ミルバーンが『ジェネレーション・レフト』で挙げるのは、二〇〇八年の世界金融危機である。サブプライム住宅ローン問題をきっかけに、二〇〇七年から金融市場が悪化し、翌年には投資銀行のリーマン・ブラザーズが経営破綻した。この「出来事」は、一九八〇年代の転換以来形成された「世代間の不正義という長期的な不正義を、世代形成という急速な変化へと結晶化させるものだった」。

そして、二〇一一年には、オキュパイ・ウォールストリート運動が起こった。受動的出来事としての金融危機が、人々が集結し主張する能動的出来事に変わった瞬間だった。一部の企業や富裕層に富が集中する中で、「われわれは九九%だ」という訴えは、当初は一〇〇〇人規模のニューヨークでのローカルな運動だったが、一〇日ほどで全米一〇〇〇都市に拡大し、さらに海を越えて広がった。アメリカでは連邦政府が「大きすぎて潰せない」企業や銀行の借金を肩代わりしたことで、表面的には問題が沈静化したようにも見えた。しかし実際には、新自由主義の影響は経済格差だけではなく政治や文化にも及び、それに対抗するポピュラーカルチャーが形成された。

オキュパイ運動は、その後一〇年間のアメリカの社会運動の方向性を定めることになった。『ネイション』誌の二〇二一年一一月の記事では、それが「一時の変動」ではなく「転換点であり、その後の多くの炎をともす火花」であったと語る参加者と、その後の一〇年が語られる。オキュパイ運動は、拡大する格差と固定化された企業支配に焦点を定めたシンプルな訴えだったからこそ、爆発的に拡大した。しかし当時から、「九九%の人びとのなかの人種やジェンダー的抑圧、そしてその他の分裂をあまりに強調しない」ことへの批判が参加者の中にあった。むしろそこに、その後BLM運動や #MeToo 運動など、白人でなく男性でない人々がリーダーシップを発揮するスペースが生まれたのだ。その結果、左派の運動全体がよりインターセクショナルな方向へと向かい、世代を語る声はそこから発せられることになった。

若い世代がさらされる「不正義」はさらに可視化された。二〇一三年のデータで、ファースト・フード店の最低賃金で働く二五歳以上の四割強（七五万人）が大卒だった。二〇一七年には、一八歳から三六歳の五分の一が無保険だった。その後も、若者世代が置かれた状況は改善せず、二〇一九年には『ウォールストリート・ジャーナル』が、最年長が三〇代後半にさしかかるミレニアル世代が、X世代の四倍の学資ローンを抱え、持ち家率においても出生率においても、親の世代に劣ることを伝えた。二〇一六年の大統領選挙の民主党予備選において、若者世代はヒラリー・クリントンではなく、バーニー・サンダースを支持したが、それは、こうした不正義を生む経済秩序とそれを維持してきた政治家への拒否反応だった。

サンダースは、一九六〇年代の公民権運動やベトナム反戦運動に関わり、一貫して社会主義を訴えてきた。社会主義といっても、政府の転覆や革命を訴えるのではなく、弱者とともにあろうとする立場である。そのためには政府が再分配を行うニューディール以来の結果の平等の実現をめざす立場にある。ミレニアルの象徴的存在として注目されるのが、ニューヨーク第一四選挙区選出下院議員のアレクサンドリア・オカシオ＝コルテス（一九八九年生）だ。彼女は、サンダースを支持するアメリカ民主社会主義者（DSA）の一員として、二〇一八年の中間選挙で二〇代の若さで選出された。主流メディアの主な関心は、オカシオ＝コルテスがバーテンダーから下院議員になったという物語にあったが、彼女自身はボストン大学卒業後、プエルトリコ系の母の家計をささえながら、地域のコミュニティ・オーガナイジングに取り組んでいた。そして、「階級原理ではなく、人権を最優先に掲げるマルチレイシャルな階級闘争」としてDSAを理解し加入した。ここにも、それまで人種的隔たりがあったアメリカの社会主義が、ミレニアル・ソーシャリズムとしてインターセクショナルに転換していく様子が見て取れる。オカシオ＝コルテスが当選したことで、DSAは会員数を飛躍的に伸ばし、現在の会員数は一〇万人に迫る。DSAが掲げる民主社会主義は、アメリカの政治的枠組みの中でより公正な社会を求める試みであり、それは、経済格差、人種、ジェンダー、セクシュアリティ、環境、移民、保険、医療、福祉など多くのイシューを含む。冷戦後の世代には社会主義という言葉への違和感は無く、むしろ新自由主義の下で拡大されてきたアメリカ社会における不正義のほうがはるかに重要なのだ。

若い世代が関心を持つもう一つの重要なイシューが環境危機である。毎年のように山火事が起き、巨大なハリケーンや竜巻が住宅を襲い、起こるはずのない場所で洪水が起き、干ばつに見舞われ、そして新型コロナウィルスによるパンデミックが起きた。こうした出来事は、グローバルな資本主義が人々の生活にどのような影響を与えているのかを明確に伝える。二〇〇三年生まれのグレタ・トゥーンベリは、母国スウェーデンの国境を越えて環境問題について発信し、同世代の若者が世界中で呼応する。アメリカの若者も、オカシオ＝コルテスやＤＳＡが強力に推し進める「グリーン・ニューディール」を強く支持する。こうした流れを受け、バイデン政権は環境対策によって経済成長を見込む大型の連邦財政投資を発表した。もちろん、若者たちが成長を前提とした経済政策をどのように評価するかは別問題だが、環境を無視して経済や社会を語ることはできなくなっている。

ミレニアルやZ世代に後押しされたアメリカ政治の変化は、しだいに形になりつつある。民主党左派の連邦議員には、オカシオ＝コルテスを中心に「スクワッド」（Squad：分隊）を名乗る若手革新派が集結する。「スクワッド」は、ヒップホップに由来するスラングで「若さと、結束と、アイデンティティ」を表し、「自衛」と「忠誠心」を呼び起こす。さらに、ローカルな政治においても、変化がみられる。二〇二一年、ニューヨーク州バッファロー市では、民主党の予備選で市長候補に「安全で健全なバッファロー」を掲げるインディア・ウォルトンというＤＳＡ支援の候補が選ばれた。一九八二年生まれのウォルトンは、看護師、コミュニティー・オーガナイザーとして活動してきた。一一月の選挙の結果、ウォルトンは敗れ、アメリカの主要都市での数十年ぶりの社会主義市長の誕生はならなかった。しかし、ウォルトンがアメリカ社会や若い世代に与えたインパクトはとてつもなく大きい。

◉おわりに――それでも「世代」を語るのはなぜか

もちろん、ことさら「世代」をとりあげて、その世代を非難したりもてはやしたりすることの無意味さを訴える議論もある。二〇二一年一〇月一八日号の『ニューヨーカー』誌には、「『世代』を語るのをやめるときだ」という論説が掲載された。ベビー・ブーマーズからZ世代まで、そもそも「世代」という概念が社会史的には意味をなさないというのだ。その理由として、第一に、特定の年をもって世代を区切るが、その根拠が曖昧である。ベビー・ブーマーズが始まる一九四六年は第二次大戦後の最初の年であるが、では終わる年の一九六四年とは何なのか。

第二に、同年代の集団の、態度、信念、ライフスタイルなどを一般化することができるのかという疑問があげられる。世代内の特定の人々をことさら取り上げているに過ぎないのではないか。Z世代は一般に言われるほど倫理的ではないと指摘する記事も多数見られる。さらにデジタル・ネイティブ世代、ズーマーなどといっても、全員がデジタル環境に詳しいわけではない。トランプの過激な発言を支持する者も当然いる。第三に、世代はその上の世代がロール・モデルとなって牽引することが多く、純粋にその世代だけで完結する物語はまずみられない。カウンターカルチャーを引っ張ったビート世代や、ミレニアルに引っ張られるZ世代など、世代としての物語自体が恣意的で社会的な分析軸にはなり得ないというのだ。

じじつ世代内の人種観をとっても、その差は顕著だ。二〇二〇年八月、ウィスコンシン州ケノーシャで、警官が黒人青年ジェイコブ・ブレイクを後ろから四発撃って死亡させる事件が起こった。これに抗議するBLM運動のデモンストレーションが展開されるなか、当時一七歳だった白人少年カイル・リッテンハウスは、ライフルで武装しデモ隊に向かって発砲した。三人が撃たれ二人が死亡したが、一年後の刑事裁判では「自己防衛」を理由に無罪となった。このようにあからさまに人種主義的でそれを暴力で正当化しようとする若者が一定数存在し、それを守ろうとする社会があることも事実である。また、ロビン・ディアンジェロが『ホワイト・フラジリティ』で語るように、自分は人種意識を持たないと考える白人にその特権性を与えてきた構造的差別が可視化されずに存在することも確かだ。これは世代をまたいだ問題でもある。

それでもなぜ「世代」を語るのか。そこにはつねにネガティブな語りとポジティブな語りが存在する。イギリスでは二〇一〇年代の若者を脆い「スノーフレイク」に例え、日本では一九八七年から二〇〇四年までの生まれを「ゆとり世代」と呼ぶ。こういった語りは、年長者の、われわれの若い頃はもっとしっかりしていた、頑張っていたという自己肯定につながるネガティブな語りである。あるいは、若者を非難することで、自身の価値観を守ろうとする防衛的な語りとなる。それでは、ポジティブな世代の語りと呼べるものはなにか。アリシア・ガーザが「私の世代」を語り、「ポートヒューロン宣言」が世代の政治を語るとき、そこにあるのは共通の体験から得られる共感をもって連帯し、より公正で寛容な社会を創造しようとする意志である。世代を軸にすることで、たとえ上の世代との垂直的な対立が生じたとしても、彼らの間の人種、階級、ジェンダー、セクシュアリティといった境界を乗り越える水平的な連帯に訴えることができる。そして、自己定義する若い世代に社会が関心を寄せるのは、社会変革のエージェントとしての若者に希望をみるからに他ならない。現在の若者世代への関心は、一九八〇年代以降の政治潮流に対する危機感と行き詰まり感の現れであり、変化への畏れともとれる。「OK、ブーマー」、自ら変化を求めるからこそ、若者は「世代」を語るのだ。

◎読書案内

①キア・ミルバーン（斎藤幸平監訳）『ジェネレーション・レフト』堀之内出版、二〇二一年。
②アリシア・ガーザ（人権学習コレクティブ訳）『世界を動かす変革の力——ブラック・ライブズ・マター共同代表からのメッセージ』明石書店、二〇二一年。
③トッド・ギトリン（疋田三良訳）『六〇年代アメリカ——希望と怒りの日々』彩流社、一九九三年。
④西田慎・梅﨑透編『グローバル・ヒストリーとしての「一九六八年」——世界が揺れた転換点』ミネルヴァ書房、二〇一五年。
⑤井上弘貴『アメリカ保守主義の思想史』青土社、二〇二〇年。
⑥梅﨑透「なぜアメリカに社会主義はないのか／今あるのか」『立教アメリカン・スタディーズ』四二号（二〇二〇年）。
⑦梅﨑透「アメリカ政治のパラダイム変化はあるか——民主党左派とバイデン政権」『国際問題』七〇一号（二〇二一年七月）。

⑧斎藤幸平『人新世の資本論』集英社、二〇二〇年。
⑨「特集ジェネレーション・レフトの衝撃」『POSSE』四八号（二〇二一年八月）。

①は、イギリスの社会学者ミルバーンが現在の若者世代に注目し、理論的な位置づけを試みる世代論。②はブラック・ライブズ・マター運動を開始した「ミレニアル世代」の著者による手記。世代としての意識が明確に表される。③は、二〇年を経て「六〇年代世代」を振り返り、アメリカ史に位置づけようとした運動参加者であり社会学者である著者の回顧録。④は、グローバルな「一九六八年世代」の特徴を各国で比較し、歴史学的に位置づける試み。⑤は、これまであまり語られなかった第二次大戦後のアメリカの右派の世代的プロジェクトを整理した通史。⑥および⑦は、二〇二〇年前後のアメリカにおいておこりつつある「転換」を、社会主義および民主党左派という観点から分析した論文。⑧は、ミレニアル世代の研究者による、環境という視点からマルクスを読み直し、未来像を語る話題の本。⑨は、その特集において、「ジェネレーション・レフト」の形成が日本で起こりうるのか、運動の側から考察する。

❖より深い理解のために——ディスカッションのポイント

(1)　世代の体験は、特定の国や社会に生きた人々に限定される傾向にありますが、グローバルな「世代」意識は成り立つでしょうか。二〇世紀後半にはヨーロッパやアメリカ、日本、メキシコで「一九六八年世代」が現れ、また二一世紀の現在は環境意識などを共有するグローバルな世代が現れているようにみえます。こうした国境を越えた世代意識はどのように形成されるのか考えてみましょう。

(2) 日本のメディアで世代が語られるときの特徴を他国と比較してみましょう。「団塊の世代」「しらけ世代」「バブル世代」「氷河期世代」「ゆとり世代」「さとり世代」「コロナ世代」など、さまざまな世代名称がありますが、それぞれ社会的にどのような意味や含意を持つでしょうか。

(3) 「世代」が共通の「出来事」をとおして形成されるとするならば、上の世代の経験は、下の世代の経験にはなり得ないのでしょうか。例えば、日本の「戦争責任」は、直接戦争を体験した世代のものであり、戦争を知らない世代が負うことはないと主張する人びとがいますが、皆さんはこれに対してどのような意見を持ちますか。

(4) 「OK、ブーマー」というフレーズは、二〇一九年にニュージーランドの議会で若い議員が発したことで、世界中に拡散しました。もともとどのような文脈で使われ、なぜそれが国境を越えて拡散したのか考察しましょう。

第一二章

国際人権レジームとアメリカ例外主義

――国際人権の歴史のなかのアメリカ、そして日本――

小阪　裕城

世界人権宣言のスペイン語版を広げてみせるエレノア・ローズヴェルト。宣言の起草の立役者である彼女を軸に、「人権の擁護者としてのアメリカ」という自画像が語られてきた。けれども……（Franklin D. Roosevelt Presidential Library and Museum より）

◉はじめに

あなた方に彼を助けてくれるようお願いします。あなた方に私を助けてくれるようお願いします。あなた方に私たちを助けてくれるようお願いします。あなた方に私たちアメリカの黒人を助けてくれるようお願いします。

そのように訴えたのはフィロニス・フロイド。二〇二〇年五月二五日にミネアポリスの警察官によって殺害されたジョージ・フロイドの弟である。彼は同年六月一七日にジュネーヴで開催された国連人権理事会の会合にビデオメッセージを寄せ、アメリカの人種主義と警察暴力についての調査委員会設置を訴えた。

しかし、この人権理事会にアメリカ代表の姿はなかった。トランプ政権下のアメリカはすでに二〇一八年に人権理事会から脱退していたのである。「アメリカ・ファースト」を掲げたトランプ政権は人権理事会をはじめとする各種の国際機関から次々と離脱した。二〇一七年には国連教育科学文化機関からの離脱を発表し、二〇一八年には国連パレスチナ難民救済事業機関への支援打ち切りを発表、新型コロナウイルスが猛威を振るう二〇二〇年には中国批判を強め、世界保健機関（ＷＨＯ）を中国の操り人形であると非難し、同機関との関係解消を表明した。

トランプ政権の動きは、アメリカ外交の伝統から大きく逸脱するものであるように見える。アメリカは独立の際に、「すべての人間が平等に創られたこと」、「生命、自由、幸福の追求」が創造主によって授けられた不可譲の権利であることを謳い、「被治者の同意に基づく統治」の理念を抱きしめ、それを対外政策へも反映させてきた。一九世紀のアメリカは孤立主義を外交の中核に据えたが、それはアメリカの理念の普遍性を前提とするものだった（モンロー・ドクトリン）。二〇世紀に入り、アメリカはその普遍的な理念に基づいて、西半球の秩序の番人として、カリブ海やラテンアメリカ諸国の内政に介入した。二度の世界大戦を経て、アメリカはその理念に基づいて、国際連合を中核とする戦後の自由主義的国際秩序づくりのプロジェクトに乗り出していく。コミュニズムという異なるイデオロギーに依拠したソ連とのあいだで冷戦を闘うアメリカは、「自由」や「民主主義」に基づく生活様式の擁護者を自任した（トルーマン・ドクトリン）。そのような歴史の延長線上で、戦後のアメリカ外交は「自由」と「民主主義」、そしてそれらを担保する「人権」の重要性を語り、その擁護者としての自画像を掲げてきたのである。

二〇二一年に始動したバイデン政権のもとで、アメリカはWHOや人権理事会へ復帰していった。しかし、そのことをもって、トランプ政権のせいで迷走していたアメリカがあるべき国際主義へと回帰し、民主主義や人権擁護のリーダーとして復帰したと歓迎するだけでいいのだろうか。歴史的に見たときに重要なことは、普遍的な理念を掲げながらも国際機構や国際的な取り決めから距離を置くアメリカという問題は、必ずしもトランプ政権特有の現象ではないということである。たとえば、アメリカは一九七九年に採択され、今や世界で一八九カ国が参加する女性差別撤廃条約（CEDAW）に未だに批准していない国でもある。他に国連加盟国で同条約に批准していないのは、アメリカがその人権状況を批判してやまないイランをはじめ、アフリカのソマリアとスーダン、南太平洋のパラオとトンガの五カ国に過ぎない。

同性婚を認めた二〇一五年の最高裁判決（オバーゲフェル判決）が象徴するように、アメリカはLGBTの権利の保護と推進において世界をリードする存在であり、実際に世界のセクシャル／ジェンダー・

マイノリティの運動に大きな影響を与えてきたことは確かである。そのアメリカが、女性の権利保護の基準を定めたCEDAWには批准していないという事実をどう考えればいいのだろうか。世界に向けて人権とデモクラシーを掲げながら国連人権理事会から離脱し、LGBTの権利においてリードする存在でありながらCEDAWには批准しないアメリカ。本章では、アメリカの国際主義がしばしば見せるギャップを、国際人権レジームの歴史のなかに位置づけて、考えてみたい。

◉人権をめぐる例外主義

まずはアメリカの国連人権理事会からの離脱について、トランプ政権の発表したステートメントを考えてみよう。ポンペオ国務長官によれば、脱退の理由は、中国やベネズエラといった人権抑圧で悪名高い国々が理事国として名を連ねていることに加え、イスラエルに対しては北朝鮮、イラン、シリアへの非難決議の合計を上回る数の決議を発するなど、理事会が偏向していることにある。これまで人道援助で世界をリードし、数百万の人々を抑圧と圧政から解放してきたアメリカが、政治的に偏向した「偽善的な組織」によってとやかく言われる筋合いはないというのである。

同時に会見したニッキ・ヘイリー国連代表は、人権理事会からの離脱という措置はアメリカの人権へのコミットメントからの離脱を意味するものではないということを強調した。むしろ、人権擁護への貢献の意志の故に、「偽善的で独りよがりの、人権を嘲るような組織」に留まることは許されないという。アメリカは国連人権理事会から脱退しても、人権問題についての国連の取り組みの強化のために尽力し、以後も継続して人権理事会の改革を求めていくし、もしも改革が実現するならばアメリカは喜んで理事会に復帰するだろうと彼女は述べている。

トランプ政権の論法から二つの特徴に注目しよう。第一は、アメリカにとって人権はあくまでも他国における人権状況を問題化するフレームとなっており、アメリカ国内の問題を国際的な議論の俎上に載せることは思案の外になっているということである。第二は、アメリカは国連人権理事会の欠点を問題としているのであって、人権そのものの重要性を否定しているのではなく、人権理事会以外の手段を通して世界の人権問題に関与し、人権の擁護者としての役割を果たし続けるのだというロジックである。本章ではこの二点をもって人権をめぐるアメリカ例外主義と捉えることにしたい。

歴史を振り返れば、このような例外主義は一九五〇年代に国連人権委員会が進めていた国際人権規約の起草過程から離脱した際にも現れていたことが見えてくる。一九五三年四月にアイゼンハワー政権が発表したステートメントは、世界では全体主義体制による抑圧と支配が横行しており、継続的な人権無視が世界の不安定の要因となっていると指摘したうえで、世界のすべての地域において人権の良心を発展させるための、人権条約に代わる新しいアプローチが求められていると述べた。同時に国連の場でアメリカ代表として声明を発表したオズワルド・ロードは、人権規約のような包括的な条約は時期尚早であり、広く受け入れられる見込みが立たず、期待された効果を持ち得ないことを指摘したうえで、人権と基本的自由の推進という目標のために、より効果的で受け入れ可能な方法が模索されることが重要だと主張した。

アイゼンハワー政権の論法は、アメリカは国際人権レジームから離脱するけれども決して人権の重要性から背を向けているわけではなく、他のアプローチによって人権へのコミットメントを継続していくのだと主張する点で、トランプ政権のそれと重なる。歴史のなかに位置づけたとき、人権と基本的自由が脅かされる世界においてその擁護者としての自己認識がベースとして存在しながら、アメリカそのものは国際機構によって束縛されることは認められないという、例外主義の継続性を見て取ることができるのである。

◉アメリカと国際人権レジームの関係史

なぜアイゼンハワー政権は、国際人権から背を向けていったのだろうか。ここで改めて第二次世界大戦後のアメリカと国際人権レジームの関係史をたどってみたい。

一九四五年に完成した国連憲章が国連の目的の一つとして掲げた人権の保護と促進を、より具体的な規範のカタログとして示したのが一九四八年の世界人権宣言である。宣言は国連総会決議のかたちを取っており、法的拘束力を持たない。ゆえに、人権宣言の内容を実現するために、法的拘束力を有する条約を作ることが次の課題となる。国際社会は二つの国際人権規約（経済的、社会的および文化的権利に関する国際規約（社会権規約）、市民的及び政治的権利に関する国際規約（自由権規約））をはじめ、人種差別撤廃条約、女性差別撤廃条約（CEDAW）、拷問等禁止条約、子どもの権利条約、障害者の権利条約といった数々の人権条約を作り上げていった。

前述のように、こうした人権条約にアメリカが背を向けていく画期となるのがアイゼンハワー政権期である。その背景にあるのは一九四八年に国連総会で採択されたジェノサイド条約への批准問題だった。その点を理解するために、まずはこの時期の政治的コンテクストを、冷戦と公民権運動に注目しながら確認する。

アメリカ政府は、国内の人種差別がメディアによって世界に報じられることで、ソ連のプロパガンダに利用され、ソ連とコミュニズムの影響力が増進してしまうことを危惧していた。たとえばトルーマン政権が一九四六年に設置した公民権に関する大統領諮問委員会は、マーシャル国務長官に対してアメリカの黒人公民権問題の持つ国際的な影響について意見を求めるなど、人種問題がアメリカの国際的地位を脅かし、国益を損なう恐れがあるということを明確に意識していた。冷戦が単なる軍事的な対立にとどまらず、国内の生活様式をめぐる闘いとなりつつある以上、人種問題の改善は冷戦戦略上の不可欠な課題となったのである。

しかし、冷戦という国際要因によって政府による公民権改革が後押しされていく状況は、保守派の懸念を強めることにもなった。この時期、恐慌とニューディール、そして第二次世界大戦がもたらした社会変動によって、国内の政治と社会の秩序が揺れ動いていた。黒人運動や女性運動、労働運動やニューディーラーといった、変革を推進する勢力に対し、変化を拒む勢力は「コミュニスト」のラベルを貼りつけた。そのようにフレーミングすることで、変革の動きを封じるための政治的資源の動員を図ったのである。このような反共主義のローカルなルーツに便乗していったのがトルーマン・ドクトリンだった。トルーマン政権は孤立主義に傾く議会の反対を乗り越えて、ギリシアとトルコへの援助やマーシャル・プランの成立を実現すべく、ソ連とコミュニストの脅威を煽りたてることによって、議会の孤立主義者を牽制し、各界の保守派を反ソ反共外交へと動員したのである。社会の変化への不安は、冷戦という文脈のなかでコミュニズムへの嫌悪と重ねられ、相互に強めあいながら、政治的正統性を獲得していった。

ジェノサイド条約が国連で採択されたのは、世界人権宣言が採択される前日の一九四八年一二月九日のことである。条約への反発を法的に言語化していったアメリカ法曹協会（ＡＢＡ）のフランク・ホルマンによれば、国連が起草しようとしている人権条約は、国連がアメリカの内政に干渉するための道具であり、ソ連の利益を増大させるものだった。そこには、コミュニストによる転覆活動と黒人公民権運動がつながっているという想定が存在していた。この時期、国内では全国黒人向上協会（NAACP）が、黒人の入居を制限する「制限的不動産約款」の廃止を目指す法廷闘争において、国連憲章の人権理念を根拠の一つとした主張を展開していた。前述のように、連邦政府や司法の側でも、国連憲章の理念や、あるいは国内の人種差別がもたらす対外的な負の影響に言及することで、一定の公民権改革への道を開こうとする動きが見られた。また、一九五一年には左派の黒人運動団体が、「わたしたちはジェノサイドを告発する」と題した請願を国連に提出している。それは、リンチや人種暴動といった暴力や投票権はく奪を取り上げるばかりでなく、アメリカにおいて多数の黒人がヘルスケアや雇用、教育、住居の面で白人と同レベルの環境を享受できないことが理由で死亡していることを「経済的ジェノサイド」であると表現し、こうした状況が政府および関連組織によって意図的に生み出されており、ジェノサイド条約に違反するものであると訴えるものであった。このような動きもまた、とくに南部選出の議員らの苛立ちを強めていたのである。

ジェノサイド条約がとりわけ大きな反発を呼んだ理由として、同条約がその第六条において、ジェノサイドの罪を犯した個人を裁く権限を付与された国際刑事裁判所の設立に言及していたことがある。アメリカ市民がジェノサイドの罪で国際裁判所の管轄権に服する可能性が懸念され、反発を呼んだのである。実際に国際刑事裁判所が設立されるのは一九九八年のローマ規程採択を経た二〇〇二年を待つことになるが、同裁判所をめぐっては、二〇〇一年以降の「対テロ戦争」を展開するG・W・ブッシュ政権が、米軍兵士が訴追される恐れがあるとして反発し、署名を撤回したことがよく知られている。しかし、既にクリントン政権によってローマ規程に反対票が投じられていた事実はおさえておきたい。結局、クリントン政権は二〇〇〇年にローマ規程への署名に至ったけれども、同政権はこのとき既に、批准はしない旨を宣言していたのである。ブッシュ政権の「単独行動主義」を示す事例の一つとして知られる国際刑事裁判所へのスタンスは、やはり個別の政権論にとどまらない歴史のなかで議論されなければならない。

話を戻そう。一九五〇年代に入ると、国連と国際人権規約に対する反発は、合衆国憲法の修正提案というかたちで凝集した。主導した上院議員ジョン・ブリッカーの名前をとってブリッカー修正案と称される憲法修正案は、政府の条約締結権の制限を企図するものだった。条約締結権を奪われることは、アメリカの冷戦外交にとって極めて不都合だった。ゆえに、アイゼンハワー政権は、議会に対していかなる人権条約への批准も求めないことを確約することによって、議会におけるブリッカー修正案の廃案を勝ち取ったのである。

先述のように、外に向けてはデモクラシーを掲げつつ、内に人種問題を抱えたアメリカ政府にとって、公民権改革を進めることこそが、アメリカン・デモクラシーの正しさを世界に示す方法だった。公教育の人種隔離をめぐって争われた「ブラウン対教育委員会」裁判の過程では、隔離を容認するような判決が出てしまった場合にアメリカの対外関係に負の影響がもたらされることを指摘するアミカス・ブリーフ（法廷意見書）が司法省によって最高裁に提出されるなど、政権の積極的な関与が見られた。一九五四年のブラウン判決は公民権運動の歴史において画期的な意義を持つものとなったが、アメリカン・デモクラシーの進歩の象徴として位置づけられることで、国務省によるパブリック・ディプロマシーの宣伝材料とされた。

そして、最高裁の判決と連邦政府・議会の立法による改革が進展したことは、結果として、アメリカは国際人権のメカニズムを必要としないという認識にもつながった。公民権運動は南部における人種隔離の撤廃を目指し、連邦政府の支持を取り付けることに成功し、一九六四年公民権法や一九六五年投票権法など、人種差別の禁止と市民的権利の平等を規定する法律を実現させた。それらが大きな達成であることは間違いない。しかし、公民権運動は、アメリカン・デモクラシーの実現という伝統的な理念の枠組みのなかで黒人を包摂することを目指すかたちで展開されたが故に、自由や民主主義といった普遍的理念に基づくシビック・ナショナリズムが徐々に強化される過程ともなった。ブラウン判決や公民権法がアメリカン・デモクラシーの進歩の物語のなかの金字塔として祭りあげられることで、アメリカの行政・立法・司法は国際人権を必要とせず、独力で問題を克服できるのだという例外主義が強化されてしまうのである。同性婚を認めた二〇一五年のオバーゲフェル判決も、おそらくそうした流れのなかにある。

◉条約批准運動の論理

アメリカが明示的に人権外交を掲げるようになるのは一九七〇年代半ば以降のことである。その背景には、公民権法・投票権法の成立によって国内の人種問題が一定の改善を見たこと、ベトナム戦争によって損なわれたアメリカ外交の道義的基盤の再建が希求されたことがあった。しかし、カーター政権が批准を求めた人種差別撤廃条約、自由権規約、社会権規約、そしてCEDAWは、議会上院によって否決されてしまう。人権外交はリベラルだけでなく、ニクソンとキッシンジャーが推進した対ソデタント外交に反発する保守派が合流するところで形成されたために、人権擁護が掲げられながらも、国内の人権問題についての外部からの干渉は拒絶するというブリッカー修正論争以来の態度が色濃く残るものとなった。

一九七〇年代はまた、世界各地の人権侵害がクローズアップされたことで、アメリカ社会において国際的な人権運動が花開いた時代であった。アムネスティ・インターナショナルやヘルシンキ・ウォッチ（後のヒューマンライツ・ウォッチ）などによって、世論を喚起し、運動を動員していくための方法論が確立された。だがその反面で、政治的抑圧と人権侵害の問題が人々の感情やモラルに訴えるような物語として押し出されるようになり、問題を生み出した構造や歴史的文脈が視野に入らなくなっていく。また、ソ連の反体制派への支援やラテンアメリカの独裁政権による人権侵害の問題が運動の焦点となったことの結果として、人権はアメリカ国内の問題ではなく、国外の問題を理解する枠組みとなった。さらに、政治的・市民的権利が人権のイマジネーションの中心を占めるようになり、経済的・社会的権利への問題意識はますます薄れた。

一九八〇年代のレーガン政権は、国内では「小さな政府」路線を進めつつ、国外ではソ連との対決姿勢を再び強めていった。同政権下でジェノサイド条約への批准が実現したのは、政権末期にして冷戦終結への道筋と各地の民主化の趨勢が見えた一九八八年一一月のことだった。戦時中の日系人強制収容についての謝罪と賠償を行う「市民の自由法」成立の直後である。同条約への批准を皮切りに、アメリカは一九九四年までのあいだに拷問等禁止条約、自由権規約、人種差別撤廃条約を次々に批准していく。しかし、五〇年代のブリッカー修正論争の呪縛は、なおもアメリカを拘束し続けた。条約への批准に際して特定の国内事情がネックとなる場合、関連する特定の条項を自国に適用することを排除する旨を宣言することを、条約の「留保」と呼ぶ。アメリカ政府は、議会上院の承認を確保するために、各条約について数々の留保を付すことによって、当該条約をアメリカの国内法秩序と裁判に適用する可能性を事実上閉ざしていったのである。

そうした問題をはらみつつも、上記四つの人権条約が次々と批准されたのに対して、ＣＥＤＡＷについては、上院外交委員会で三回の公聴会が開催されたにもかかわらず、批准されることはなかった。一九八〇年代以降、男女平等を保障する憲法修正案（ＥＲＡ）や人工妊娠中絶の是非をめぐる政治的な分断が国内を覆うなか、ＣＥＤＡＷは国連による内政への介入とみなされて反発の的となり、条約批准反対へ向けた保守派の動員が進められていた。共和党が上院の多数派となった一九九五年から二〇〇二年に至るまで、同条約への批准は上院外交委員会の議題になることすらなかったのである。

ＣＥＤＡＷ批准が再び俎上に上るのは、民主党が上院の多数派を奪還した二〇〇二年のことである。批准を目指す民主党サイドのロジックを見てみよう。二〇〇二年に上院外交委員長となったジョー・バイデン上院議員のもとで、民主党はＣＥＤＡＷ批准を、ブッシュ政権の展開する「対テロ戦争」の文脈でフレーミングした。権威主義的なタリバン政権の支配からアフガニスタンの女性を解放する、という政権の大義に沿うかたちで、条約批准が諸外国における女性の権利の推進にいかに寄与するかが強調されたのである。しかし、このときも三分の二の賛成を得ることはできなかった。

次の機会は二〇一〇年にやってきた。バラク・オバマ大統領、ジョー・バイデン副大統領、ヒラリー・クリントン国務長官らのもとで、ＣＥＤＡＷ批准の期待がこれまでになく高まった。このとき、批准支持派が展開したのは、やはり同条約が世界各国の女性たちを助けるというアメリカの外交政策上の利益となり、逆に、条約がアメリカに与える国内政治上のコストはほとんどない、というロジックだった。保守派の懸念を取り除き、上院の三分の二の賛成を調達するために、条約はアメリカ国内には影響しないことが強調された。アメリカの主権への介入に反発する保守派だけでなく、その抵抗を突破して批准を実現したいリベラルによって、人権をめぐるアメリカ例外主義が再生産されるという構図が存在するといえる。

オバマ政権がその第一期を終える二〇一二年一二月には、障害者の権利条約への批准についての投票が上院で行われている。この条約にアメリカが署名したのは二〇〇九年のことである。障害者団体や退役軍人団体が同条約を支持し、共和党からはジョン・マケイン上院議員ら八人が賛成に回った。しかし、条約によって国民主権が脅かされるという共和党側からの批判は根強かった。結果は六一対三八で、批准に必要な三分の二に五票及ばず、条約への批准は否決された。注目したいのは、CEDAWをめぐる議論と同じく、共和党側の反対を乗り越えんとする批准支持派の論理である。主導した上院外交委員長ジョン・ケリーは、この条約が論争的なものではないことを強調した。「条約が言っていることはシンプル。障害者を差別することはできないということだけだ。我々が「障害を持つアメリカ人法」を制定することで世界に向けて範を示したのを他国もやらなければならないと言っているだけだ。」ケリーらが繰り返し強調したのは、条約がアメリカの法律に何ら変化をもたらすものではないということだった。加盟国の状況を調査し、勧告を与える条約委員会にアメリカの法を変革する権限はないし、条約がアメリカ国内の司法の場に直接影響することもないのだと。そして、条約はアメリカにおいて既に実現されている権利を他国にも実現させることによって、海外で勤務あるいは旅行や留学を志している障害を有するアメリカ人の利益となるのだということが強調されたのだった。

◉バーニー・サンダース対ニッキ・ヘイリー

条約が規定する内容を履行することを「実施」と呼ぶ。国連システムが基本的には主権国家間体制であり、条約もまた主権国家間の取り決めである以上、各種の人権条約は第一義的には各国の政府の政策や立法を通じて実現されることが期待される。これを国内的実施という。

他方、国際社会は、条約に批准した各国が条約の人権規定を実現するための適切な努力をしているかどうか、国際的に審査するシステムを発展させてきた。これを国際的実施と呼ぶ。主な実施措置として第一に、報告制度がある。条約の規定をどのように実施しているかについて、各国は定期的に報告書を提出し、条約機関の審査を受ける制度である。第二に、通報制度がある。ある国が条約義務を履行していない状況が生じたとき、そのことを条約機関に通報し、それを条約機関が審査する制度である。他の条約批准国政府が主な通報の主体となるが、人権侵害の被害者個人による通報を認めている条約もある。しかしそれは、CEDAWが典型的だが、選択議定書という別の条約への批准が必要とされるなど、そのハードルは高い。一九八五年にCEDAWを批准している日本も選択議定書には批准していない。

各種人権条約とは別に、国連人権委員会およびそれに代わるかたちで二〇〇六年に設立された国連人権理事会もまた、重要な国際的実施のシステムを整えている。主な制度として第一に、普遍的定期審査（UPR）がある。これは、理事国四七カ国の代表団から成る作業部会が国連の全加盟国を対象として定期的に人権状況の審査を実施し、人権理事会にて勧告およびそれに対する当該国の回答を含んだ結果文書を採択するというものである。第二に、特別手続きがある。国別あるいはテーマ別に、人権問題について報告・助言するマンデートを付与された独立専門家が特別報告者としてNGOや被害者などからの情報も活用しながら人権状況についてまとめるものである。

二〇一八年五月、貧困と人権についての特別報告者フィリップ・アルストンが、アメリカについての調査結果をまとめた報告書を国連人権理事会に提出した。それは、アメリカにおける格差と貧困に伴う人権状況について、経済・社会権を軽視してきたアメリカ政府の政策の帰結であるとし、政治の責任を指摘するものだった。

この報告書を正面から受けとめたのが民主党の上院議員バーニー・サンダースらだった。彼らがトランプ政権のニッキ・ヘイリー国連代表とのあいだで交わしたやりとりはサンダースのホームページで読むことができる。サンダースを筆頭に、エリザベス・ウォーレン、カマラ・ハリス、ジョン・ルイスといった上下両院の議員二〇人が名を連ねた書簡はまず、国連特別報告者報告が、アメリカが世界で唯一子どもの権利条約に批准していないことを指摘していることに注目する。アメリカ国内において一三〇〇万人以上の子どもが貧困状態にあり、ホームレスの五人に一人が子どもであるといった現状は恥ずべきことであり、早急に子どもの権利条約批准のために動くことをトランプ政権に促している。政権は米国が批准している各種条約で規定されている経済・社会権を拒絶しているけれども、それで国際人権法上の義務から逃れることはできない。不平等は長年にわたって人権への深刻な脅威であり続けているが、トランプ政権の巨額の減税政策は圧倒的に富める者を利し、不平等を悪化させているというのである。サンダースらはさらに、報告書が米国における有色人種、先住民、女性、子ども、障害者らに対する継続的な差別や、麻薬取り締まり政策、清潔な水へのアクセスの困難、環境汚染、投票権剥奪といった問題を指摘していることにも注目している。これらは、米国も批准している人種差別撤廃条約の定める義務に反しているというのである（Sanders to Haley, June 12, 2018）。

ヘイリー国連代表がサンダースに宛てた返信においても、「人権」をめぐるアメリカ例外主義が顔をのぞかせているといえよう。彼女はまず、トランプ政権は経済成長と雇用創出によって貧困問題に真剣に取り組んでいると応じ、特別報告者報告について、米国の内政に関わる問題についてミスリーディングで政治的動機に基づいたステートメントだとして深い失望を表明した。彼女はさらに、国連がアメリカの貧困について調査するなどということは「馬鹿げている」と断じた。ヘイリーによれば、世界には政府が意図して人権を侵害し、自国民に痛みと苦しみを与え続けている国が多数存在するにもかかわらず、特別報告者はそうした真に脆弱な状況に置かれている人々に焦点を当てることなく、代わりに世界で最も豊かで自由なアメリカに口を出し、時間と資源を浪費している。アメリカは常日頃から貧困問題に取り組んでいるのであり、国連に教えを請うようなものではないというのである（Haley to Sanders, June 21, 2018）。

◉国際人権を抱きしめて、デモクラシーを捉え直す

デモクラシーに基づいた決定とされるものが常に正しいとは限らない。デモクラシー＝選挙だと捉えるならば、それはマジョリティがマイノリティを数の論理で抑圧するシステムにもなり得てしまう。二〇二一年のジョージア州やテキサス州のように、議会制民主主義に基づく決定が様々なかたちで黒人の投票を妨げるような法制度を作り上げてしまっている事実は、その証左である。

だからこそ、私たちにはデモクラシーについてのイマジネーションを鍛え直すことが求められている。デモクラシーの回路は一つではない。すなわち、投票に基づく議会制民主主義だけがデモクラシーなのではなく、ローカルの現場から直接行動を含むさまざまなかたちで表現されるプロテストの声もまたデモクラシーの現れである。二〇二一年の日本では五輪開催反対の声を「ノイジー・マイノリティ」という表現で嘲笑する向きも見られたが、様々な異なるレベルで示される民意のあいだで齟齬が生じるときに、問題を改めて直視し、二つの声をつきあわせ、粘り強く交渉し続ける営みこそが政治というものだろう。

マジョリティの決定に抗議の意を示すマイノリティに対して、国際人権レジームは依拠すべき言語と機会を提供することができる。そのことを認識することは今日のデモクラシーにとってますます重要になる。とくに、最高裁の保守化の傾向が著しい今日のアメリカにあってはなおのことである。人々は国際法や国際人権レジームを一つの媒介としてグローバルな主体となり、声をあげる。重要なのは、そのようなグローバル市民社会の次元から届けられる声もまた、紛れもなくデモクラシーの現れだということである。たとえば南部の一部の州で進められてきた投票抑圧の問題については、NAACPが二〇一二年に国連人権理事会に対して、「デモクラシーを擁護する」と題した報告書を提出し、マイノリティの投票権を脅かす州レベルの立法の問題点を国際社会に訴えたことがある。また、冒頭で紹介したジョージ・フロイド殺害事件をめぐる警察暴力と人種主義についての国連人権理事会の緊急会合は、アフリカ五四カ国の提起によって開催されたものだが、その背後には警察暴力の調査と究明を求める六〇〇を超える各国の人権NGOが連なっていた。歴史を遡れば、ベトナム戦争における米軍の戦争犯罪を追及したラッセル法廷から二一世紀の「対テロ戦争」における米国の戦争犯罪を問うアフガニスタン国際戦犯民衆法廷とイラク国際戦犯民衆法廷へと至る「民衆法廷」の諸事例は、国家が国際法を守らない状況にあって市民が自分たちの手で国際法を体得し、実現しようとする試みの系譜であったといえる。なお、日本についても、東京裁判では問われなかった日本の戦争責任を改めて追及すべく東京で開催された女性国際戦犯法廷という事例がある。

今日のアメリカにあって国際人権を受けとめつつあるのはサンダースらに限られた話ではない。むしろローカルのほうが先行しているとさえいえるかもしれない。女性の権利に関していえば、一方でERAが一九八二年には廃案に追い込まれ、他方でCEDAWの批准も実現しない状況にあって、アメリカ社会の裾野では新たな動きが展開している。一九九五年に北京で開催された第四回世界女性会議に参加したサンフランシスコの活動家たちは、国際人権を自分たちの生活する都市へと直接持ち帰ることを決意した。彼女たちの働きかけによって、サンフランシスコでは一九九八年に、ロスアンジェルスでは二〇〇三年に、それぞれCEDAW条例が採択されたのである。CEDAWの観点からジェンダー差別を防止し、同時に連邦政府に批准を促すことを目的とする条例である。人々の日常生活と直接に関わっているのが都市や自治体政府である。条例によってCEDAWの規定と視座を適用することで、ローカルの行政が男女の市民に対して等しく効果的にサービスを提供しているかどうか、基準を持ち、自己を見つめ直すことが可能になる。各都市の条例はいまや一時的なつなぎではなく、オバマ政権ですら条約批准を実現し得なかったなかで、むしろ長期的なオルタナティブと認識されるようになっている。

ローカルの動きとナショナルな決定とのあいだで齟齬が生じるとき、マジョリティは国政の場において問題と改めて向き合い、議論し、説明する必要に迫られる。デモクラシーにおいて重要なのは、「主権」や「国民」といった単一の枠組みにおいてデモクラシーを捉えるのではなく、草の根からグローバルに至る複数のレベルで並行して展開される重層的なものとして捉え直し、異なる意見を前に自己を点検し、再考しつづける熟議のプロセスだろう。自国より酷い国があるのになぜ自国が批判されなければならないのかと反発して居直るのではなく、複数のデモクラシーを突き合わせ、考え抜き、粘り強く交渉し続けること。それが、例外主義を乗り越え、成熟した国際主義へと至る道でもある。そしてそれは、アメリカだけでなく、私たちの生きる日本の課題でもある。

◎読書案内

① Mary L. Dudziak, *Cold War Civil Rights: Race and the Image of American Democracy*, Princeton: Princeton University Press, 2011.

② William L. Patterson, ed, *We Charge Genocide: The Crime of Government against the Negro People*, New York: International Publication, 2020.

③ Natalie Hevener Kaufman, *Human Rights Treaties and the Senate: A History of Opposition*, Chapel Hill: University of North Carolina Press, 1990.

④ Lisa Baldez, *Defying Convention: U.S. Resistance to the U.N. Treaty on Women's Rights*, Cambridge, UK: Cambridge University Press, 2014.

⑤ Mark Philip Bradley, *The World Reimagined: Americans and Human Rights in the Twentieth Century*, Cambridge, UK: Cambridge University Press, 2016.

⑥ "Report of the Special Rapporteur on extreme poverty and human rights on his mission to the United States of America" https://undocs.org/A/HRC/38/33/ADD.1

⑦ 阿部浩己・今井直・藤本俊明『テキストブック　国際人権法〔第三版〕』日本評論社、二〇〇九年。

⑧ 申惠丰『国際人権入門――現場から考える』岩波新書、二〇二〇年。

⑨ 宇野重規『民主主義とは何か』講談社現代新書、二〇二〇年。

⑩ 富永京子『みんなの「わがまま」入門』左右社、二〇一九年。

①は公民権運動史と外交史を架橋し、「冷戦公民権」という構図を描いた定評ある研究書。②は本章で紹介した黒人団体による一九五一年の請願。ジェノサイド条約および国連憲章に照らし合わせながらアメリカの人種状況についてデータをもとに告発する。その内容は後の「体系的レイシズム」の議論を先取りするようで興味深い。③④はアメリカの人権条約に対するスタンスを論じた研究。⑤はより広いアプローチから、アメリカ人の人権観の形成を論じている。⑥は本文で紹介した国連特別報告者フィリップ・アルストンによる報告書。⑦は国際人権法を学ぶための秀逸なテキスト。⑧は今日の日本を事例にして国際人権という基準から問題を抽出。各論として師岡康子『ヘイト・スピーチとは何か』（岩波新書、二〇一三年）も良書。⑨⑩はデモクラシーについてのイマジネーションを拡げるための思考のトレーニング。杉田敦『デモクラシーの論じ方―論争の政治』（ちくま新書、二〇〇一年）とあわせて読みたい。

❖より深い理解のために――ディスカッションのポイント

(1) 国際人権条約には本章で言及したもの以外にどのようなものがあるか、調べてみよう。アメリカと日本はそれらの条約についてどのようなスタンスを取ってきたか、そこにはどのような国内の事情があるか、議論してみよう。（※日本については外務省のウェブサイトの「人権外交」のページも役に立ちます。）

(2) 国連特別報告者フィリップ・アルストンの報告書を読んで、ＢＬＭの突きつけている課題と照らし合わせながら、国際人権レジームにはどんな意義があるか、考えてみよう。

(3) 日本と国際人権のかかわりにおいて、たとえば沖縄、アイヌ、日本軍「慰安婦」問題や徴用工問題、精神障害者、ヘイト・スピーチ、入管法改正問題、選択的夫婦別姓制度をめぐってどのような動きがあり、どのような問題が提起されてきたか、調べてみよう。また、デモクラシーとは何かという観点から議論してみよう。

第一三章

アメリカ人権外交の欺瞞

――不可視化されてきたアメリカの暴力――

三牧　聖子

パレスチナのガザの壁画（2020）。BLM 運動は、イスラエル兵に日々命を脅かされているパレスチナの人々にも共感を生み出している。Wikimedia Commons より。

◉はじめに

大統領就任以来、ジョー・バイデンは、人権を基軸とする外交を掲げ、人権を蹂躙する国家を批判してきた。二〇二一年三月、バイデンは、テレビインタビューでプーチンを、反体制派を暗殺する「殺人者」と批判した。同月行われたアラスカでの米中会談では、アントニー・ブリンケン国務長官とジェイク・サリバン安全保障問題担当大統領補佐官が、中国政府による新疆ウイグル自治区での人権侵害や香港での民主派弾圧を厳しく批判した。

しかし世界は必ずしも、アメリカを国際的な人権促進のリーダーとはみていない。中国はアラスカ会談後、報復の意図をこめて、アメリカの人権状況に関する長文の報告書を発表した。ジョージ・フロイドの「息ができない」という言葉から始まる報告書は、有色人種差別、アジア系に対する憎悪犯罪、パンデミックのさなかでイランやベネズエラへの制裁を継続したこと等を列挙し、アメリカが国内外で様々に人権を蹂躙している状況で、他国の人権侵害を批判するのはダブルスタンダードだと厳しく批判していた。

このような批判の声は、中国だけのものではない。長年、経済・金融制裁の対象とされてきたベネズエラやイランからもアメリカによる「経済戦争」への批判の声があがり、今日、世界で広く共有されつつある。本章は、経済制裁など、直接の軍事行使を伴わないがゆえに見過ごされてきた暴力や、ドローン（無人機）攻撃のように、一般には限られた情報しか公表されないために、その犠牲の規模が適切に認識されてこなかった暴力に光を当て、アメリカが世界で行使してきた暴力の全体像の理解を試みる。

◉経済・金融制裁

主権国家による武力行使に法的な制限が課せられていったのは、第一次世界大戦後のことである。国際連盟規約（一九一九）やパリ不戦条約（一九二八）によって、侵略を目的とする「違法」な暴力と、自衛や侵略国に対する制裁を目的とする「合法的」な暴力とが区別されていった。国連憲章（一九四五）は、自衛権や国連憲章に基づく強制措置などの例外を除き、武力行使を一般的に禁じている。

しかし、国際社会は、武力行使を違法化していく一方で、経済力を通じて相手国に影響を与えたり、強制する行為については、同様の規制を発展させてこなかった。軍事的な手段で侵略行為に及んだ国は、侵略国として国際社会から制裁を受けることになるが、経済や金融といった手段で、いかに相手国にダメージを与えても、その国は同様の制裁の対象とされることはない。むしろ経済制裁は、戦争のように血を流すことなく、相手の行動に変更を迫ることができる手段として、国際社会で許容され、促進すらされてきた。連盟規約も、国連憲章も、侵略国に対する経済制裁の発動について規定している。このような構造のもとでは、巨大な経済力を保持する国家は、潜在的に巨大なパワーを持ち、その気になれば、合法的に他国に甚大な影響を与えられることになる。

アメリカが大国として台頭していった二〇世紀前半に、このような事実を早くも見抜いていた一人に、神学者のラインホルド・ニーバーがいる。ニーバーは二〇世紀を「経済の時代」と位置づけ、今後は、軍事力よりも経済力が覇権の条件となり、他を圧倒する経済力を持つアメリカは早晩、世界的な影響力を持つ帝国になると予見した。しかし、ニーバーが込めたのは悲観的なニュアンスだった。その圧倒的な経済力ゆえに、アメリカはあまりに容易に大国としての地位を獲得した。それゆえに、国際政治の複雑さを知ることもなく、他国に対する政治的想像力が根本的に欠如しているとニーバーはみていた。

ニーバーは、アメリカの巨大な力と無邪気さが組み合わさった時に起こりうる悲劇を恐れ、アメリカは、その巨大なパワーを慎重に、責任をもって行使しなければならないと訴えた。しかし、その後のアメリカによる力の行使は、ニーバーの警句を無視したものとなってきた。

ニーバーの洞察は、世界の金融システムにおける特権的な地位を利用して、金融制裁を通じて、他国を威圧する二一世紀のアメリカにいっそう当てはまる。二〇二一年の時点で、財務省外国資産管理局（OFAC）の制裁リストには、制裁対象に関連する約六三〇〇人の名前が掲載されている。特に対象とされてきたのはイランである。イランに対する経済制裁は、一九七九年のイラン革命以降、長期にわたって続けられてきたが、二〇一八年八月、ドナルド・トランプ政権のアメリカがイラン核合意から離脱した後に強化された。トランプ政権はイラン政府に対する「最大限の圧力」を掲げ、二〇二〇年一月、米軍を収容するイラクの二つの軍事基地がイランに攻撃されると、報復として制裁をさらに強化した。

二〇二〇年、新型コロナが世界に爆発的に広まり、世界的な大流行を見せる中でも、イランへの経済制裁は解除されなかった。トランプ政権は、アメリカによる経済制裁はイラン市民を苦しめるためのものではなく、イラン政府を対象としたものであること、人道的な取引のための金融ルートには制裁を課していないと繰り返し主張し、制裁を継続した。しかし、そのような主張とは裏腹に、アメリカの経済制裁は、パンデミックを生きるイラン市民の生活を深刻に阻害した。銀行や企業は、万が一でも、アメリカによる制裁の対象となることを恐れて、理論上は人道目的として認められるはずの取引でも、イランとの取引はできるだけ避けようとしてしまうからだ。イラン政府は、パンデミックの渦中でアメリカが制裁を強化したことを「医療テロ」と呼び、人道上の観点から批判してきた。また、アメリカの経済制裁により、イランは新型コロナに関する最新の情報を入手することも困難な状況に陥ってきた。米ジョンズ・ホプキンス大学が作成したダッシュボードは、新型コロナ感染の最新情報をリアルタイムで追跡する信頼性の高いウェブサイトの一つだが、感染が急拡大する中でもイランではサイトへのアクセスが遮断されていた。

アメリカから制裁を受けてきたのは、イランだけではない。トランプ政権は、ベネズエラのニコラス・マドゥロ大統領を退陣させるべく、経済的な圧力を強めてきた。二〇一九年八月、トランプは「マドゥロのベネズエラ支配を終わらせるためにあらゆる適切な手段を用いる」という大統領令に署名した。アメリカの経済制裁は、アメリカ内のベネズエラ政府の資産だけでなく、ベネズエラ政府と取引している個人、企業、国に対しても行われている。経済政策研究センターが発表した報告書によると、アメリカの制裁はベネズエラ市民の健康と生活に深刻な被害を与えてきた。二〇一七年から二〇一八年にかけてベネズエラでは四万人以上が死亡し、三〇万人が医薬品へのアクセスができない状況に置かれていた。報告書は、アメリカの経済制裁は「民間人に対する集団的懲罰」の定義に当てはまると結論している。

◉ドローン攻撃

二〇二一年四月、バイデン大統領は、「アメリカ史上最長の戦争を終える時だ」と宣言し、アメリカ同時多発テロから二〇周年を迎える九月一一日までに、アフガニスタンの駐留米軍を完全撤退させると表明した。アフガニスタンの政治的安定の目処が立たないままの完全撤退については、政権内にも異論があったが、世論の七割は賛同した。

二〇年にわたる「テロとの戦い」は、アフガニスタンに甚大な人的・物的な被害をもたらした。しかし、そうした被害は、アメリカの人々の日常意識にあまりのぼってこなかった。二〇〇一年の同時多発テロ以降、一時的にアフガニスタンに関する報道は急増したが、その後はその情勢が週に一回以上、新聞の一面に掲載されることはほとんどなかった。アフガニスタンにおける「テロとの戦い」がこのように不可視化されるに至った原因の一つは、ドローン攻撃の多用にある。

「テロとの戦い」におけるドローンの使用を格段に増加させたのは、二〇〇九年に大統領に就任したバラク・オバマである。日本ではオバマを「核なき世界」を掲げた理想主義者と見なす向きが強いかもしれない。もっともオバマは「核なき世界」をうたったプラハ演説（二〇〇九年）でも、そのような世界が実現されるのはまだまだ先であり、当面は核の保有は現実的なオプションであることを強調したのだが。いずれにせよ、「核なき世界」を追求する「平和主義者」、あるいは「理想主義者」オバマは、その一面でしかない。

オバマの別の側面を浮かび上がらせた象徴的な事件がある。二〇一八年、オバマは、ヨハネスブルグで開催されたネルソン・マンデラ年次講演会に講演者として招待された。しかし、この招待に対し、南アフリカの市民社会には、オバマの大統領としての経歴は、反アパルトヘイトの象徴であるマンデラの生誕一〇〇周年を記念する講演の講演者にふさわしくないという批判が広がった。人権団体ケージのアフリカ支部は公開書簡で、オバマが在任中に、特殊作戦やドローン攻撃で多数の市民を殺害し、アフリカでの米軍の活動を拡大させたことなどを挙げ、講演の機会を与えることは、これらの行為を容認することだと批判した。

オバマは、ジョージ・W・ブッシュが二〇〇三年にはじめたイラク戦争を批判した。また、ブッシュ政権が遂行した「テロとの戦い」が、グアンタナモ基地における「テロ容疑者」の虐待など、アメリカの理想に反した、非人道的な側面があることを問題視していた。その一方でオバマは、「テロとの戦い」

そのものは批判しなかった。二〇二〇年に出版された回顧録『約束の地』でオバマは、「テロとの戦い」を原理的に批判する左派との差異を際立たせながら、自分は原理的な反戦主義者ではなく、「テロとの戦い」の遂行の必要性を認める現実主義者であると、やや誇らしげに語ってすらいる。

在任中にオバマが試みたのは、アメリカの理想に沿った「テロとの戦い」、すなわちその「人道化」であり、その鍵とされたのが、ドローン攻撃だった。オバマは、ドローン攻撃を活用することによって、テロリストに標的を絞った攻撃が可能となり、巻き添えになる市民も減るとして、ドローンを「人道的」な兵器とみなした。

しかし、実際には多くの民間人が犠牲となった。英調査報道局の調べでは、アフガニスタンでは、二〇〇四年一月から二〇二〇年二月の間に、少なくとも一万三〇七二回のドローン攻撃が行われ、四一二六から一万七六人が殺害され、その死者には民間人が三〇〇人から九〇九人、子どもが六六人から一八四人いたと推定されている。さらにテロ掃討を目的とするドローン攻撃は、パキスタンやイエメン、ソマリアなど、公式の戦闘状態にはない国や地域でも行われ、そこでも多くの市民が巻き添えとなった。

大統領に就任してからわずか三日後の二〇〇九年一月二三日、オバマは初のドローン攻撃を許可した。パキスタンのワジリスタンで二回の攻撃が行われ、二〇人もの民間人が犠牲となった。その後も世界の各地で、結婚式や病院が誤爆された。ロンドンに拠点を置く人権団体リプリーブの調査によれば、二〇〇二年から二〇一四年の間に、四一名の武装勢力を殺害するために、イエメンとパキスタンで行われたアメリカのドローン攻撃で、武装勢力との関係が不明な人間が一一四七名も殺された。こうした大規模な犠牲は果たしてテロリストを殺害するためにやむを得ず生まれた「付随的損害《コラテラル・ダメージ》」と正当化できるものであろうか。

オバマは市民がドローン攻撃の巻き添えとなり、命を落としてきたことについて次のように弁明している。「すべての武力紛争は悲劇を招く」、しかし自分は、「罪のない人々が犠牲になる可能性が最も低い行動を選択している」。

しかし、人権団体の調べによれば、オバマのこの弁明は疑わしい。アメリカによるドローン攻撃は、ストライクゾーンにいる軍人年齢の男性を原則すべて戦闘員とみなしてきた。アメリカ政府は、死後にその人物がテロリストではなかったことを示す証拠が出てこない限り、民間人の犠牲者にはカウントしてこなかった。こうした事実に鑑みれば、実際にはドローン攻撃によって、政府が公式に発表してきた民間人犠牲者数よりはるかに多い民間人が亡くなってきたとみられている。

さらに、オバマ政権で常態化したいくつかのドローンの戦術は、人権団体から戦争犯罪であると批判されてきた。標的とされている人物の身元に確証が持てなくとも、過激派特有の行動のパターンに基づいて標的を選択し、殺害する「シグネチャー・ストライク」や、最初のドローン攻撃を行った後、続いて救助者や第一応答者を対象とした二回目の攻撃を行う「ダブルタップ」などである。これらの攻撃により、テロとの関係が不明な多くの市民が犠牲となった。

さらにアメリカのドローン攻撃で身体を重大に損傷したり、家族を失った人々の多くは、十分な謝罪や補償を得られていない。それどころか、アメリカのドローン攻撃で死亡したことを認定すらされていない人々もいる。英調査報道局は、「死者に名づける（Naming the Dead）」プロジェクトを立ち上げ、二〇一一年以降、パキスタンでアメリカのドローン攻撃によって死亡した二三七九人の名前を明らかにすることを目指してきた。これまでに、同プロジェクトにより、七〇四名の名前が確認され、そのうち民間人は三二二名、子どもが九九名であった。

二〇〇九年、オバマが最初に許可したドローン攻撃で重傷を負った一人に、一四歳のファヒーム・クレシがいる。クレシは、それから七年後の二〇一六年、英紙ガーディアンに自身の体験を語っている。クレシの傷は深かった。胃には破片が突き刺さり、上半身には裂傷があった。医師たちは、火傷を負った左半身全体を手術し、右目はレーザー手術で修復したが、左目は救えなかった。父親を失ったことで、当時一〇代だったクレシは、突如として大家族を養う立場となり、学業も諦めた。何年にもわたり、クレシとその弁護士は、パキスタンの部族連絡員、アメリカ大使館、国連人権理事会など、さまざまな公式ルートを通じて補償を求めてきたが、いずれも実を結んでおらず、補償はおろか、謝罪すら受けていない。

オバマは、何回か、ドローン攻撃による民間人の犠牲者に謝罪したことがある。二〇一五年、アフガニスタンとパキスタンの国境近くにあるアルカイーダの施設を標的としたドローン攻撃が、その人質となっていたアメリカ人とイタリア人の命を奪ったことが判明すると、オバマは「深い遺憾」を表明した。この事実をクレシは、アメリカ政府のダブルスタンダードの最たるものとみて、次のように批判した。「私たちパキスタン人は、殺された二人の西洋人と同じ人間ではないのか？」。

オバマは、回顧録『約束の地』でも、アフガニスタン戦争においては、無差別爆撃や民間人を意図的に標的とした攻撃は決してなかったと強調している。多くの民間人が犠牲となったが、それらは「意図的」に標的にした結果ではないと言い張っているのだ。いずれにせよ、失われた命は戻らない。そして、そこで失われた命の多くに対し、アメリカは責任をまだ果たしていない。

オバマ政権を次いだトランプ政権で、ドローン攻撃の決定プロセスにおける不透明性はさらに高められた。トランプは、オバマが退任数ヶ月前に定めた民間人殺害に関する報告義務すら撤廃した。

二〇二一年八月二六日、米軍のアフガニスタンからの完全撤収の混乱の中で、アフガニスタンの首都カブールの空港周辺で起きた自爆テロで一八〇人以上が死亡した。犠牲者の中には、米兵一三人が含まれていた。過激派組織イスラム国（ＩＳ）の支部組織による犯行であった。事件後、バイデンは演説を行い、「事件を起こした者を許さず、忘れない。探し出して代償を支払わせる」と述べ、報復攻撃を約束した。その後も空港への追加攻撃が懸念される中、「白いトヨタカローラ」が次の攻撃に使われるとの情報が入り、二九日、ＩＳ関連の拠点とみられる施設から現れ、立ち寄った先で爆発物を積み込んだと判断された白いトヨタのカローラに対して空爆が実施された。しかしその後、この攻撃で子ども七人を含む一〇人の市民が死亡したことが明らかになった。車に乗っていたのがアメリカに拠点を置く慈善団体の現地職員で、ＩＳ支部組織とは何の関係もない人物であることも判明した。

拙速なアフガニスタンからの撤収をめぐり、バイデン政権や軍に批判が高まっていた最中に起こった誤爆であり、主要各紙が相次いで誤爆の可能性を報道したこともあり、謝罪と賠償への動きは早かった。中央軍のケネス・マッケンジー司令官は、「空爆チームは当時、周囲に民間人はいないと考え、民間人の被害が出ないよう用心深い手段をとった」と説明し、「過ちを認める」と述べた。同時に、遺族への賠償金の支払いが検討されていることも明かされた。その一方で、米軍は今後もドローンなどを活用した対テロ作戦を続ける方針を示している。

◉イスラエル支援

現代アメリカの暴力性を考える上で無視できない問題が、イスラエル・パレスチナ問題である。アメリカで黒人が白人警官によって不条理に殺害されるのと同様に、イスラエル兵士によってパレスチナ市民が日々、殺害されてきた。イスラエルにおいて、パレスチナ市民を殺害したことで警官側が罪に問われるケースは皆無である。

二〇二〇年五月二五日、ミネソタ州のミネアポリスで丸腰の黒人ジョージ・フロイドが、白人警官に九分近く首を絞められ、殺害されたことを端緒に、全米、さらには世界にブラック・ライブズ・マター（BLM）運動が広がる中、パレスチナ市民はこれに敏感に反応し、共感と連帯の意を表明してきた。フロイドの殺害の五日後に、イスラエル併合下の東エルサレムで、パレスチナ人青年イヤード・ハッラークがイスラエル警察によって撃たれて亡くなった。イスラエルの警官は、自閉症を患っていたハッラークが銃を所持していると思い込んだために発砲したが、事実ではなかった。イヤードの殺害を受けて、パレスチナ市民はイスラエル警察を糾弾するデモを行い、そこでは、「イヤードの命も重要だ」「イヤードに正義を、ジョージ（フロイド）に正義を」といったスローガンが掲げられた。

しかし、一つの命が理不尽に奪われたことに対し、世界が向けた関心の度合いはまったく異なっていた。さらに、国内でBLM運動が高まりをみせているアメリカは、国際政治に目を転ずれば、パレスチナの人々の命を奪い続けているイスラエルの最大かつ強力な支援国である。BLM運動が、アメリカ国内の人種差別的な制度や社会への抗議にとどまらず、白人優越主義、黒人奴隷制の歴史、植民地主義や欧米中心主義など、あらゆる抑圧に対する抵抗運動であり、命を軽んじられてきたあらゆる者の連帯のための運動であるならば、その運動の射程は、イスラエルによるパレスチナ市民の抑圧の問題、そして、その抑圧にアメリカが加担してきたことへの批判へと広げられていかねばならない。

ここにある問題を、神学者・哲学者であるコーネル・ウェストは次のように指摘している。「ジョージ・フロイドの葬儀で多くの人々が涙を流しているように、ヨルダン川西岸でも……イエメンでも、パキスタンでも、アフガニスタンでも、マリでも同じような葬儀が行われている。……世界中で行われているこのような葬儀において、アメリカは直接的な役割を果たさないまでも、その推進役の役割を果たしている」。こうしてウェストは、アメリカ国内における警察組織の暴力性の問題は、世界各地で爆弾を落とし、殺人を行い続けているペンタゴン（国防総省）の暴力性、アメリカが世界大で展開してきた帝国主義政策の問題とともに論じられ、克服されていかねばならないとする。そしてアメリカ国民に対し、アメリカ国内の暴力とともに、対外的な軍国主義や帝国主義にも批判の目を向け、道徳的に一貫した態度をとることを求めるのである。

フロイドの死から一年後、二〇二一年五月に起こったパレスチナのガザ地区におけるイスラエルとパレスチナの武装衝突は、一一日後の停戦までにパレスチナ側に二三二人（子ども六五人を含む）の死者と一九〇〇人の負傷者を出し、イスラエル側の死者も一二人にのぼった。人権を外交政策の中心に据えると掲げてきたバイデン政権にとって、イスラエル・パレスチナ問題はアキレス腱になりうる。バイデン政権は中国政府による新疆ウイグル自治区における人権弾圧について積極的に対応する姿勢を打ち出しているが、イスラエルによるパレスチナ市民の人権弾圧に関して曖昧な態度をとり続けるならば、それこそ中国が批判するダブルスタンダードになってしまう。

これまでのところバイデン政権は、トランプ政権がほぼ停止していたパレスチナ難民の支援を再開するなど、同政権の露骨なイスラエル支持を修正してはいるものの、かといってその親イスラエル政策を根本的には覆していない。このたびのガザ地区における武力衝突についても、イスラエルの「自衛権」への理解と支持を表明し、国連安全保障理事会ではイスラエル非難の声明を阻止するために拒否権を行使した。しかし、イスラエル・パレスチナ問題に関し、民主党内の進歩派はパレスチナへの支持を強く求めるようになっており、バイデン政権との対決姿勢を強めている。

さらに世界の人々はいま、イスラエルによるパレスチナ市民の抑圧と人権侵害にますます批判の目を向け、「パレスチナ人の命は大切だ」の声は、ＢＬＭ運動と呼応しながら、世界に、そしてアメリカ国内に広がりつつある。今日ＢＬＭ運動は、明確にパレスチナとの連帯を打ち出し、アメリカの国家的なイスラエル擁護を批判の射程に収めつつある。こうした国内外の状況において、アメリカがイスラエル・パレスチナ問題についてどのような選択をしていくのか。イスラエルの最大の庇護者として、抑圧に加担してきた過去とどのように決別し、パレスチナ市民の命と権利を守る選択をしていけるのか。動向が注目される。

◉アメリカの暴力への批判の高まり

今日の世界に目を転ずれば、アメリカが「合法的」に行使してきたさまざまな暴力に対し、国際的な批判がいよいよ高まっている。二〇一九年七月、非同盟運動の閣僚会議がベネズエラのカラカスで開催され、イランやベネズエラなど一二〇カ国の代表者が、アメリカによる恣意的な強制措置にどう立ち向かうかを議論した。冷戦時代の一九六一年に設立された非同盟運動は、旧植民地国が米ソの勢力圏から独立し、結束した行動をとるためのフォーラムとしての役割を果たしてきたが、冷戦終結後には、アメリカ主導の金融システムに対抗し、諸国家のドル依存度を低下させるための多国間枠組みという意義を強めている。この会議では、アメリカによる恣意的な経済制裁について、国際司法裁判所（ＩＣＪ）への提訴なども検討された。さらに非同盟運動は二〇一九年一〇月に再び国際サミットを開催し、同様の議論を行った。会議に参加したベネズエラのホルヘ・アレアサ外相は、アメリカは現在、三九カ国で八〇〇〇以上の制裁措置をとっており、人類の三分の一に影響を与えていると指摘し、その行為を「経済テロリズム」と非難した。

アメリカの経済制裁への批判意識は、国連でも共有されつつある。国連難民高等弁務官事務所（UNHCR）が二〇一九年に発表した報告書によると、経済的苦境などが理由で自国を離れざるをえなくなったベネズエラ人の数は四〇〇万人に達し、世界における最大の難民集団の一つとなっている。二〇二〇年三月、制裁の人道的影響に関する国連特別報告者は、トランプ政権がイランに科している制裁措置を「違法かつ不道徳な強制」と批判し、イラン国民に対する「経済的攻撃」であると明言した。

もちろん、ドル決済システムが近い将来に崩壊することはないだろう。しかし、非同盟諸国は国連加盟国の三分の二を占め、その関心や見解は国連におけるアジェンダ設定に影響を与えるようになっている。アメリカの恣意的な経済制裁、その無差別性と非人道性に対する国際的な批判が高まり、米ドルの支配に挑戦しようとする様々な模索が生まれていることは注目に値する。

さらに世界には、人権を促進するための多国間条約やフォーラムが誕生し続けている。二〇一七年、ラテンアメリカの一一カ国とカナダは、リマ・グループを立ち上げた。ベネズエラのマドゥロ政権下での抑圧、汚職、経済的荒廃の連鎖に対し、協同で対応するための枠組みだ。今までに、国連人権理事会（UNHRC）にマドゥロ大統領の弾圧に関する正式な調査を開始するよう要請したり、国際刑事裁判所（ICC）でベネズエラにおける「人道に対する罪」の疑いを調査するよう要請するなどしている。また、イスラム教国を中心とした五六カ国で構成されるイスラム協力機構（OIC）でも、人権擁護の動きが活発化している。これまでOICが国連を利用するのは、イスラエルによるパレスチナ人の人権侵害を非難するときにほとんど限られていた。しかし、二〇一七年、ミャンマー国軍が同国ラカイン州でイスラム教のロヒンギャ族に対し、殺害、レイプ、放火などの残虐行為を行い、大量のロヒンギャ難民が隣国のバングラデシュに逃げ込んだことを契機に、状況は変わり始めている。二〇一八年、OICは欧州連合と共同で、国連人権理事会において「ミャンマー独立調査メカニズム」の創設を主導した。二〇一九年には、OIC加盟国であるガンビアが、ミャンマーがロヒンギャ族に対し、ジェノサイド条約に違反する行為を行っていると主張する訴訟を国際司法裁判所に提起した。

中小国は、多国間で結束することを通じ、アメリカに対しても人権を遵守するよう圧力をかけてきた。二〇一七年一月、トランプ政権が、合法的な中絶を支援する民間団体への資金援助を停止する「グローバル・ギャグ・ルール」を復活させると、オランダ、ベルギー、デンマーク、スウェーデンは、女性の権利を守るための「彼女が決める（She Decides）」プロジェクトを立ち上げてこれに対抗した。二〇二〇年、トランプが、米軍がアフガニスタンで戦争犯罪を行った疑いについて捜査しているICCの職員に制裁を科すことを可能にする大統領令に署名すると、スイスとコスタリカはトランプ政権による「脅迫」を批判する声明文を起草し、独仏など欧州諸国や中南米、オーストラリアなど、ICC締約国の過半数にあたる六七カ国・地域が承認した。

◉おわりに

冒頭で紹介したように、バイデン政権は人権を外交の重要目標の一つに掲げている。確かにバイデン政権は、前トランプ政権、あるいは中国に比べれば、人権を掲げる資格があるかもしれない。バイデン政権は就任以来、「グローバル・ギャグ・ルール」やICC職員への制裁など、トランプ政権下でとられた人権に逆行する諸政策を撤廃してきた。他方で、アメリカは経済的な手段や、ドローン攻撃による民間人の殺害など、より見えにくい、現行国際法では「合法」であると主張しうる手段によって、他国の市民に危害を与え続けてきた。アフガニスタンでは、新たに権力を掌握したイスラム主義勢力タリバンに対し、アメリカや国際通貨基金（ＩＭＦ）が課している経済制裁により、現金不足が生じ、市民生活にも深刻な影響が出ている。国連開発計画（ＵＮＤＰ）の試算によると、このままでは人口の九七％が貧困に陥る可能性があるという。アメリカには、決して人権や人道を高らかに掲げる資格はない。

バイデン政権は、アフガニスタンから軍を撤退させたからといって、「テロとの戦い」からも撤退してしまうわけでないとして、その継続を宣言している。しかし、二〇年に及んだアメリカの「テロとの戦い」では、アフガニスタンやイラクなどで計三六万から三八万人の民間人が死亡したと推計される。ドローンを多用した「テロとの戦い」は本当に「人道的」といえるものだっただろうか。誤爆で失われた命に対しては、賠償金が支払われればそれでいいのだろうか。そもそも、「人道的」に戦われる戦争など、あるのだろうか。

「テロとの戦い」において、経済制裁やドローン攻撃など、不可視化された暴力が多用され、それなりに「人道的」に戦われている体裁がとられてきたことは、かえって人々に、「テロとの戦い」自体を問い、批判することを忘れさせてきた面がある。「テロとの戦い」を二〇年も戦ってきたにもかかわらず、世界からテロの脅威が減っていないかのように思われる今こそ、アメリカが世界でふるってきた直接・間接の暴力と誠実に向き合い、真に人道的な、命を守る外交の可能性に思いをめぐらせるべきではないか。そのような批判的な思考の繰り返しの先にしか、真に安全で平和な世界は見えてこない。

◎読書案内

①古矢旬『グローバル時代のアメリカ――冷戦時代から二一世紀』岩波書店、二〇二〇年。
②鈴木透『性と暴力のアメリカ――理念先行国家の矛盾と苦悶』中公新書、二〇〇六年。
③ジョン・W・ダワー、三浦陽一監訳。田代泰子、藤本博、三浦俊章訳『戦争の文化――パールハーバー・ヒロシマ・9・11・イラク』（上下）岩波書店、二〇二一年。
④酒井啓子『九・一一後の現代史』講談社、二〇一八年。
⑤バラク・オバマ『約束の地――大統領回顧録』全二巻、集英社、二〇二〇年。
⑥杉田弘毅『アメリカの制裁外交』岩波書店、二〇二〇年。
⑦P・W・シンガー、エマーソン・T・ブルッキング著、小林由香利訳『「いいね！」戦争――兵器化するソーシャルメディア』NHK出版、二〇一九年。
⑧マイケル・ウォルツァー著、萩原能久監訳『アメリカ左派の外交政策』風行社、二〇一八年。

①は現代アメリカの国内外の政策を、グローバルな世界との関わりにおいて学び、考えるための最適の入門書。②は、米国の歴史に深く根付いてきたリンチの論理から、米国が対外的に行使してきた暴力を分析。③は、「リベラルな盟主」と美化されてきた第二次世界大戦後のアメリカの暴力性を歴史家が徹底的に見つめた書。④は、九・一一同時多発テロ事件、イラク戦争、アラブの春と、いずれも中東に関わる三つの事件から現代世界を読み解く。⑤は、対テロ戦争に関しては冷徹なリアリスト

であったオバマの最新の回顧録。⑥は、軍事介入には消極的になる一方で、ドル覇権を背景に金融制裁をますます多用してきた米国外交の実態を解明。⑦は、SNS上の「いいね！」「シェア」がいかに人々の心に憎悪を生み、世界各地で紛争や虐殺の引き金となっているかを描き出す。⑧左派リベラルの著者が、戦争反対と叫ぶだけで、紛争地域の秩序構築や人々の救済に関する具体策を持たないと左派リベラルを痛烈批判。

❖より深い理解のために――ディスカッションのポイント

(1) 二〇二一年に大統領に就任して以来、ジョー・バイデンは、人権を外交目標の一つとして掲げ、中国政府による新疆ウイグル自治区での人権侵害や香港での民主派弾圧を厳しく批判してきた。しかしアメリカは果たして、世界に向かって人権促進のリーダーを誇れるような外交政策をとってきたのだろうか。世界の人々の人権や生命を常に擁護してきただろうか。話し合ってみよう。その上で、世界各地で抑圧されている生命と人権を守るには、何ができるか考えてみよう。

(2) 二〇〇一年の九・一一同時多発テロ事件後、アメリカは「テロとの戦い」を掲げ、アフガニスタンへの軍事攻撃を開始した。それから二〇年後の二〇二一年八月、バイデン政権はアフガニスタンからの米軍撤退を完了し、「テロとの戦い」に一つの区切りをつけた。アメリカは、「テロとの戦い」の正当性を訴え、手段を問わずに遂行してきたが、二〇年にわたる「テロとの戦い」は、果たして正義にかなったものだっただろうか。それは私たちの生きているこの世界をより安全なものにしただろうか。

(3) 現代アメリカの暴力性を考える上で無視できない問題が、イスラエル・パレスチナ問題である。イスラエルはパレスチナ市民の人権や生命を大きく損なう形で占領政策を続け、イスラエル兵士によってパレスチナ市民が日々、抑圧され、殺害されている。この事実を知りながら、アメリカはイスラエルの最大の支援国であり続けてきた。しかし近年、パレスチナ市民の命があまりに簡単に奪われることへの抗議が米国の内外で高まりつつある。こうした世論を背景に、どのようにイスラエルによる暴力的な占領政策の終結を展望していけるだろうか。アメリカ、そして私たちは何ができるだろうか。

第一四章

声を上げる理由・耳を傾ける理由

——被爆者運動と日本社会——

川口　悠子

広島の平和記念公園にある原爆供養塔。内部の納骨堂には、身内が見つからない、あるいは氏名の判明しない、約７万柱もの遺骨が現在まで納められている。原爆がもたらした被害は今でも終わっていないことを物語る。（筆者撮影）

◉はじめに

過去への謝罪や補償を求める動きが、近年、世界各地でとみに高まっている。アメリカでは、二〇一五年にサウスカロライナ州チャールストンの黒人教会で、白人優越主義者が乱射事件を起こしたことをきっかけに、南部連合の旗や記念碑などを撤去する運動が起きた。二〇二〇年にブラック・ライブズ・マター運動が盛り上がりを見せたことで、この運動は加速し、またアメリカ国外でも、かつて奴隷貿易や植民地支配に関わった商人や政治家の銅像を引き倒したり、撤去を求めたりする動きが生まれた。カナダでは、先住民の子どもが家族から引き離されて入れられた寄宿学校の跡地で、虐待などで亡くなった子どもの遺骨が近年大量に見つかっており、同化政策全般が改めて問題視されている。日本についても、朝鮮半島から強制的・半強制的に徴用された多くの労働者など、かつての植民地支配の被害者による賠償を求める訴訟は今も続いている。

とはいえこうした動きのように、過去の被害について声を上げるのは容易ではなく、たくさんの時間とエネルギーを必要とする。しかも、「もう昔のことなのに」「なぜ今頃?」「きりがないのだから水に流したほうがいいのでは」と冷たい目が向けられ、耳を傾けられないこともある。にもかかわらず、このように訴えるのは、なぜだろうか。そして、我々がその声に耳を傾け、向き合うべき理由はなんだろうか。

そこでこの章では、被爆者運動を手がかりに、この問題を改めて考えてみたい。アジア・太平洋戦争終結直前の一九四五年八月に、広島と長崎にアメリカが投下した原子爆弾を受けた被爆者は、現在に至るまで核廃絶と被爆者援護を求め続けている。以下ではまず、彼・彼女たちが発言を続けている理由を、運動が求めてきたものと日本政府の対応を追いながら、検討する。その上で、声を上げる人の存在が社会全体にとって何を意味するのかを、「当事者性」をキーワードに考える。

◉被爆者の訴え

毎年八月になると、原爆被害を特集するドキュメンタリーやドラマがかならずテレビで放送されるようになって久しい。その状況からは想像しにくいかもしれないが、被爆者にとって、被害を訴えるのは容易なことではなかった。戦後すぐの日本では、原爆以外の戦争被害の傷も深かったという事情もあるが、原爆がどれほどの被害をもたらしたかが、広島・長崎以外ではほとんど知られていなかったためである。

終戦直後から一九五二年四月まで日本を占領していたアメリカは、原爆の使用をめぐって批判を受けることを警戒して、原爆による被害状況について情報統制をおこなった。そのため、全国メディアで原爆被害の悲惨さが取り上げられるようになるのは占領が終結してからだった。そして一九五四年三月、アメリカが当時信託統治領だったビキニ環礁（現在はマーシャル諸島共和国の一部）でおこなった水爆実験で、マグロ漁船の第五福竜丸が被災し、のちに乗組員一人が亡くなった。このいわゆるビキニ被災事件によって、核兵器の危険性が広く関心を集めることになる。ただし、当時の日本社会でまっさきに危惧されたのは、核兵器による放射性降下物が、魚介類をはじめとする食べ物や水、空気を汚染し、健康に影響を与えることだった。広島・長崎の被爆者の状況に注意が向けられたのは、翌一九五五年夏に広島市で原水爆禁止世界大会が開催され、大会参加者が被爆当時やその後の生活について、被爆者から直接話を聞いてからである。このことは被爆者の組織化が大きく進むきっかけとなり、一九五六年八月に、全国組織である日本原水爆被害者団体協議会（日本被団協）が結成された。結成宣言で「世界に訴うべきは訴え、国家に求むべきは求め」て、「たがいに相救う道を講ずるため」に立ち上がったのであり、「人類は私たちの犠牲と苦難をまたふたたび繰り返してはなりません」とうたったとおり、日本被団協は日本政府に対して、原水爆禁止運動の促進および被爆者に対する医療と生活の援護を求める運動を始めた。

ここまで、原爆投下から実に一〇年以上を要している。しかも、原爆による被害が充分に解明されていなかったため、政府に対して援護を求める根拠とするためにも、被爆者運動は被害の実態を明らかにすることから始めなくてはならなかった。原爆による被害とは、放射線障害などの健康問題だけではない。言語に絶する状況で生き延びたことや家族を失ったことによる心の傷、安定した就労が難しいための貧困、さらに周囲の無理解や差別など、職業生活や社会生活のさまざまな側面におよぶ、多層的なものである。このことは、厚生省（当時）だけでなく、被爆者団体や研究者らによる長年の調査によって分かったことである。

被爆者運動と世論の高まりを受けて、一九五七年には「原子爆弾被爆者の医療等に関する法律」（通称、原爆医療法）が制定された。これは被爆した日時（原爆投下以降に被災地に入り、放射線の影響を受けた入市被爆なども含まれる）と場所などについて一定の条件を満たす被害者を法的に「被爆者」と認定したうえで、被爆者の健康診断をおこない、また原爆症と認定された患者に国費で医療費を給付することなどを定めたものである。また一九六八年には「原子爆弾被爆者に対する特別措置に関する法律」（通称、原爆特措法）が制定され、生活援護のための諸手当を支給することが定められた。

被爆者運動は「ふたたび被爆者を作らない」「核と人間は共存できない」を理念に掲げてその後も続き、国家の責任を追及する姿勢がいっそう明確になっていった。すなわち日本政府に対しては核兵器廃絶に積極的に取り組むことと、戦争遂行が原爆被害を引き起こした責任を認めて、死者も含む原爆被害者に補償をおこなうよう求めた。核兵器保有国に対しては核廃絶を要求し、とりわけ広島・長崎に原爆を投下したアメリカには、原爆投下が人道と国際法に反することを認め、被害者に謝罪することも求めた。さらに国際的な軍縮会議に被団協から代表を派遣したり、世界各地の平和団体と交流したりすることを通じて、世界的にも存在を知られていった。

同時に、修学旅行生など広島や長崎を訪問した人々に被爆証言をする、手記を執筆するなど、地道な活動を続けてきた人々が多くいることも見逃してはならない。戦後の日本、さらには世界で、原爆被害の悲惨さが広く知られ、核兵器に否定的な意識が広まるにあたり、被爆者が困難を乗り越えて大きな役割を果たしてきたことは間違いない。

◉加害責任と向き合う

被爆者運動が盛り上がるなかで、日本や、日清戦争以来陸軍の拠点が置かれていた一大軍事都市としての広島の加害責任に向き合う動きも生まれてきた。栗原貞子（一九一三年～二〇〇五年）の例を見てみよう。原爆投下直後、重傷の産婆が赤ん坊を取り上げたという話を元にした「生ましめんかな」（「かくてくらがりの地獄の底で／新しい生命は生まれた。／かくてあかつきを待たず産婆は血まみれのまま死んだ。／生ましめんかな／生ましめんかな／己が命捨つとも」）の作者として知られ、原爆被害の悲惨さを訴える作品を多く発表した詩人である。

栗原は原水爆禁止運動をはじめ、反核・平和運動にも熱心に参加していたが、一九六五年から本格化したベトナム戦争中に日本でも高まった反戦運動に加わったことをきっかけに、原爆の被害者も、アジア太平洋戦争における加害者としての性質をもっていることを意識するようになる。当初の反戦運動は、被害者としての立場からベトナムの人々に連帯するものだったが、しだいに、アメリカと安全保障条約を結んでいる日本もベトナムに対して加害者側に立っているという認識が生まれた。国内の米軍基地からは空爆をおこなう爆撃機や兵士を運ぶ輸送機が離陸し、日本各地の工場でも軍需物資が生産されていたのである。そこから、アジア太平洋戦争中の日本の加害責任にも目が向けられていく。

栗原も当初、被害者としての立場からベトナム戦争に反対していた。しかし国際会議に出席した知人が、「韓国の人たちや東南アジアの人たち」から「ほんとうに目の前で」、「日本にもう一度原爆が落ちればいいんだ」と言われたことを聞き、「ほんとうに衝撃を受け」た。日本がそれらの国々で行なってきた加害行為の実態に目を向け、「軍都広島の市民として侵略戦争に協力した加害者としての自身の責任を問う」作品として書いたのが「ヒロシマというとき」(一九七二年)である。

〈ヒロシマ〉というとき／〈ああ　ヒロシマ〉と／やさしくこたえてくれるだろうか／〈ヒロシマ〉といえば〈パール・ハーバー〉／〈ヒロシマ〉といえば〈南京虐殺〉／〈ヒロシマ〉といえば　女や子供を／壕のなかにとじこめ／ガソリンをかけて焼いたマニラの火刑／〈ヒロシマ〉といえば／血と炎のこだまが　返って来るのだ

［略］

〈ヒロシマ〉といえば／〈ああ　ヒロシマ〉と／やさしいこたえが／かえって来るためには／わたしたちは／わたしたちの汚れた手を／きよめねばならない

このように考えたのは栗原だけではなかった。一九九四年、広島の平和記念資料館の展示に、戦前・

戦中の軍事都市としての側面も含む広島の歴史を説明するセクションが加えられた。この理由は、当時、アジア諸国で日本の戦争責任を問う動きが高まっていたことに加えて、一九八〇年代後半以来、広島の市民グループがこのような展示を設けることを求めていたこともあった。また、被爆体験はないが、広島と植民地支配下のソウルで育ち、一九九一年から八年間広島市長を務めた平岡敬（一九二七年〜）という人物がいる。平岡は広島に本社を置く中国新聞社の記者だった一九六五年、日韓国交回復直後に韓国に赴き、まったくの無援護状態にあった朝鮮人被爆者の窮境を取材した。当時、朝鮮人被爆者の救援は被爆者運動の視野にも入っておらず、また朝鮮人が日本で原爆に遭った背景に日本の植民地支配があることの認識も乏しかった。平岡はこの経験から、日本の戦争責任と向き合う必要を知る。平岡は、一九九一年八月六日の平和宣言で「日本はかつての植民地支配や戦争で、アジア・太平洋地域の人びとに、大きな苦しみと悲しみを与えた。私たちは、そのことを申し訳なく思う」と述べ、平和宣言で日本の加害責任に言及した初めての広島市長となった。

栗原や平岡は、日本が植民地支配や侵略戦争をおこなったから、あるいは広島が軍事都市だったから、原爆が投下されても仕方なかったと言っているのではない。被爆者運動の主眼は、核兵器がどのような被害をもたらすのか証言し、補償要求と核廃絶を求めることにある。すなわち被爆者が被害者だということが運動の根底にある。しかし同時に、日本人被爆者は、植民地支配と戦争によってアジア太平洋各地の人々に筆舌に尽くしがたい苦しみを与えた加害国の一員でもあった。その責任も踏まえなければ、いかに原爆被害の悲惨さを訴えようとも、日本の加害行動で被害をこうむった人々に対しては、説得力を持たない。そのことに注意を促しているのである。

◉被爆者援護政策の経過

被爆者の主張に対して、日本政府はどのように対応してきたのだろうか。戦争放棄を定めた日本国憲法第九条の存在や、一九六七年に佐藤栄作首相（当時）が提唱した非核三原則（「核兵器を持たず、作らず、持ち込ませず」）から、「反核」は日本の国是だというイメージは広く共有されているかもしれない。だが日本政府は、被爆者援護にも反核運動にもけっして熱心ではなかった。

被爆者援護については前述のとおり、原爆医療法と原爆特措法が制定されたのも被爆者運動と世論に押されてのことで、またいずれも限界があった。被爆者の貧困が大きな問題であったにもかかわらず、原爆医療法には生活面での援護はなく、遺族に対する補償もなかった。また原爆特措法で規定された諸手当には所得制限が設けられ、補償ではなく社会保障制度の一環として位置づけられていた。被爆者運動が求めてきたのは、国家が戦争を遂行したことが原爆被害につながったという責任を政府が認め、その証として被害を償うことだが、それとは大きな乖離があったのである。

この背後には「受忍論」と呼ばれる考え方がある。一九八〇年、厚生省（当時）の委嘱で被爆者対策について議論した懇談会は、およそ戦時中に国民が強いられる犠牲は、「すべての国民がひとしく受忍しなければならない」と述べた。これは、戦争による被害に対して国家はなんら責任を負わず、補償もおこなわないことを意味する（戦後、日本政府は植民地支配や戦争の責任から目をそらし続けているが、空襲などによる日本の民間人の戦争被害者への援護や補償も、今日に至るまで一切なされていない）。原爆医療法と原爆特措法を一本化した「原子爆弾被爆者に対する援護に関する法律」（通称、被爆者援護法）が一九九四年に制定されたときも、政府のこの姿勢には変化がなかった。

さらには被爆者援護法による援護からもなお取り残され、救済を求めている人々がいる。その一例として、いわゆる「黒い雨」訴訟を見てみたい。二〇二一年七月一四日、広島高等裁判所で、「黒い雨」による健康被害を受けた人々が被爆者としての認定を求めていた裁判で、原告である被害者らの全面勝訴の判決が言い渡された。「黒い雨」とは、原爆投下直後に降った雨である。この雨には、巻き上げられたちりや火災の煤など、大量の放射性物質が含まれていた。降雨地域にいた人々には、直接雨を浴びたり、飲み水や食べ物を通して体内に取り入れたりして内部被曝（体内に放射性物質を取り込んだことによる被曝）し、長期的な健康被害を受けた人も多かった。しかし政府は「黒い雨」被害者を被爆者とは認定せず、原爆投下直後の調査で激しい雨が降ったことが明らかになった範囲のみを対象に、限定的な援護をおこなうにとどまり、まったく援護を受けられずにきた人々も多かった。広島県・市は証言や調査にもとづいて、二〇一〇年に援護区域を従来の約六倍に広げるよう政府に要望したが、政府はこれも拒否した。今回の訴訟はこれを受けて提訴されたもので、二〇二〇年に広島地方裁判所で原告が勝訴し、被告である国側が控訴したため、広島高裁で審理がなされていた。

高裁判決が出たあと、国側が上告しなかったために判決が確定し、政府は訴訟に参加しなかった人も含め、「黒い雨」被害者を被爆者として認定し、救済する方針を打ち出した。だが、内部被曝の問題は、すでに長いこと多くの研究者によって指摘されてきた。にもかかわらず、現在国が方針を改めることが求められていること自体が、これまでの援護の不足を示すものである。しかも、政府は判決の趣旨を全面的に受け入れたわけではない。政府は当初上告を検討していたが、広島県・市が反対したこと、上告しても敗訴する可能性が高く、また政権が強い批判を受けることなどから上告を断念したと推測されている。菅義偉首相（当時）は談話で、内部被曝の影響をより柔軟に認め、積極的な救済につなげるべきだという高裁判決は「これまでの被爆者援護制度の考え方と相いれないものであり、政府としては容認できるものではありません」と述べた。「黒い雨」被害者が訴訟という手段で声を上げ、その訴えが裁判で認められたにもかかわらず、この判決を契機に政府が援護策を積極的に拡充する可能性は低いだろう。

◉日米同盟と「核の傘」

核廃絶を求める声への対応はどうか。日本政府は現在に至るまで、核廃絶に消極的な姿勢を崩していない。その最大の理由は、日本がアメリカとの軍事同盟を結んでいることにある。第二次世界大戦終結後、アジアでも冷戦構造が顕在化していった。アメリカは日本を自陣営に引き入れて「反共の防波堤」とすべく、一九五二年に日本が主権を回復すると同時に、日米安全保障条約を締結した。これにより、日本はアメリカの核戦力によって国防をはかる、いわゆる「核の傘」の下に入った。そのため、日本政府はアメリカをはじめとする核保有国を批判しないばかりか、「非核三原則」を掲げながら、核兵器を搭載した米軍の艦船が日本領内を寄港・通過することを、国民に隠れて「密約」で認めてきた（さらに占領下の沖縄には核兵器が配備されており、核爆発にもつながりかねなかった大事故も起きていた）。

世界的な核兵器禁止の流れが高まっても、日本政府は、核兵器による被害についてもっともよく知る国の一つとして議論をリードするどころか、後ろ向きの姿勢をとり続けた。一九九五年、オランダ・ハーグの国際司法裁判所が、国連総会の要請で核兵器の違法性を審理した。証人として出席した平岡敬広島市長と伊藤一長長崎市長（いずれも当時）は被爆者の手記を引き、無残な遺体の写真を示して、核兵器の使用は国際法に反すると述べた。いっぽうの日本政府代表が用意した意見陳述書の草稿には、「核兵器の使用は実定国際法上、必ずしも違法とは言えない」という一節があった。これは被爆者団体らの猛反対で削除されたが、代表は両市長の証言に対して、「日本政府の立場からは独立したもの」で、「必ずしも政府の見解と一致するものではない」と述べたのである。

また、日本は国連で採択された核兵器禁止条約にも調印していない。核兵器禁止条約は、核兵器による戦争の抑止という核保有国の論理ではなく、核兵器の使用は人道に反するという、被害を受ける人間の観点から、核兵器の製造・保有・威嚇・使用などを全面的に禁止する条約である。上述の国際司法裁判所の審理をきっかけに数次にわたる国際会議を経て国連に議論の場が移り、二〇一七年七月、一二二カ国・地域の賛成で採択、二〇二一年一月に発効した。二〇二一年九月の時点では八六の国と地域が署名し、五十五の国と地域が批准している。この間、日本政府は核兵器の使用は非人道的ではあるが、日本がアメリカの核の傘の下にある以上、非合法化はできないという立場を取り続けてきた。国連での交渉にあたっては、日本政府代表は初日にのみ出席し、以降の交渉をボイコットして、核保有国に同調する姿勢を示した。その空席には、NGO関係者が「ここにいてほしかった（#wishyouwerehere）」と書いた折り鶴を置いた。

日本が原子力発電を導入したのも、この安全保障体制と密接に関連している。一九五三年、アメリカのドワイト・D・アイゼンハワー大統領は「平和のための原子力」構想を打ち出した。日本を含む西側陣営各国に対して核エネルギー技術・施設の提供をおこなう計画だが、その狙いは軍事的な同盟関係と一体で、西側陣営の結束を強化することにあった。さらに日本国内では、広島・長崎の原爆被害とビキニ被災事件の結果、核に対する強い拒否反応があったことから、日本に対してはとりわけ「平和利用」が喧伝された。のちに首相を務める中曽根康弘や読売新聞社の社主でもあった正力松太郎ら保守政治家がこれに呼応して、一九五五年、日米原子力協定が調印され、日本政府はアメリカの企業と契約を結んで原発建設を進めた。二〇一一年の福島第一原発事故直前には、日本国内の原発は五四基を数え、日本で使う電力の三〇%をまかなうに至っていた。事故後はいったんすべての原発が停止したが、その後政府は安全基準を修正した上とはいえ再稼働を進めており、住民らとのあいだで論争が続いている。

なぜ、過去のできごとに対して、時間が経っても声を上げ続けるのかという問いに戻ろう。被爆者運動の経過からは、人が発言するのはけっして容易ではないことが分かる。どのような被害があったのかも、それに対して何を求めるのかも自明ではない。生計を立てるのが困難な中で運動に時間とエネルギーを割くことも難しく、差別のなかで発言するのは渾身の勇気を必要とする。それでも立ち上がったのは、このままでは耐えられないし耐えるべきでもないと考えたからだ。そして自分たちの運動は自分たちだけではなく世界のためでもあるという信念もあった。にもかかわらず、訴えは核保有国はもとより日本政府の耳にすらとどかない。だからこそ被爆者は声を上げ続けているのである。

◉なぜ耳を傾けるべきか——当事者性の脱中心化

では、我々が被爆者の訴えに耳を傾けるべき理由は何だろうか。そうすることで社会が変わってきたからだということは、原爆医療法や原爆特措法が制定され、さらには核兵器禁止条約の締結に至るまで、被爆者運動が世論を動かしてきた経緯を見れば明らかだろう。すでに述べたように、被爆者の声がこれまでに充分聞かれてきたとは言いがたい。また、被爆者以外に多くの人たちの力もあった。それでも、被爆者の声がなくては、日本政府が援護に動くことはなかったはずだ。また核兵器の非人道性が世界で知られるようになったのは、被爆者が日本の内外で積極的に証言してきたからこそである。そのことは、二〇一七年に核兵器禁止条約の推進に大きな役割を果たした核兵器廃絶国際キャンペーン（ＩＣ

AN）がノーベル平和賞を受賞した際、ICANの事務局長とともに授賞式でスピーチをおこなったのが、国連などで原爆被害の体験を語り続けてきたサーロー節子であり、会場には日本被団協の代表委員らも招かれていたことからも分かる。被爆者が何を求めているのか、それがなぜなのかが、より広く知られれば、それは社会をさらに変える契機となるだろう。

これに加えて、ここでは、原爆被害を自ら直接に経験していなくても、原爆被害をめぐる問題に対して当事者でありうるという考えを提起したい。倫理学者の川本隆史は「当事者の苦しみやニーズは本人にしかわからない」という議論も「一定の説得力を持つ」が、「当事者や現場関係者以外はものを言うなということになれば、およそ対話や議論なるものが成り立たなくなる」上に、「当事者や現場を固定してしまうと、当事者間の差異や現場内部の対立が見えなくなる危険性すら生じ」ると述べる。そこで、「当事者や現場を尊重しつつも」、「当事者や現場をたえず中心からずらし分散・複数化していく試行」が重要だと指摘する。「『内側』からささやかれる何かを『外側』から受け取り、そしてもっと『外側』の誰かへ伝えようとする」、この「たゆまぬ努力」を、川本は「当事者性の『脱中心化』」と呼ぶ。言い換えると、直接原爆被害を経験していなくても、「外側」にいる当事者のひとりにはなれるということだ。

「内側」と「外側」は相対的なもので、そのあいだに明確な境界線があるわけではない。ひとつには、法的な意味での「被爆者」以外にも原爆の被害者は多数存在する。前述のとおり、法律上の「被爆者」となるには、いつ、どこで被爆したかなど、一定の条件を満たし、そのことが政府に認定される必要がある。このため人類学者の米山リサや社会学者の直野章子は、「被爆者」とは政府の法制度（および認定の基準となる医学的知見）が作り出したカテゴリーであると指摘してきた。したがって、前述の「黒い雨」被害者のように、原爆による健康被害を受けていても、「被爆者」とは認定されてこなかった人もいる。さらに、自身は疎開や出征で広島を離れていて原爆に遭わなかったが、家族や友人など大切な存在を失った人も多い。この人々は法的には「被爆者」ではないが、原爆の被害者であることは間違いない。こうして敷衍すると、生まれたのが原爆投下から時間が経ってからでも、広島や長崎の出身でなくても、「外側」の当事者であることはできる。

核廃絶への取り組みや被爆者援護をめぐっては、この「外側」にいる当事者がもつ当事者性は、ひときわ高い。第一に、これらは政府としての政策課題であり、したがって主権者たる国民全員にとって（日本国籍を持たないが、日本社会の構成員である人々にとっても）重要な問題である。核廃絶にどのように取り組むかは、安全保障や外交政策の根本、さらには日本の国家としてのあり方そのものにかかわる。また被爆者援護はアジア太平洋戦争で被害を受けた内外の人々への援護や補償に直結し、それはさらに、国民は国家の責任による損害を受忍すべきなのかという問題一般にもつながる。日本の植民地支配責任・戦争責任を追及する責任も、被爆者だけが負うべきものではない。むろん、主権者である国民が求めるならば、政府には対話に応じ、適切な政策を実施する義務がある。

第二に核時代においては、核兵器の被害者になりうるという点では、全人類が当事者である。一九四五年以降、核兵器は人類の生存そのものを危うくする兵器として、およそ地球上のすべての人々にとっての脅威となった。その後核保有国が増加し、核軍拡競争が進行したことで、人々は、自身の頭上で核兵器が炸裂する未来、あるいは核爆発からの放射性降下物（「死の灰」）が地球を覆い、緩慢な死をもたらす未来を脳裏に描くようになった。世界にまだ核兵器が存在する以上、現在でもその状況は変わっていない。

このように我々は、様々な関係性と距離感で「外側」にいる当事者として、それぞれの立場から原爆被害をめぐる問題系に関わることができる。先ほど引いた直野も、直接に原爆被害を経験していなくとも、反原爆の理念を共有し、被爆者運動に参加する人々を被爆者の「同伴者」と呼び、「ふたたび被爆者を作らない」という運動の理念は、被爆者と同伴者の「共同作業の果実」だととらえている。

またその関わり方、すなわち「内側」の当事者から何を受け取り、さらに「外側」の当事者に何をどう伝えるのかは、決まっているわけではない。まず、川本が「『内側』からささやかれる何か」と書いたとおり、「内側」から渡されるものは多様である。法的な「被爆者」であるかどうか以外の点でも、原爆の被害者は千差万別であるためだ。被害の状況も、被害の前・後に歩んだ人生も異なるし、原爆被害の受け止め方や被爆者運動への関わり方、価値観や政治志向も、人によって異なる。同様に、受け取る側である「外側」の当事者も千差万別なのだから、渡されたものから何を見いだすかも様々であってよい。たとえば広島に暮らし、在野の音楽・文化批評家として広島の「平和」について考察している東琢磨は、戦後の広島には、それまでの生活や家を失った人々が多く存在し、難民が抱える問題と通底した状況があったと指摘し、被爆者運動が掲げてきた理念以外にも、難民の支援や受け入れを広島の歴史に根ざした平和運動として行なうことも可能なはずだと提案する。また、真摯な批判も、「内側」と「外側」との対話の一つの形態といえる。平岡敬は、広島の平和思想がいっそう力を持つためには、批判によって鍛えられ、より深まる必要があると指摘しているが、日本の責任をつきつけられた経験から「ヒロシマというとき」を書いた栗原の例はそのことを如実に示している。

ただし、「外側」の当事者が多いからこそ、「内側」の「当事者や現場」――この場合は被爆者とその経験――を尊重することの重要性が高まることは確認しておきたい。経験した本人でなくては分からないこともあるのは、疑いのない事実である。被爆者もしばしば、「原爆は経験したものでなくては分からない」と言う。それは、あまりに凄惨で思い出したり口にしたりすることが辛いからだけではない。原爆の被害など、通常の世界では起こりえないようなできごとは、既存の言語や知識の体系では説明することができない。そのため、被害者自身も自分が何を経験したのか、必ずしも把握することができないのである。同じ理由から、語ることを拒む被爆者も少なくない。まして、死者が経験したことは誰にも分からない。被爆者の痛みを、あくまで自身とは異なる他者の痛みとして尊重することは大切である。

加えて、全人類が当事者となりうる故の問題もある。「ヒロシマ・ナガサキ」をシンボルとしつつ、核兵器の被害者となり得る存在としての自分自身を中心的な当事者として想定し、その結果、広島と長崎で実際に原爆被害を経験した人々の当事者性が見落とされてしまう、という問題だ。実際、冷戦初期のアメリカでは、核兵器への不安感が広まる中でも、広島と長崎に原爆を使用したことに対する批判は高まらなかった。それは、原爆投下が第二次世界大戦を終わらせたという考えが定着していたことに加えて、広まっていたのがあくまでアメリカが核攻撃を受ける不安で、当事者の位置にいたのがアメリカ人だったからだと考えられる。

このように、「内側」にいる被害者自身の経験や視点を尊重することは前提である。その上で、我々は意識するか否かにかかわらず、すでに「外側」の当事者として、原爆被害や核兵器をめぐる問題に関わりをもっている。だからこそ、「内側」の当事者としての被爆者の主張を受け取り、誰かに伝えようとする「たゆまぬ努力」が求められる。「たゆまぬ努力」が求められる。すでに被爆者の平均年齢は八五歳に近い。確実に近づいている「被爆者のいない未来」に向けた記憶の継承という意味でも、必要なことだろう。

◉おわりに

この章では、広島・長崎で原爆による被害を受けた人々が、なぜ長年声を上げ続けてきたのか、また日本社会に暮らす我々は、なぜ耳を傾けるべきなのか、考えてきた。耳を傾けるべきだと言っても、核に関わる問題すべてで被爆者が当事者性の中心にいるわけではない。核の問題はグローバルな広がりを持っており、広島と長崎で原爆を経験した人たち以外にも、核実験場とされた土地や、核関連工場周辺の住民、実験に動員された兵士、工場の労働者など、健康や環境への被害に苦しむ人々は世界各地にいる。エネルギー源として利用する際でも、原子力発電所がひとたび事故を起こすと、どれほどの被害をもたらすかはいうまでもない。また、原爆被害が、ほかのイシューよりも重要性が高いという意味でもない。平岡はむしろ、原爆被害の悲惨さを絶対化せず、悲惨なできごとを経験した世界の数多くの人々とつながりあうことが重要だとも指摘する。

それでもやはり、被爆者の訴えに込められた思想は、人類が作り出してしまった核兵器に対峙する際には欠くことのできない導きの糸として、またアジア太平洋戦争中の日本の被害経験を歴史的に位置づけるときの手がかりとして、深い意味を持つ。そのような思想を築き上げてきた被爆者の長年の努力にはやはり最大限の敬意を払いたい。核兵器禁止条約の採択・発効という大きな目標は達成されたが、核保有国が核廃絶に向かう気配はない。なにより日本政府は国家補償も核廃絶に尽力することも拒否している。高齢化した被爆者は、「このままでは死んでも死にきれない」という思いで活動を続けているのである。

最後にもう一度、「なぜ声を上げるのか」という問いを、すこし違う角度から考えたい。声を上げる人がいなかったらどうなるのだろうか。まず、社会に対する問題提起がなされなくなる。議論による問題解決というプロセスも失われ、変化するダイナミズムも失われるだろう。これは、民主主義においての政治に参加する主体がいなくなり、民主主義にもとづいた社会が機能しなくなるということでもある。このように考えると、必要なのは、声を上げる人に対してその理由を問うことよりは、声が上げられないときにその理由を考えることではないだろうか。

◎読書案内

① 米山リサ著（小沢弘明・小澤祥子・小田島勝浩訳）『広島――記憶のポリティクス』岩波書店、二〇〇五年（原著一九九九年）。
② 宇吹暁著『ヒロシマ戦後史――被爆体験はどう受けとめられてきたか』岩波書店、二〇一四年。
③ 直野章子著『原爆体験と戦後日本――記憶の形成と継承』岩波書店、二〇一五年。
④ 山代巴編『この世界の片隅で』岩波新書、一九六五年。
⑤ 太田昌克著『日米〈核〉同盟――原爆、核の傘、フクシマ』岩波新書、二〇一四年。
⑥ 東琢磨・川本隆史・仙波希望編『忘却の記憶　広島』月曜社、二〇一八年。
⑦ 平岡敬著『時代と記憶――メディア・朝鮮・ヒロシマ』影書房、二〇一一年。
⑧ 山本昭宏著『核と日本人――ヒロシマ・ゴジラ・フクシマ』中公新書、二〇一五年。

⑨井上泰浩編著『世界は広島をどう理解しているか――原爆七五年の五五か国・地域の報道』中央公論新社、二〇二一年。

①は広島における原爆被害の表象や記憶を問い直す嚆矢となった。②は広島の原爆被害をめぐる政策や運動の歴史を詳細な史料調査をもとにまとめあげ、③は被爆者の語りに焦点を当てつつ、原爆の記憶の形成過程を明らかにしている。④は戦後二〇年間の被爆者の生活を丹念に聞き取った成果。在日朝鮮人や被差別部落、沖縄の被爆者などにも目を向けている。⑤は安全保障とエネルギー政策双方の日米「核同盟」の実態を描く。⑥はこの章で名前を挙げた東や川本のものに加え、アーティストや労働者などによる論考が収められている。⑦は平岡がジャーナリズムや原爆などについて執筆した論考の集成。⑧は戦後日本で「核」がどのようにとらえられてきたかを、マンガや映画などのポピュラー文化にも注目して追ったもの。世界各国で原爆被害がどのように見られているか検討した⑨も興味深い。

❖より深い理解のために――ディスカッションのポイント

(1)　原爆の被害について、あなたはどのような媒体を介して知ったでしょうか。テレビや新聞、ネットメディアなどの報道、学校の授業、マンガや映画、広島や長崎への訪問、家族や親戚の話など、さまざまな可能性があると思います。

(2) あなたは日本の核政策についてどのようなイメージを持っていましたか。この章の内容と、あなたのイメージのあいだに違いがあった場合、その違いは何に由来するのか、考えて見ましょう。

(3) 誰かの意見に対して、「別にいいじゃないか」「大人気ない」あるいは「今頃そんなことを言っても」といった声を聞いたことはあるでしょうか。その人が主張したかったことはなんだったのか、想像してみましょう。そして、その問題が自分自身にも関わってくるか、考えてみてください。

(4) 被爆者以外の、核（兵器もしくはエネルギー利用）による被害に遭った人々について調べてみましょう。どこの国・地域の人々で、どのような経緯で被害を受けたのでしょうか。その人たちは何を訴えているでしょうか。補償はあったのでしょうか。

編者あとがき

いまから五年前、二〇一七年一月にトランプ政権が発足してまもなく、私たちは『「ヘイト」の時代のアメリカ史――人種・民族・国籍を考える』(彩流社、二〇一七年二月)を刊行した。この本に収められた一一本の論文は二〇一六年一一月の大統領選前に脱稿しており、トランプ政権のその後の誕生を知らずに書かれたものだった。私の「あとがき」だけがトランプ当選後に書かれたもので、そこではトランプ政権という悪夢のような四年間、「ヘイトの時代」を生き抜くための処方箋として、この本が読まれることを期待すると記した。

その後の四年間に何があったかは読者のみなさんがご存じのとおりである。トランプ政権の総括は、もう一人の編者の兼子歩さんが序で詳述しているので、繰り返すことはするまい。私たちが前作の続編として『「ヘイト」に抗するアメリカ史――マジョリティを問い直す』をこのたび刊行しようと思ったのは、トランプ政権下で起きた様々な出来事にあらためて強い危機感を抱き、アメリカ研究者として今やらねばならぬ歴史実践を果たしたいと強く思ったからである。

政治経験の全くないトランプが歴代大統領のなかでも特異な存在であったことは言うまでもない。トランプ流の分断政治をすすめる上で、彼が最大の武器としたのは、支持者と直接つながれるSNS、T witterであった。トランプの発言やツイートに、支持者たちは自分たちの世界観や価値観を擁護されたと感じ、他方、垂れ流されたフェイクにより傷つけられた者は数知れず、「ヘイトの時代」の深刻さは増すばかりとなった。

トランプがツイッターで吐いた暴言は数々あれど、たとえば、二〇一九年七月一四日の朝、民主党の下院議員の女性たちを批判した三本のツイートの内容は、こんな感じだ。「「進歩的な」民主党下院議員の女性たちは、世界でも最悪の、最も腐敗した、他のどこよりも無能な政府の国から来たのに、今や最も偉大で最強のアメリカ合衆国の人びとや政府に、ああしろこうしろと大声で貶している。……もといた場所へ帰って、完全に崩壊した、犯罪まみれの地元を手助けしたらどうか」。

名指しこそされなかったものの、ターゲットにされたのは、アレクサンドリア・オカシオ＝コルテス（ニューヨーク選出）、ラシーダ・タリーブ（ミシガン選出）、アヤナ・プレスリー（マサチューセッツ出身）、イルハン・オマール（ミネソタ出身）の四議員だ。いずれもトランプ批判の急先鋒の議員たちだが、最初の三人はアメリカ生まれであり、それぞれヒスパニック系、パレスチナ系、アフリカ系と非白人である。オマールだけがソマリア生まれで、幼少期にアメリカに難民としてやってきた。トランプはこうした背景の異なる議員らを、みな米市民であるにも関わらず、あたかも海外から来た移民のように誹謗中傷している。この「国に帰れ」というツイートは非白人の移民などに対して、白人優越主義者や排外主義者が使う常套句である。

仕事柄、仕方なくトランプのフォロワーになり、ツイートの暴言をウォッチしてきたが、こうした明らかなレイシスト的ツイートが、みるみるうちに数万リツイートされていく場面は、それはそれはおぞましい耐えがたい時間だったことを今も思い出す。最終的に、トランプのツイッターは、二〇二一年一月六日に発生した連邦議事堂襲撃の暴動後、彼のツイートがさらなる暴力行為を扇動する可能性があるとして、一月八日にツイッター社が大統領のアカウントを永久停止したことで終止符がうたれた。八八〇〇万人を越えるフォロワーを抱えていたトランプは、こうして政権末期になって情報発信の寄り処としてきたツールを失い、急速に発信力を奪われていった。

オックスフォード辞典の担当者が、前の大統領選があった二〇一六年を代表するワードに「ポスト真実 post-truth」を選んだことは前巻の「あとがき」にも書いて、これがメディアの世界、政治の世界を大混乱に陥れることを予測していたが、これが現実のものとなったのである。実際に「あった」「おこった」出来事が為政者によって「フェイク」と断言され、それがいつのまにか広範な人びとの支持を集める時代となってしまったのだ。

このような「フェイク」と「事実」が見分けの付きにくい時代に突入したからこそ、今回も本書では歴史探究における「問い」を、アメリカの「いま」、日本の「いま」を理解するための大切な歴史認識のための手掛かりとして設定した。各章には、大学の少人数ゼミなどでの利用を考え、ディスカッション・ポイントや読書案内がついている。すべての章を読んでもらえば、アメリカ研究の知識が身につくだけでなく、本書全体が「日本を問い直すためのアメリカ史」となっていることにも気付いてもらえると思う。また今回は、前巻からの執筆陣に加えて、小阪裕城さん、三牧聖子さん、川口悠子さんの三名が加わり、国際関係史や日本史、日米関係史の視点から、人権や被爆者運動にまで射程が広がっているので、そこにも注目してもらいたい。

この「問い」にもとづいて歴史の解釈をいかに事実に即して導き出すかという点では、本書は、二〇二二年度から始まる高等学校の新しい「歴史総合」とも関連づけて読むことができるはずだ。日本と世界の歴史を統合して、近現代の歴史を学ぶ「歴史総合」では、歴史を探究するときの「問い」が鍵となっている。歴史的なものの見方・考え方を自覚的に学ぶことを目標に設定している「歴史総合」と、本書が目指している方向性はとても似ているように思う。それゆえ、この科目を担当する高校の先生方や、この科目を学ぶ高校生にもぜひ手に取ってもらいたいと思っている。

本書の執筆陣は、人種研究、黒人研究、移民・難民研究、先住民研究、ジェンダー研究などのスペシャリストであり、二〇二〇年のブラック・ライブズ・マター運動の関連では、新聞や雑誌の特集号などで引っ張りだこになった第一線の研究者であり、編者としてあらためて太鼓判を押したい。

本巻の特長を少しだけ解説しておこう。前巻では、第一部「マイノリティの表象を読みなおす」、第二部「マイノリティの「コミュニティ」を再考する」など、アメリカの歴史を「マイノリティ」から捉え直すことに力点が置かれていたのに対し、本巻では「ヘイト」の構造を考察するために、「マジョリティ」を問い直すことに力を注ぎ、批判的にいま問われるべきは「マジョリティ」であることを明確にした。

この論点は、当然のことながら、ジョージ・フロイドさん殺害事件に端を発して、二〇二〇年に隆盛となったブラック・ライヴズ・マター運動において、制度的（構造的）人種差別の議論が活発に行われたことが関係している。制度的人種差別とは、社会的な弱者が不利となる仕組みが社会構造に組みこまれていて、例えば黒人は黒人として生まれただけで、以後の人生が自動的に不利になってしまう。そのような悪循環から抜け出せない、個人の自助努力では克服しがたい構造的な差別のことを指すわけだが、本巻ではこの歴史的文脈が詳しく語られている。

この構造的差別はマジョリティの側からはないものとされる。私が監訳したロビン・ディアンジェロの『ホワイト・フラジリティ』の副題は「私たちはなぜレイシズムに向き合えないのか？」だが、まさにマジョリティ側は、自分たちに自動的に付与されている特権にはなかなか気づけず、特権を持っていることに無自覚な者が多い。このメタな構造を理解してもらうことが、本書の大きな目的の一つとなる。その文脈で、「逆差別」という議論の建て方の問題点や、マイノリティに対する構造的差別を不可視化してきた歴史叙述や記憶の抑圧の問題など、興味深い論考が数多く収められている。

本巻のもうひとつの特長は、前巻に引き続き、アメリカ史（日米関係史）から日本を問い直すという視座が全編を貫いている点にある。レイシズムやセクシズム、構造的差別と向き合えないのは、アメリカ人だけではない。BLM運動のときに、日本のSNSでは「日本には人種差別はない」との言説が飛び交ったのはその証左であろう。

日本のメディアが、BLM運動の報道を見る限り、レイシズムの報道の仕方に不慣れであったことは明らかだった。フロイドさんの事件以来、私たち執筆者の多くは日本の各種メディアで米国のレイシズムを解説する役割を担うことが多くなっていた。テレビ各局の番組にはおかしな歴史的背景の説明をしたり、黒人を「怖い存在」「脅威」「暴力的」といった典型的なステレオタイプで描き、番組そのものが警察暴力を容認しているような印象を与えるものも多かった。NHKの番組「これでわかった！　世界のいま」の二〇二〇年六月七日放送「拡大する抗議デモ　アメリカでいま何が」では、黒人の置かれた厳しい状況を説明するCGアニメが、駐日米国臨時代理大使に「侮辱的で無神経」と批判されるなどして、NHKは「差別を助長するもの」として動画掲載を取りやめ、番組責任者が謝罪に追い込まれる事態となった。本番組をめぐっては、本書の執筆者の多くが抗議文を送り、のちに私を含む三名で、NHKの番組関係者やアナウンス部の方々向けに米国のレイシズムについてのレクチャーをすることとなった。

米国社会における構造的差別やマジョリティの特権を問い直す本書を読みながら、それを対岸の火事とはせず、日本社会にも存在する同種の問題を見直す機会としてもらいたいと考えている。「日本には人種差別はない」という言説は、ディアンジェロであれば、まさに日本人の人種問題への向き合えなさ、心の脆さの典型的な反応であり、「回避的レイシズム」と呼ぶであろう。

最近、大学の仕事の関係で、自分の四半世紀あまりの研究者としての研究業績を振り返る機会があった。作業をしながら、私が共著者として初めて書籍に論文を掲載したのは、前任校の千葉大の同僚と一緒に作った『歴史の中の差別——「三国人」問題とは何か』(日本経済評論社、二〇〇一年)だったことに気がついた。これは先日、亡くなった石原慎太郎が陸上自衛隊練馬駐屯地で開かれた式典の挨拶で、「今日の東京をみますと、不法入国した多くの三国人、外国人が非常に凶悪な犯罪を繰り返している。もはや東京における犯罪の形は過去と違ってきた。こういう状況で、すごく大きな災害が起きた時には大きな騒擾事件すらですね、想定される」(二〇〇〇年四月)と発言したことを受け、同年七月に公開シンポジウムを開催した報告がもとになっている。

石原慎太郎は、いま所属している大学の卒業生であり、私がここで批判をすれば、石原氏が撒き散らしたレイシズム・セクシズム・障害者差別の数々を批判的に報じたメディアが「死者に鞭打つ行為」として批判されたように、私も批判されるのかもしれない。しかし、そうした差別発言を石原節として無批判に報じてきた日本のメディアにこそ、反省を促したい。トランプ節然り、〇〇節として政治家や著名人の(特権的な)立場から垂れ流され、形成されてきた「ヘイト」の文化にこそ、いま私たちは向きあい、それへの抗い方を身につけていく必要があるのだから。

最後になってしまったが、本書の刊行に際しては、『「ヘイト」の時代のアメリカ史』に引き続き彩流社のお世話になった。続編を刊行したいという私たちの出版企画を竹内淳夫さんが快くお引き受けくださり、おかげで作業もスムーズに進んだ。心より感謝申し上げたい。

貴堂嘉之

索引（原語表記リスト）

略称（参照先）

AIM（アメリカ・インディアン運動）
BLM（ブラック・ライブズ・マター）
CEDAW（女性差別撤廃条約）
CSA（アメリカ連合国（南部連合）
DSA（アメリカ民主社会主義者）
ERA（男女平等を保障する憲法修正条項案）
GAR（北軍退役軍人会）
ICAN（核兵器廃絶国際キャンペーン）
KKK（クー・クラックス・クラン）
LMA（婦人追悼協会）
LPLP（ラコタ民族法律プロジェクト）
NAACP（全国黒人向上協会）
SAH（ストップ・ＡＡＰＩヘイト）
SAT（大学進学適性試験）
SDS（民主社会を求める学生を参照）
UCV（南軍退役軍人会）
UDC（南部連合の娘たち）
UNIA（世界黒人地位向上協会）
YMCA（キリスト教青年会）

単語（原語）

ア行

新しいドイツの友人（Friends of New Germany）　134-135.
アファーマティブ・アクション（affirmative action）　31, 33-34, 212-224, 234.

カ行

サ行

タ行

ナ行

ハ行

マ行

ヤ・ラ行

ワ行

南川　文里（みなみかわ　ふみのり）　第 10 章
同志社大学大学院グローバル・スタディーズ研究科教授
主要著作『アメリカ多文化社会論［新版］——「多からなる一」の系譜と現在』法律文化社、2022 年（単著）、『未完の多文化主義——アメリカにおける人種、国家、多様性』東京大学出版会、2021 年（単著）、『「日系アメリカ人」の歴史社会学——エスニシティ、人種、ナショナリズム』彩流社、2007 年（単著）

梅﨑　透（うめざき　とおる）　第 11 章
フェリス女学院大学文学部教授
主要著作『よくわかるアメリカの歴史』ミネルヴァ書房、2021 年（共著）、『中国が世界を動かした「1968」』藤原書店、2019 年（共著）、『グローバル・ヒストリーとしての「1968 年」——世界が揺れた転換点』ミネルヴァ書房、2015 年（共著）

小阪　裕城（こさか　ゆうき）　第 12 章
釧路公立大学経済学部講師
主要著作「国際人権章典起草とオーストラリア外交——国際人権裁判所構想を中心に」『国際法外交雑誌』120 巻 4 号、2022 年、「国際機構と人権理念——戦後世界秩序を問い直す視座をめぐる予備的考察」『歴史評論』844 号、2020 年、「国際機構に請願する権利——世界人権宣言と個人の主体化をめぐる国連史序説」『国際政治』193 号、2018 年

三牧　聖子（みまき　せいこ）　第 13 章
同志社大学 グローバル・スタディーズ研究科准教授
主要著作『戦争違法化運動の時代——「危機の 20 年」のアメリカ国際関係思想』名古屋大学出版会、2014 年（単著）、「1930 年代に回帰する米国？——クインジー研究所と新しい国際主義の模索」『国際政治』202 号、2021 年、“Law Against Empire, or Law for Empire? American Imagination and the International Legal Order in the Twentieth Century,” *The Journal of Imperial and Commonwealth History*, 49(3), 2021

川口　悠子（かわぐち　ゆうこ）　第 14 章
法政大学理工学部教授
主要著作『核と放射線の現代史——開発・被ばく・抵抗』昭和堂、2021 年（共著）、「故郷にとっての移民——占領期の広島と在米広島県人の貿易業者」『アメリカ史研究』第 43 号、2020 年、「太平洋を越える広島救援活動——戦後初期の『平和都市』イメージへの影響について」『アメリカ史研究』第 38 号、2015 年

坂下　史子（さかした　ふみこ）　第 5 章
立命館大学文学部教授
主要著作『よくわかるアメリカの歴史』ミネルヴァ書房、2021 年（共著）、*Transpacific Correspondence: Dispatches from Japan's Black Studies*, Palgrave Macmillan, 2019（共著）、「他者の死を扱うということ——一次史料としてのリンチ写真を例に」『アメリカ史研究』36 号、2013 年

南　修平（みなみ　しゅうへい）　第 6 章
専修大学文学部教授
主要著作『アメリカを創る男たち——ニューヨーク建設労働者の生活世界と「愛国主義」』名古屋大学出版会、2015 年（単著）、「海から陸の男へ——第 2 次大戦後におけるアメリカ人海員の「家族人」志向」『歴史学研究』1016 号、2021 年、「アメリカ労働史から捉えた「白人労働者」——「トランプ現象」を読み解くカギとして」『大原社会問題研究所雑誌』725 号、2019 年

和泉　真澄（いずみ　ますみ）　第 7 章
同志社大学グローバル地域文化学部教授
主要著作『日系カナダ人の移動と運動——知られざる日本人の越境生活史』小鳥遊書房、2020 年（単著）、*The Rise and Fall of America's Concentration Camp Law: Civil Liberties Debates from the Internment to McCarthyism and the Radical 1960s*, Temple University Press, 2019（単著）、『アメリカ研究の理論と実践——多民族社会における文化のポリティクス』世界思想社、2007 年（共著）

佐原　彩子（さはら　あやこ）　第 8 章
共立女子大学国際学部准教授
主要著作『現代アメリカ政治外交史——「アメリカの世紀」から「アメリカ第一主義」まで』ミネルヴァ書房、2020 年（共著）、『引揚・追放・残留——戦後国際民族移動の比較研究』名古屋大学出版会、2019 年（共著）、"Sharing the Travail of Reeducation Camps, Expelling the Betrayer: The Politics of Deportation in a Vietnamese American Community," *The Japanese Journal of American Studies*, no.31, 2020.

土田　映子（つちだ　えいこ）　第 9 章
北海道大学大学院メディア・コミュニケーション研究院准教授
主要著作『海と陸の織りなす世界史——港市と内陸社会』春風社、2018 年（共著）、『越境者の世界史——奴隷・移住者・混血者』春風社、2013 年（共著）、「テクノロジーのユートピアと多民族の祭典——シカゴ『進歩の一世紀』万国博覧会、1933-34 年」『国際広報メディア・観光学ジャーナル』17 号、2013 年

【編者紹介】

兼子　歩（かねこ　あゆむ）　序、第4章
明治大学政治経済学部准教授
主要著作『自由と解放を求める人びと——アメリカ黒人の闘争と多面的な連携の歴史』彩流社、2021年（共著）、「アメリカ南北戦争の記憶の社会文化史的研究——南北戦争後の半世紀をめぐる議論を中心に」『明治大学教養論集』第527号、2017年、『南北戦争のなかの女と男——愛国心と記憶のジェンダー史』岩波書店、2016年（翻訳）

貴堂　嘉之（きどう　よしゆき）　第3章、あとがき
一橋大学大学院社会学研究科教授
主要著作『南北戦争の時代　19世紀』岩波新書、2019年（単著）、『移民国家アメリカの歴史』岩波新書、2018年（単著）、『「ヘイト」の時代のアメリカ史——人種・民族・国籍を考える』彩流社、2017年（共著）

【著者紹介】（執筆順）

大森　一輝（おおもり　かずてる）　第1章
北海学園大学人文学部教授
主要著作『アフリカ系アメリカ人という困難——奴隷解放後の黒人知識人と「人種」』彩流社、2014年（単著）、「アメリカ黒人史研究の隘路——次の100年を見据えて」『歴史評論』787号、2015年、「『通りで物乞いをする黒人を見かけることはほとんどありません』——20世紀前半のボストンにおける貧困と人種」『アメリカ研究』55号、2021年

石山　徳子（いしやま　のりこ）　第2章
明治大学政治経済学部教授
主要著作『「犠牲区域」のアメリカ——核開発と先住民族』岩波書店、2020年（単著）、『震災・核被害の時代と歴史学』青木書店、2012年（共著）、『米国先住民族と核廃棄物——環境正義をめぐる闘争』明石書店、2004年（単著）

貴堂　嘉之（きどう　よしゆき）　第3章　→編者紹介を参照

兼子　歩（かねこ　あゆむ）　第4章　→編者紹介を参照

Sairyusha

「ヘイト」に抗《こう》するアメリカ史《し》
――マジョリティを問《と》い直《なお》す

二〇二二年四月二十五日　初版第一刷

編著者――兼子 歩／貴堂嘉之

発行者――河野和憲
発行所――株式会社 彩流社
〒101-0051
東京都千代田区神田神保町3-10
電話：03-3234-5931
ファックス：03-3234-5932
E-mail：sairyusha@sairyusha.co.jp
印刷――明和印刷（株）
製本――（株）村上製本所
装丁――渡辺将史

ISBN978-4-7791-2826-4 C0022
http://www.sairyusha.co.jp

「ヘイト」の時代のアメリカ史

978-4-7791-2292-7 C0020(18.11)

人種・民族・国籍を考える　　兼子 歩／貴堂嘉之 編

人種差別主義者にして性差別主義者、移民排斥論者の「トランプ大統領」によってもたらされた「ヘイトの時代」。それに同調するかのような日本国内のヘイトの状況。アメリカを「人種・民族・国籍・ジェンダー」の観点から論じつつ、「日本を問い直す」好著。四六判並製　2,500 円＋税

ブラック・ライヴズ・マター運動 誕生の歴史

978-4-7791-2785-4 C0022 (22.02)

バーバラ・ランスビー著／藤永康政訳

現代アメリカを語る上で避けて通れない BLM（ブラック・ライヴズ・マター）運動について、その誕生の瞬間に立ち会い、数え切れないほど多くの活動家や団体と足並みを揃えて闘い続けている人種闘争の活動家で著者の研究成果の結晶。　A 5 判上製　3,500 円＋税

アメリカ社会の人種関係と記憶

978-4-7791-2756-4 C0022 (21. 05)

歴史との対話　　樋口映美著

アメリカ的な人種差別の構造と変遷を読み解き、歴史の再認識を問う！ 18 世紀末から今日までの人種関係史との対話。白人優位の人種差別が社会秩序として刻まれてきた歴史の変遷を複雑な動態として個々人のレベルで捉えた 12 の「作品」を収録。A 5 判上製　4,500 円＋税

自由と解放を求める人びと

978-4-7791-2782-3 C0022 (21.11)

アメリカ黒人の闘争と多面的な連携の歴史　　岩本裕子／西崎 緑 編著

共感し、葛藤する闘い――公民権運動の多面性！ 多様に展開された公民権運動を四人の女性の生き方の第一部、非黒人のカトリック教徒とユダヤ教徒、同性愛者が関係する運動との繋がり方の第二部、「創られた」人種の概念で差別化された社会の歩みを概観する第三部。　A5 判上製　2,800 円＋税

公民権の実践と知恵

978-4-7791-2565-2 C0022(19.02)

アメリカ黒人　草の根の魂　　ホリス・ワトキンズ、C・リー・マッキニス著／樋口 映美 訳

“ブラザー”・ホリスが語る貧困、暴力、人種差別、投票権、文化の闘い！　見落とされがちだった地道な草の根の活動を、ミシシッピ州の活動家ホリス・ワトキンズが語る貴重な証言。黒人たちの長い日常的な闘争、多様な活動の歴史が語られる。　A 5 判上製　3,800 円＋税

アメリカの奴隷制を生きる

978-4-7791-2194-4 C0022 (16. 01)

フレデリック・ダグラス自伝　　フレデリック・ダグラス著／樋口映美 監修

奴隷として生まれ、19 世紀前半の 20 年間、「人間性」を破壊する奴隷制に抗って生き、独学で読み書きを覚え、ついに逃亡に成功するまでのダグラスが「人間として生きた」苦難の道のりを描く！ 今でもアメリカで多くの人々に読み継がれる名著。四六判並製　1,800 円＋税